ユッカ・ハッキネン
Jukka Häkkinen

河合隆史 訳
Kawai Takashi

陰謀脳

私たちが真実から目をそむける理由

早稲田大学出版部

Salaliitot ympärilläni:
Miksi totuus ei kiinnosta aivojamme?
by Jukka Häkkinen
© 2023 Jukka Häkkinen ja SKS Kirjat

Japanese translation rights arranged with the author
through Tuttle-Mori Agency, Inc., Tokyo

日本語版への序文

友人の河合隆史教授が、陰謀論に関する私の本を日本で出版することを提案してくれた時、私は嬉しい驚きと興奮を覚えました。陰謀論の背後にある脳のメカニズムに関する科学的な発見や知見を、日本の読者と共有する機会を得たことを嬉しく思います。また、陰謀論や陰謀論者に対する人々の見方に影響を与えることができればと願っています。

読者のみなさんは、本書の多くの事例が、陰謀論において文化的優位を占めるアメリカのものであることにすぐに気付くでしょう。他国にも陰謀論と実際の陰謀の双方が存在することを理解するのは重要ですが、アメリカには非常に多くの興味深い事例があるので、自然と本書の中心的な内容となりました。

しかし、陰謀論の背後にある脳のメカニズムは普遍的であり、文化とは無関係であるため、この本に書かれている話や例は、日本など他の国にも大いに当てはまります。私たちはみな同じ進化の過程で形作られ、人生をナビゲートする脳のメカニズムも共通しています。

陰謀論はどこにでも現れますが、陰謀論に陥りやすい脳のメカニズムと相互に作用する文化的・社会的要因はまったく異なります。したがって、陰謀論の内容は、特定の文化や社会に特有なものとなり得ます。陰謀論は、特定の文化の最も深い恐怖と希望について、本質的な何かを明らかにするので、これもまた魅力的な特徴といえます。

本書の最も重要なメッセージは、私たちはみな陰謀論に影響されやすいということです。適切な状況が与えられれば、私たちの誰もが陰謀論者になり得るというのが、この本の主張です。私たちが陰謀論に強く影響されやすいことを自覚していれば、政治家が陰謀論を使って憎悪や猜疑心を煽る瞬間や、陰謀論が私たちの心に忍び込もうとする瞬間に気付くように努めること

ができます。そのような時に、私たち一人ひとりが感情に流されることなく、陰謀論が本当に最善の説明なのかどうか、少し立ち止まって考えてみることを切に願います。

2024年6月

ユッカ・ハッキネン

CONTENTS

日本語版への序文（ユッカ・ハッキネン）……………………3

第1章

狩猟採集民
の脳

アメリカを脅かす共産主義者の陰謀 ……………8
悪魔を崇拝する物理学者とその他の
奇妙な陰謀論 ……………………………………11
妄想的な陰謀論者 ………………………………18
皆、おかしくなってしまったのか？ …………………21
妄想の広がりは、制御不能か？ ………………………22
陰謀論者は、愚かなのか？ ……………………………28
私たちの周りの陰謀 …………………………………33
陰謀を検出する必要性 ………………………………37
狩猟採集民の脳内ツールセット ………………………39

第2章

推測する脳

真実に興味のない脳 …………………………………50
不確実性を嫌う脳 ……………………………………53
選択による迅速な推測 ………………………………59
テレパシー犬ジェイティー ……………………………62
ゲイを検知する精神的X線 …………………………64
後頭部の超自然的な目 ………………………………68
確証バイアスはオフにできるか？ ……………………70
確証バイアスを導くイデオロギー ……………………74
追加情報を求めない脳 ………………………………76

第3章

意味付け
する脳

青春時代の幻聴 ………………………………………86
ヒトラーの亡霊とフルーツジャム ……………………88
写真に現れる幽霊 ……………………………………92
顔に執着する脳 ………………………………………94
致命的なエラーの回避 ………………………………99
パリの悪魔の陰謀 …………………………………101
臆病な円を守る勇敢な三角形 ………………………106
読心術は超能力 ……………………………………108
陰謀論を生み出す嘘発見器 …………………………112
陰謀論と「ホットドッグスタンドの喧嘩」の心理学 ………116

第4章
回復する脳

中止された世界の終わり …… 130
トランプはケネディの生まれ変わり …… 134
脳が作る幻想世界 …… 135
長崎の原爆と祝福 …… 136
大きな出来事と大きな理由 …… 140
法則性のある世界と連続体 …… 144
偶然ではあり得ないパンデミック …… 148
タクシー運転手とサイコロゲームの魔法 …… 151
迷信深いハト …… 152
コントロール感の欠如と苦痛 …… 155
トイレットペーパー・パニック …… 159
平均よりも賢い私 …… 162
優越感の迅速な発達 …… 164
常に良い説明が存在 …… 166
他人よりも賢い私 …… 172
賢い上に正しい私 …… 174
私の理論は最高の理論 …… 176
陰謀論は良い感情の世界で …… 180

第5章
陰謀脳

二つの大惨事——マリエハムンとスモレンスク …… 198
陰謀論は楽しい！ …… 203
イデオロギーと陰謀論 …… 205
不信感と陰謀論 …… 210
ニューエイジ・スピリチュアリティと陰謀論 …… 212
コンスピリチュアリティの奇妙な歴史 …… 217
コンスピリチュアリティと拒絶された知識の魅力 …… 220
陰謀脳と意味に溢れる世界 …… 222
陰謀論の過小評価 …… 225
陰謀論の過大評価 …… 227

訳者あとがき …… 242

第1章

狩猟採集民の脳

アメリカを脅かす共産主義者の陰謀

1950年代の後半、陰謀を巡らす共産主義者たちが、ボストンの大学キャンパスに密かに侵入しました。彼らは赤いネクタイで互いを識別し、やがて街の通りにも忍び込みました。何も知らない街の住人たちは日々の生活に夢中で、悪意を持った陰謀者たちが動き回っているとは思いもしませんでした。ただ一人、マサチューセッツ工科大学の若き天才数学者ジョン・ナッシュだけが、この陰謀のネットワークを感知しました[1]。

やがてナッシュは、ニューヨーク・タイムズ紙の一面に、彼のために用意されたメッセージが掲載されていることに気付きました。発信は外国政府からで、背後にはユダヤ人とアメリカ陸軍を巻き込む陰謀もありました。ナッシュは、妻や同僚に、状況の深刻さについて説得しようとしましたが、うまくいきませんでした。

共産主義者の陰謀に巻き込まれるよりも前に、ナッシュはアカデミックなキャリアで異例の速さで出世しました。彼は、1948年に20歳でプリンストン大学の大学院に入学しました。応募する際、前に所属していた大学の教授は推薦状にたった一言、「この男は、天才です」と書きました。これは、ナッシュがわずか14カ月で27ページの論文を完成させたことから明らかでした。この論文はゲーム理論に関するもので、後の1994年にノーベル賞を受賞しました。

飽きやすいナッシュは、新しい数学問題を解くためにゲーム理論を放棄しました。最も有名な問題の一つは、リーマン多様体と呼ばれる幾何学的な対象を、ユークリッド空間に埋め込むことに関連していました。大学の仕事仲間が、ナッシュの傲慢さに苛立ち、「それほど賢いなら、これを解決してみ

ろ！」と挑戦したので、この問題に取り組みました[2]。

ナッシュが、自信を持って問題を解決すると宣言した時、彼の同僚は笑いました。なぜならナッシュは、この分野の数学を研究したことがなかったからです。2年後、彼は数学の学術会議において、懐疑的な聴衆に彼の定理を提示しました。教授レベルの数学者でさえ、彼が使用した珍しい解法で得られた長く複雑な結果を理解するのに苦労しました。それはオリジナリティがあり、奇妙で、誰も思いつかないようなものでした[3]。一部の数学者は、それを20世紀の数学における最も重要な成果の一つと考えました[4]。

ナッシュは天才であると同時に、普通ではない人物でもありました。彼は普段、同僚に挨拶をせず、自分だけの世界に没頭しながら大学の廊下を歩き、バッハを口ずさみ、紙製のコーヒーカップの縁をかじっていました。同僚たちは、彼を傲慢で子どもっぽく、奇妙だと感じていました。彼は、基礎科目を教えることになった時、出来が悪いと思った学生に難しい質問をして、公然とその能力を疑うことで追い出しました。秋学期に数学の科目を履修した30人の学生のうち、彼らに知らせることなく有名な未解決問題を含めた最終試験に出席する勇気があったのは、たった5人でした。

彼の特異な行動は、アカデミックキャリアを進める上で困難を生じさせました。彼は学生たちに恐れられ、また大学の多くの人々を怒らせたため、明らかな天才であるにもかかわらず教授職の地位をほとんど得られませんでした。彼がついにマサチューセッツ工科大学で教授職を得た時、妄想が彼のキャリアを停止させました。

赤いネクタイの隠れ共産主義者と、ニューヨーク・タイムズ紙の隠されたメッセージは、始まりに過ぎませんでした。やがてナッシュは、外国人が共産主義者の陰謀に加わったと主張し、ライフ誌の表紙でポーズをとる教皇ヨハネ23世が、実は自分自身の写真だと断言しました。彼の理論は独創的で、教皇の名前は英語でジョン［訳注：ナッシュと同じ名前］であり、最も重要なことに23はナッシュのお気に入りの素数でした。ナッシュの妻アリシアは彼を精神病院に入院させ、そこで彼は妄想症の診断を受けました。

病気は、数十年に渡ってナッシュの働く能力を奪い、彼の人生を陰謀で満

第1章　狩猟採集民の脳　　9

たしました。

　十分なケアを受けたナッシュは、幸せな結末を迎えます。妻のアリシアは彼と離婚しましたが、彼が一緒に住むことを許しました。奇妙な行動にもかかわらず、ナッシュはプリンストン大学の敷地を自由に歩き回ることを許されました。夜な夜な大学の廊下を歩き回り、黒板に「毛沢東のバーミツバ［訳注：ユダヤ教徒の成人式］はレオニード・ブレジネフの割礼から13年13カ月13日後だった」という、奇妙な文章を書きました。学生たちの間では、夜間に徘徊する彼は「亡霊」と呼ばれ、数学的業績も忘れられ、誰とも話さずノートに書き込みを行っていました。

　1990年代初頭に、ナッシュは驚くべき回復を遂げ、再び数学の研究を始めました。妄想的な思考と陰謀論は、まだ魅力的な選択肢として存在していましたが、彼は、それらとかかわることを選びませんでした[5]。

　ジョン・ナッシュは風変わりな天才であり妄想的な陰謀論者であるというのは、私たちの文化の一般的な概念に当てはまります。しかし、このような認識が正しいかどうか、疑ってみる価値があります。例えば、天才は常に風変わりなわけではなく、多くの優れた数学者が科学的に、経済的に、社会的に成功を収めています。例えば、ナッシュが学んでいたプリンストン大学で数学教授を務めていたジョン・フォン・ノイマンは、写真のような記憶力を持ち、8歳の時に微分積分を遊びで勉強していました。後にフォン・ノイマンは、アメリカで最初のコンピュータの構築に貢献し、数学や物理学で多くの重要な発見をしました。彼はまた、オープンで親しみやすく親切な人物であり、伝説的なパーティを主催したことでも知られています[6]。

　社会的に優れた天才が平穏な家庭生活を送っていても、興味をそそるニュースにはなりませんが、風変わりな天才の物語はもっとエキサイティングです[7]。奇妙な理論にこだわる陰謀論者についても、同じことがいえるのかもしれません。陰謀論者は妄想的なのか、それともただの風変わりな人々なのか？　「陰謀論」や「陰謀論者」という言葉には否定的な意味合いがあり、その人が正常ではないことを示唆しています。少なくとも風変わりで、愚かで、騙されやすく、陰謀論の妄想の穴に落ちて、二度と出てこられない

という状態です。

　本書の主なメッセージは、陰謀論者は妄想的で愚かであるという認識は、過度に誇張されているというものです。実際には、私たち一人一人が陰謀論を形成する傾向があり、それは驚くほど一般的です。陰謀論を形成する脳の特徴は、生存にかかわる脳の必要な機能であり、世界をどのように知覚するかという不可欠な部分です。狩猟採集民の脳には、過酷な状況を生き延び、逆境を耐え、他者の隠された意図を見抜くのに役立つ、一連の情報処理のツールセットが備わっています。これらは私たちの種の成功の秘訣であり、脳の巧妙な機能の証です。このような脳のメカニズムを検証する際に重要なのは、なぜ私たちの脳が真実に興味を示さず、奇妙な理論を容易に作り出す傾向があるのか、ということです。インターネットのウェブサイトや掲示板で、妄想的な陰謀論がますます深まっていくのを見ると、私たちの脳の巧妙さを信じ難くなるかもしれません。

悪魔を崇拝する物理学者とその他の奇妙な陰謀論

　多くの陰謀論は非常に奇妙で、それを信じる人々の精神状態は実に妄想的であるように思えます。ある理論によれば、ジョン・レノンの真の殺害者は作家のスティーブン・キングであり、彼はリチャード・ニクソンとロナルド・レーガンとともに政治的暗殺を計画したとされています。陰謀論者ジョン・ライトフットのウェブサイトには、組み合わせると真の殺害者が特定される新聞の切り抜きが、大量に含まれています。ライトフットは、自身のウェブサイト上で、もし彼が信用されなければ看板を買って、人類への罰を宣言するメッセージ「小惑星よ、この邪悪な人種を滅ぼせ！」を掲示すると訴えています[8]。

　ライトフットの理論の支持者は、おそらく彼一人だけですが、多くの奇妙な理論がさらに広まっています。1990年代のニューヨークでは、地元で人気のソフトドリンクメーカーがクー・クラックス・クラン（KKK）と共謀し、アフリカ系アメリカ人男性の生殖能力を低下させる物質をドリンクに添加し

ているという陰謀論が流布しました。このドリンクの売上は急落し、アフリカ系アメリカ人のニューヨーク市長デビッド・ディンキンスがテレビでそれを飲み、安全性を保証した後にようやく正常に戻りました[9]。

　西洋の陰謀論が最も宣伝されていますが、他の国々も奇妙な陰謀論を作り出すのが得意です。例えばインドネシアでは、ゲームのポケモンGOの目的は、秘密裏にイスラム教を嘲笑し、ユダヤ教を賞賛することだという理論が広まっています。この理論によれば、「ポケモン」という言葉は古代の言語で「私はユダヤ人です」という意味であり、「チャーマンダー［訳注：ヒトカゲというポケモンの英語名］」は「神は弱い」という意味だとされています[10]。

　西洋で最も広まっているのは、さまざまな悪魔崇拝の陰謀論かもしれません。ある理論では、現在は変更されたプロクター・アンド・ギャンブル（P&G）のロゴに、悪魔の姿が含まれていたと主張しました[11]。同社は、ロゴには月の中に笑顔の男性が描かれていると主張しましたが、これは明らかに粗雑な隠蔽であり、鋭い目を持つ者は、その人物のひげに獣の数字である666が含まれていることに気付きました。特に1980年代、ロック音楽に反対する活動家たちは、ロックの目的は子どもたちを悪魔崇拝に導くことだと信じて、この偽の月の男に飛びつきました。

　1982年、P&Gは、悪魔崇拝に関連する手紙を一日に500通受けとりました。市民が同社の製品のボイコットを始め、店舗が「悪魔的」な製品を棚から取り除くようになると、1986年にサウスダコタ州の司法長官が、熱心な陰謀論者たちを落ち着かせるためにプレスリリースを発行し、悪魔の陰謀の証拠は見つからなかったと述べました。最終的に、古いロゴは新しいものに置き換えられました。

　驚くべきことに、最も広まっている悪魔崇拝の陰謀論は、素粒子物理学に関連しています。この理論の中心は、欧州原子核研究機構（CERN）とその大型ハドロン衝突型加速器（LHC）、そしてスイスとフランスの国境に建設された27キロメートルのトンネルです。この衝突型加速器は、宇宙の構成要素について新たな情報を得るために高速で陽子を衝突させます。

　2008年、ウォルター・ワグナーとルイス・サンチョは、陽子の衝突が地

球を呑み込む可能性のあるブラックホールを生み出すことを恐れて、CERNを訴えました。訴訟で言及された別のリスクは、地球を異物質に変える可能性のあるストレンジレット［訳注：仮説上の粒子］でした[12]。物理学者たちは、宇宙粒子が地球に衝突する際、毎秒何十億もの類似の衝突が発生しているため、これらの問題について心配する必要はないと繰り返し説明したにもかかわらず、訴訟は提起されました[13]。

年月が経つにつれて、LHCに関する懸念は、CERNのロゴ（図1-1）から発せられる悪魔の波動を含む、さらに奇妙な理論へと進化しました[14]。CERNは、1968年のデザインコンテストで受賞したロゴは、粒子衝突器とジェットを表していると主張しましたが、鋭い目を持つ陰謀論者は、ロゴに獣の数字を象徴する三つの6（666）を見つけました！　彼らによれば、CERNは公然と悪魔の狙いを発しているのです[15]。

この理論における最終的な証拠は、ワールド・ワイド・ウェブ（WWW）がCERNで発明されたという事実でした。ヘブライ語では、「W」の文字は数字の6に相当し、これによりWWWは、666となります。まるでCERNのあちこちから、悪魔が覗き見ているかのようです。

陰謀論によれば、悪魔を崇拝する物理学者の狙いは現実を変えることでした。LHCがすでに現実を変えてしまったため、何をするにも遅すぎると信じる人もいました[16]。2012年、リースという偽名を使うブロガーは、彼の幼少期にお気に入りの作家であったジャン・ベレンスタイン（Jan Berenstein）の死に関する記事を、「The Wood between Worlds」というブログに書きました[17]。リースは、この作家の訃報で名前が「Berenstain」と誤って綴られていることに気付きました。この明らかな誤りを訂正しようと、リースは新聞社に訂正依頼を送ろうとしました。しかし、それを書いている最中に、オンライン上のどこでも同じように名前が誤って綴られていることに気付きました。さらに彼は自分の幼少期の本を見つけ、そこでも名前が「間違って」いることを発見しました。

この時点でほとんどの人は、珍しい綴りのせいで自分の記憶の方が誤っている、と結論付けるでしょう。しかし驚くべきことにこのブロガーは、彼の

第1章　狩猟採集民の脳　　13

図1-1　CERNのロゴ

記憶の方が正しく、世界の方が変化したと推測しました。彼は、自分は変化する前の世界を覚えている特別な人物だと信じ、以前の「真の世界」を覚えている他の人々にオンライン上で出会いました。

　リースは、「正しい」名前を覚えているすべての人が、20年以上かけて平行世界、つまり絵本作家の名前が異なって綴られる、世界の別のバージョンに移動したと理論付けました。彼は、アルバート・アインシュタインの言葉を引用して、自分の主張を数学的に正当化し、世界で最も有名な物理学者の綴りが「Albert Einstain」である平行世界が存在すると述べました。

　絵本作家の息子、マイク・ベレンスタイン（Mike Berenstain）がブログのコメント欄に登場して家族の名前の歴史を説明しても、リースの考えは変わりませんでした。マイクの曽祖父母は、1800年代後半にウクライナからアメリカ合衆国に移住し、移民官が彼らの名前を「a」を使って誤って綴りました。家族はこの新しい綴りを採用しました。マイクは、自分の名前が一般的な綴り方で覚えられるため［訳注：Berenstein］、しばしば混乱を引き起こしたとも述べました。

　現実が変更されたと信じる人々は、このことで落胆しませんでした。なぜなら、さらに多くの見過ごされた変更が発見されたからです。これらの変更は、ネルソン・マンデラの人生に矛盾が見つかった後、マンデラ効果と呼ば

れるようになりました。マンデラが2013年に亡くなった時、多くの人々は彼が1980年代に刑務所で亡くなったと記憶していました[18]。再び、一部の人々は現実よりも自分の記憶の方を信じ、疑いは物理学者たちに向けられました。作家のフィオナ・ブルームは、この現象をマンデラ効果と名付け、それについて議論するウェブサイト「マンデラ効果（The Mandela Effect）」を開設しました[19]。

実際にCERNは、現実を変える裏の仕事を認めているようです。2014年に、CERNの従業員がファレル・ウィリアムスの曲「ハッピー」に合わせて踊る、「We are 'Happy' at CERN」という楽しい動画がYouTubeで公開されました[20]。このアイデアは、粒子物理学がいかに楽しいかを示すことで、サイトの注目度を高めることが目的でした。動画の制作者は、人気とその背後にある理由を予想していなかったでしょう。

年配の研究者であるジョナサン・エリスは、動画では踊らなかったものの、紙の山でいっぱいのオフィスで「We are HAPPY @CERN!」と書かれた紙を、笑顔で振っています。エリスの首には「Bond #1」と「Mandela」と書かれた2枚のダンボールの看板がかかっています。陰謀論者によれば、これらの看板は、CERNがマンデラ効果の背後にいるという直接的な証拠でした。理由は明確です。なぜならベリー・ネルソンは、1954年のアメリカのテレビシリーズでジェームズ・ボンドを演じたからです。一方の看板のネルソンに、もう一方の看板のマンデラを組み合わせると、結果はネルソン・マンデラとなり、明らかな証拠です！

動画の最後、ダンスの背景にビデオゲームのような画面が表示され、そこにあるメッセージを確認することができます。画面の下の角には、プレイヤー1が4,664ポイント、プレイヤー2が9ポイントであると見えます。最初の4の後に6を置くと、4,664は46,664となり、これはマンデラの刑務所番号466と、彼が投獄された年である1964を加えたものに対応します。46,664はまた、マンデラを称えて開催されたコンサートの名前でもありました[21]。

ネルソン・マンデラの人生を変えることは、劇的に変わった現実の中では

小さく、容易に気付くことができる部分に過ぎません。例えば、南米は不自然なほど東にあり、心臓は本来の位置である左から体の中心に移動しています。さらに、元々茶色だったアドルフ・ヒトラーの目も青に変わっています。これらすべての変更の背後にはLHCがあり、秘密の計画を進めるために行われたものです。広範な陰謀には、科学者、政治家、企業、グローバリスト、新自由主義の億万長者が含まれ、新しい世界秩序を目指して関与しています。陰謀論者の中には、最終的に、すべての背後に悪魔の邪悪な計画があると考える者もいます。

　では、悪魔を崇拝する物理学者たちは、何を目指しているのでしょうか？ある理論によれば、LHCの狙いは粒子を衝突させることで、物質の基本的な性質を理解することではなく、ゲームのマインクラフトのような地獄へのポータルを開くことだとされています[22]。その理論によれば、悪魔または別の神がこのポータルを通じて地球に進出することになります。主な候補は、インド政府からCERNに寄贈されたシヴァ神と、偶然とは思えない名前を持つケルトの神、ケルヌンノス［訳注：Cernunnos］です。

　これらの陰謀論は本当にどうかしているように思えますが、CERNのFAQページに奇妙な質問への回答が掲載されるほど広まっています[23]。陰謀論はCERNにとって重荷になっているようで、彼らのコミュニケーション戦略において考慮しなければならないようです。例えば…

1．LHCは危険ですか？
2．ヒッグス粒子は、なぜ「神の粒子」と呼ばれるのですか？
3．CERNの目標は、神の不在を証明することですか？
4．なぜCERNには、インドの神様シヴァの像があるのですか？
5．CERNのロゴには、どのような模様がありますか？
6．CERNは、別の次元への扉を開けますか？
7．スティーブン・ホーキングは、ヒッグス粒子が宇宙を破壊する可能性について、何といいましたか？
8．特定の言葉を検索すると、なぜCERNがGoogleマップに表示されるのですか？

9．LHCは、天候や他の自然現象に影響を与えることができますか？

10．CERNは、ブラックホールを作りますか？

11．CERNで行われた奇妙な儀式の動画を見ましたが、それは本物ですか？

12．LHCは、地震を引き起こしますか？

　悪魔を崇拝する物理学者は、オンラインで簡単に深入りできる奇妙で豊富な陰謀論の一つに過ぎません。例えば、陰謀論者でラジオパーソナリティのアレックス・ジョーンズは、陰謀論で自分のキャリアを築き、現実は12次元の偽りのホログラムであり、エリートが人類に対して戦争を仕掛け、そのことを秘密にしようとしていると主張しています。ジョーンズによれば、イルミナティは世界を支配するためにヒト型爬虫類の超人種と同盟を結んでいます。この超人種には、バラク・オバマ、ジョー・バイデン、ヒラリー・クリントンが含まれており、彼らは皆、硫黄のにおいがするとされています。特にヒラリー・クリントンは、ピザ店を拠点に小児性愛者のグループを運営していると非難されています[24]。

　姿を変えるトカゲ［訳注：ヒト型爬虫類］とイルミナティはエジプトにも到達し、千年紀の変わり目に企画されたジャン・ミッシェル・ジャールのコンサートは、暗黒の力の儀式とみなされ中止を余儀なくされました[25]。このコンサートは、ギザの大ピラミッドの上に重ねられたピラミッド形の光をクライマックスとする、壮大な光のショーになる予定でした。光がイルミナティのシンボル、全知の目だと気付いたデビッド・アイクを含む有名な陰謀論者たちのために、エジプト文化省はイベント全体を中止しました。この背後には姿を変えるトカゲの超人種がいて、フリーメイソンの悪魔的な儀式によって大規模な太陽フレアを引き起こし、地球を破壊してトカゲの支配下に置くことを意図していました。

　上述の例は、人々がどのようにして奇妙な陰謀論の深淵にはまり、ますます複雑な理論を見つけ出すことができるかを示しています。これらの理論は人間の創造力の興味深い証明ともいえますが、陰謀論者について何を教えてくれるでしょうか？　実際にこうした荒唐無稽な話を信じる人は誰なので

しょうか？

妄想的な陰謀論者

　上述の陰謀論は非常に奇妙なものであり、陰謀論者はジョン・ナッシュのような妄想的な人物だと考えるのは簡単です。妄想的な思考は、陰謀論の多くの解釈にも現れます。最も有名な例は、1964年に出版されたリチャード・ホフスタッターのエッセイ『アメリカ政治における妄想症的スタイル（原題：*The Paranoid Style in American Politics*）』です。このエッセイの中でホフスタッターは、陰謀論者を怒りっぽく大げさな人物として描写し、彼らの懐疑的な考え方が陰謀の妄想をでっちあげると述べています。ホフスタッターの批判的な視点は、1950年代のマッカーシー時代に席巻した反共産主義パニックに大きな影響を受けました[26]。

　ホフスタッターは、精神医学的な意味での懐疑主義を意味するわけではないと強調していますが、陰謀の信念（以下、陰謀信念）は、定期的に不安定な精神の健康と関連付けられています。妄想的な人の思考は陰謀思考に似ているので、これは理解できることです。さらに、多くの研究結果が、陰謀信念が妄想症と関連しているという考えを支持しています[27]。ある研究では、特に退屈しやすい妄想的な個人が陰謀論を思いつきやすいことが発見されました[28]。他の研究では、妄想や精神病的体験を起こしやすい人々が、フェイクニュースや陰謀論を信じる可能性が高いと示されています[29]。陰謀論者はまた、自殺願望、無気力、孤独感、睡眠障害を抱えやすいとされています[30]。

　精神医学的に診断された陰謀論者は悪意ある力を想像し、隣人が盗聴器を設置し、地元の店のスタッフが狡猾な策略を練っていると考えるような、ステレオタイプの変わり者として振舞います。街角で拳を振り、世界の終わりが来ると叫んでいるか、ソーシャル・メディアに自分の妄想的な理論を延々と投稿し、長いメッセージで埋め尽くしているかもしれません。

　軽度の場合には、陰謀思考によって妄想的な心理状態にあっても、社会で

機能するのに十分な健全さを保っています[31]。通常は気付かれない、この妄想的な陰謀思考が時々表に出るので、完全には正常でないことが分かります。

妄想を支持する、あるいは少なくともその瀬戸際にいる場合、陰謀信念はその人物に蓄積します。これは、ワクチンに5Gチップが含まれていると信じる人が、世界を裏から支配するトカゲがいるという話や、月面着陸はスタンリー・キューブリックがスタジオセットを使って巧妙に仕組んだものであるという話も、信じる可能性が高いことを意味します。社会学者のテッド・ゲルツェルは、陰謀論の蓄積を「陰謀的な考え方（以下、陰謀思考）」と呼び、一つの陰謀論を受け入れることが、新たな理論の受け入れを容易にすると述べています。

陰謀思考の存在は、2005年7月7日にロンドンで発生した、テロ攻撃に関連する陰謀論の調査でも示されました[32]。この攻撃では、4人の自爆テロリストが、3台の列車と1台のバスで爆弾を爆発させ、52人が死亡、700人以上が負傷しました。

この衝撃的な出来事の直後にさまざまな陰謀論が作られ、その多くはイギリス政府が攻撃の背後にいるというものでした。政府の動機とされたのは、アフガニスタン戦争を正当化し、国内での市民権を制限することでした。

研究者が、これらの陰謀論の流行を調査した時、他の一般的な陰謀信念についても回答者に尋ねました。その結果、陰謀論を最も頻繁に作り出したのは、他の陰謀論も信じている人物であることを発見しました。

別の実験では、完全に捏造されたレッドブルの陰謀論について質問しました。例えば参加者に、以下の声明にどの程度同意するかを尋ねました。

・レッドブルの創設者、ディートリッヒ・マテシッツは、食品管理者への賄賂として、年間1000万ユーロを支払っている。
・レッドブルには、消費欲求を高める違法成分が含まれている。
・レッドブルの広告には、消費者が健康に良いと信じるようにする、隠されたメッセージがある。
・「レッドブルはあなたに翼を与える」というスローガンは、レッドブル

を飲んだラットから翼が生えた動物実験に由来している。

実験の結果は、他の陰謀論を信じる参加者は、捏造されたレッドブルの理論を信じる可能性が高いことを示しました。陰謀論の蓄積による影響は、まったく別の陰謀論でも明らかでした。

陰謀思考は非常に強力で、互いに矛盾する陰謀論を信じることができます。この現象に関する興味深い研究では、911の陰謀論、気候変動の陰謀論、そして偽装された月面着陸の陰謀論について、参加者の意見を調査しました[33]。

調査では、他の陰謀論とともにダイアナ妃の死に関連する五つの陰謀論もありました。

1．イギリス秘密情報部（MI6）の一部が暴走し、ダイアナの殺害を計画・実行した。

2．MI6が、権力者の承認を得てダイアナを殺害する計画を実行した。

3．ダイアナは、ドディとの平和な生活に退くため、自分の死を偽装した。

4．ドディと彼の父モハメド・アルファイドの敵が、ドディを殺害し、ダイアナの殺害をもっともらしい理由として利用した。

5．イギリス政府は、未来の王の母がイスラム教徒であることを受け入れられなかったため、ダイアナを殺害した。

調査の結果は、ダイアナの死に関連する陰謀論を信じる人は、HIVは実験室で製造されたとか、月面着陸は実際には行われていないとか、権力者は地球外生命体に関する情報を隠しているといった、他の陰謀論も信じる可能性が高いことを示しました。

驚くべきことに、彼らは矛盾する理論も信じていました。イギリス秘密情報部がダイアナを殺害したと信じる人々は、反対の理論、つまりダイアナがドディと静かな生活に退いたと信じる可能性も高かったのです。

相互に矛盾する陰謀信念は、1960年代のアメリカで、ユダヤ人に対する偏見を調査した研究でもみられました[34]。研究者は、ユダヤ人に対して疑念を持つ人々が、ユダヤ人が自分たちのグループに固執し、常に互いを支持して、一般の人々から搾取していると信じていることを発見しました。この視

点によると、迫害から自由になりたいのであれば、ユダヤ人は他の人々と交流し、自らの策略を巡らすグループを離れるべきだとされています。

一方で同じ人々は、社会で影響力のあるユダヤ人は、純粋な動機では動かないとも信じていました。ユダヤ人は、社会がどのように機能するか情報を集め、狡猾に自分たちがユダヤ人であることを隠そうとし、秘密の計画を進めるために権力を握ろうとしていると考えられていました。したがって、自分たちのグループの外で行動するユダヤ人は、特に疑わしいとみなされました。迫害を避けるためには、彼らは自分たちのグループの中に留まり、自分たちのことだけを気にしていた方が良いようです。

陰謀論者の心の中では、ユダヤ人は正しく行動することができません。もし彼らが自分たちのグループに固執するなら、ユダヤ人は迫害に値する疑わしい策略家です。もし彼らが自分たちのグループに固執しないなら、ユダヤ人は迫害に値する疑わしい権力追求者です。

皆、おかしくなってしまったのか？

陰謀信念の基礎が、完全な妄想から陰謀思考の軽い傾向に至る何らかの持続的な特性であると仮定すると、私たちの中に妄想的な人物がどれだけいるのか調査することに興味が湧きます。

2013年にアメリカで行われた調査では、回答者の63％が少なくとも一つの陰謀論を信じていました。36％がバラク・オバマは彼のイスラム教徒の過去と真の出生地を隠していると信じ、25％がアメリカ合衆国は911の攻撃を事前に知っていたがそれを許したと信じていました。民主党支持者の中では37％が、ブッシュ大統領の支持者が2004年の選挙結果を偽造したと信じていました[35]。

新しい調査では、アメリカ人の半数以上が、COVID-19パンデミックに関して少なくとも一つの陰謀論を信じていると示されています[36]。包括的な調査では、回答者の46％がビル・ゲイツがCOVID-19ワクチンに追跡装置を含めたと信じ、38％がパンデミックは世界の人口を減らすために意図的に

作られたと信じていました。32％がウイルスは5Gネットワークを通じて広がると信じていました[37]。

　陰謀論者はアメリカに特に多いと思われるかもしれません。陰謀論が生まれやすい土壌があるのではないかと想像されます。ひょっとして、他の国の人々はもっと合理的なのでしょうか？

　しかし、そうではありません。例えばフランス人の80％が、少なくとも一つの陰謀論を信じています[38]。フランス人の54％がCIAがジョン・F・ケネディを暗殺したと信じ、55％が製薬業界がワクチンの危険性に関する情報を隠していると信じ、31％がエイズは実験室で作られアフリカでテストされていると信じ、48％がグローバルエリートがメディアと共謀してヨーロッパの白人人口をイスラム教徒の移民と置き換えていると信じています。

　他のヨーロッパの国々も、それほど良い状況ではありません。クロアチアの調査では、回答者の58％が新型コロナウイルスの真の感染者数は隠されていると信じ、38％が新型コロナウイルスは意図的に放出されたと信じ、34％が新型コロナウイルスの背後に製薬業界がいると信じていました[39]。

　ポーランドの研究では、回答者の65％が新型コロナウイルスの感染者数の真実が隠されていると信じ、17％がウイルスの背後に製薬業界がいると信じ、13％が新型コロナウイルスはアメリカの世界支配の計画の一部であると信じ、27％が中国の世界支配の計画の一部であると信じていました[40]。別の研究では、ポーランドの回答者のほぼ30％が、ユダヤ人は秘密裏に世界支配を目指していると信じていることがわかりました[41]。

　陰謀論の普及は、信念の背後に精神医学的なレベルの妄想以外の何かがあることを示唆しています。私たちの脳には、陰謀論を好むような何かが備わっているようです。

妄想の広がりは、制御不能か？

　陰謀論者の妄想と陰謀論の議論で共通する特徴は、危険な妄想が流行病の広がりのように増加や普及を前提としていることです。多くの本や新聞記事

は、私たちが陰謀論の黄金時代に生きているという宣言で始まります[42]。例えば、ニュースチャンネルのCNNは現代を陰謀論にとって重要な時期とし[43]、ガーディアン紙はドナルド・トランプが大統領の職にあったことが陰謀論の黄金時代を引き起こしたとし[44]、ウェブサイトのポリティコはCOVID-19パンデミックが陰謀論の黄金時代を開始したと述べています[45]。

この信念は世論調査にも反映されており、アメリカ人の59％が陰謀論がまん延し、25年前よりも普及していると信じています[46]。一般的に、これはインターネット、特にソーシャル・メディアが原因と考えられています。ある調査によると、アメリカ人の77％が、陰謀論はインターネットとソーシャル・メディアから生じると信じています。

しかし、制御不能な陰謀論の広がりは、新しいものではありません。例えば、歴史家のダーリン・マクマホンは、2004年にボストン・グローブ紙で、アメリカは陰謀論の黄金時代に生きていると書いています。マクマホンは、ジョージ・W・ブッシュ大統領がサウジアラビアとともに911のテロ攻撃を計画した疑いや、ラジオのトークショーのホストが国連主導の新世界秩序の話でリスナーを怖がらせ、ダイアナ妃の死に関する陰謀論が広く広まったことを指摘しています[47]。

陰謀論は、過去数十年の間にもはびこっていました。1994年には、ルー・キャノンがワシントン・ポスト紙に、陰謀論の黄金時代を生きてきたと書きました。キャノンは、ジミー・カーター大統領と民主党員が、1980年の選挙でロナルド・レーガンが公正に勝ったとは信じていなかったことを回想しています[48]。

さらに遡ると、1964年にニューヨーク・タイムズ紙は、ジョン・F・ケネディ暗殺に関するウォーレン委員会の報告に「この徹底した報告書が、雑草のように広がっていた陰謀論を抑制するだろう」とコメントしました[49]。陰謀論は、この時期も人気があったようで、1966年と1967年にはエスクァイア誌が、当時最も人気のあった80の陰謀論を紹介する三つの記事を掲載しました[50]。

20世紀の始まりにおいても、状況はそれほど良くありませんでした。

第1章　狩猟採集民の脳　　23

ジャーナリストのウォルター・リップマンは、1922年に出版された『世論（原題：*Public Opinion*)』という本で、現代の生活のペースが読書数を減らし、市民が世界で何が起こっているか理解できなくなっていることから、民主主義の未来に対する懸念を表明しました。リップマンは特に、市民が不快な出来事のために、単純化された理由を作り出す傾向を嘆きました。上昇する価格、富、ストライキ、労働者の反乱は、共産主義者、カトリック教徒、日本人、フリーメイソン、またはユダヤ人による陰謀として、単純に説明されていました[51]。

陰謀論の黄金時代は、さらに過去に広がっているようです。政治学者のジョゼフ・ユージンスキとジョゼフ・ペアレントが『アメリカの陰謀論（原題：*American Conspiracy Theory*)』という本で行った大規模調査を検証することは、興味深いといえます。彼らは、1890年から2010年の間にニューヨーク・タイムズ紙とシカゴ・トリビューン紙に送られた104,803通の手紙をレビューしました（表1-1）。

10万通以上の手紙を読み、陰謀論への言及を探した結果、対象の年月を通じて均等に分布している875通の手紙を見つけました。そして陰謀論の黄金時代は、19世紀後半に始まったと結論付けました。唯一目立った変化は、21世紀に入ってから、陰謀論の手紙が、わずかに減少したことでした[52]。

ドナルド・トランプ、ビル・ゲイツ、COVID-19パンデミック以前に、人々は何について陰謀論を形成していたのでしょうか？　ユージンスキとペアレントの本から作成された表には、多くの興味深い詳細が明らかにされています[53]。

例えば、ドナルド・トランプが選挙結果に疑問を呼びかけるのは、古くからのアメリカの伝統であり、最初の手紙は1890年にさかのぼります。同様に、バラク・オバマに関連する人種差別的な陰謀論、彼の出生地についての疑念や隠れたイスラム教徒であるという非難も、古い伝統の一部のようです。

分析結果から、陰謀の背後には驚くべきことに225もの異なる実体があることがわかりました。最大のグループは「外国人」であり、フィンランドも、アメリカを揺るがす悪意のある陰謀者として言及されていました。陰謀の22%が右翼または資本主義者によるものと推定され、20%が左翼または共

表1-1　ニューヨーク・タイムズとシカゴ・トリビューンに送られてきた手紙の例

1890年	イングランドとカナダは、北アメリカで失った領土を取り戻すために策略を練っている。
1890年	アメリカ合衆国の大統領選の結果は偽造されたものであり、舞台裏で秘密のグループが選挙結果を買収した。
1892年	共和党は、選挙結果を偽造する陰謀を企んでいる。
1894年	ローマに率いられたカトリック教徒が、アメリカ合衆国での権力掌握を狙っている。
1895年	モルモン教徒の陰謀が、選挙結果の偽造を意図している。
1903年	企業が地方選挙を操作しているのは、共和党が完全に彼らの支配下にあるためである。
1904年	ルーズベルト大統領は、賄賂を使って選挙結果を操作した。
1906年	日本人は、ハワイ諸島を征服する意図で、変装した兵士を送っている。
1908年	消防士は、意図的に火事を起こし消防署への財政支援を確保している。
1918年	社会主義者は、アメリカ人を誤解させ、権力を掌握しようとしている。
1922年	アメリカ経済に影響力のある人物が、金銭的な利益を得るために、第1次世界大戦を意図的に開始した。
1924年	児童労働を禁止する法律は、学校制度の支配を狙う共産主義の陰謀である。
1927年	連邦政府内には、本物の権力をふるう実力者が隠れており、アメリカの支配者として独裁者を配置する計画がある。
1935年	共産主義者がワシントンの権力圏に侵入し、アメリカを社会主義国家に変えることを意図している。
1936年	大学教授が、学生を洗脳して共産主義者にしている。
1935年	ルーズベルト大統領の政権は、アメリカを裏切って、共産主義者と共謀している。
1937年	ルーズベルト大統領は策略を練り、独裁者になろうとしている。
1941年	モーツァルトの音楽は、若者を社会主義闘争に巻き込むための陰謀である。
1949年	リベラル派には、アメリカを共産主義国家に変える陰謀がある。
1950年	トルーマン大統領の政権と民主党は、共産主義者を保護している。
1954年	トルーマン大統領とルーズベルト大統領は、政府に侵入した共産主義者の本当の数を隠している。
1963年	選挙結果は、亡くなった人々の名前を使って投票することで、偽造されている。
1973年	レズビアニズムは、CIAの陰謀である。
1975年	ウォーターゲート事件は、リベラルな主流メディアによる、ニクソン大統領を権力から追い出すための陰謀であった。
1979年	カーター大統領は、ソビエト連邦のエージェントである。
1988年	西ドイツと日本は、通貨交換レートを操作することで、米国の選挙に影響を与えようとしている。
2002年	911のテロ攻撃は、アメリカによって仕組まれた陰謀であった。
2008年	オバマは、アメリカを弱体化させることを意図したイスラム教徒である。

第1章　狩猟採集民の脳

産主義者によるものでした。

　疑わしい陰謀者のリストには、民主党員、共和党員、フリーメイソン、ユダヤ人といったいつもの容疑者に加えて、FBI、CIA、ウォルト・ディズニー、武器製造業者、サッカリン反対活動家、科学者、精神科医、ボーア人［訳注：17世紀に南アフリカに入植したオランダ系白人］、市の職員、教師、トルコ人、ニヒリスト、配管工、作家、遊園地、ジャガイモ会社、平和主義者が含まれていました。

　つまり、この分析結果は、陰謀が現代に特有のものではなく、私たちの間に常に存在していたことを示しています。現代の特徴は、陰謀論のグローバリゼーションかもしれません。特にアメリカからの文化的・支配的な理論が、映画、テレビ、ソーシャル・メディアを通じて他の国々に広がっています。

　例えば、フィンランドにそぐわない陰謀論が足場を固めようとするのに、アメリカの影響は明らかです。アメリカで人気のある、選挙結果の改ざんや左翼が主導する銃の没収に関する理論が、フィンランドのソーシャル・メディアを通じて定期的に広がろうとしています。

　古い新聞を見ると、フィンランドもまた陰謀論の影響を受けていたことがわかります。1933年に、フィンランド社会民主党の新聞で、「共和党員」という偽名を使った作家が「世界最大の陰謀」と題した記事を書きました。この記事では、隠れた計画で運営される国内外のさまざまな同盟について議論されています[54]。これらの組織の中で最もよく知られているのはイエズス会であり、彼らが数世紀にわたりフリーメイソンと執拗な戦いを繰り広げてきたと、著者は主張しています。共和党員によれば、この紛争は、農民と工場労働者の究極の奴隷化を目指すオリガルヒの陰謀と比べると見劣りします。この記事は、1932年にフィンランドで起こったマンツァラ反乱に関与したヴィットーリ・コソラが、この陰謀に操られたと主張しています。反乱は、ラプア運動の支持者によって組織され、失敗に終わった蜂起でした。ラプア運動は、共産主義に対して甘すぎる政府に挑戦しようとした、反共産主義的で国粋主義的な性質を持っていました。反乱は、マンツァラ、セイナヨキ、ユヴァスキュラの町で起こり、反乱者たちは力を使って政府を倒し、自分た

ちのイデオロギーに合致する政府に置き換えようと試みました。この蜂起は、暴力的な衝突がないことが特徴で、反乱者たちの降伏で終わりました。

　新聞記事によれば、コソラは反乱の首謀者ではなく、単なる操り人形であり、オリガルヒの陰謀の意志に操られた、事前に書かれた台本を朗読する俳優でした。背後にいる見えない指導者たちは、ユダヤ人やフリーメイソンに対する一般大衆の感情を煽ることで、隠された計画を進めることを可能にしました。

　一方で、フィンランドの国家社会主義雑誌『斧を持つ男（原題：*Tapparamies*）』は、1933年の記事「ロシアのソビエト地獄──ユダヤ人の創造物」で、ユダヤ人の陰謀論を真剣に扱いました[55]。この記事は、ロシア革命が実際にはユダヤ人の陰謀であり、ユダヤ人が支配するメディアが、ロシアの真実を共謀して隠していると主張しました。調査報道に取り組んだライターは、ロシアの民衆が熱心に革命に参加したのではなく、革命家の90％が、ユダヤ人、ロマ［訳注：世界各地に居住する民族グループ］、中国人、ラトビア人であったと、不気味な暴露をしました。驚くべきことにこの記事は、レーニンが学校での教育言語としてヘブライ語を指定し、ユダヤ人の安息日を公式の休日としたと主張しました。レーニンは、死の間際に気が変になって四つん這いになり、「神よ、ロシアを守り、ユダヤ人を殺してくれ」と叫んだとされています。この記事はまた、第1次世界大戦を終わらせるためにドイツが署名したヴェルサイユ条約は、ユダヤ人によって仕組まれ、会議にはユダヤ人だけが出席していたと述べています。この記事は、世界支配を目指すユダヤ人の陰謀に対する激しい怒りの声で締めくくられました。

　1936年には、フィンランド社会民主党の新聞が、ナチス・ドイツが予防接種に反対していることを記事にしました[56]。この記事は、ドイツで広まっている医学はドイツ人の健康を弱体化させることを目的としたユダヤ人の陰謀である、という説について論じました。この攻撃の標的とされたのは、結核の微生物伝播を発見したロバート・コッホでした。

　また、ナチス・ドイツでは、病気の微生物説はまったくの誤りである、という説が有力であったことも紹介されています。結核は「不適切な生活と不

適切な思考による血液の汚染」の結果であると信じられていました。その背後には、驚くことではありませんがユダヤ人の陰謀があるとされていました。新聞は「ユダヤ人は、血清以外で、どうやって優れた北欧人を毒殺するのか？」と叫び、予防接種に激しく反対しました。そして「動物の血の一滴でアーリア人を毒し、病気や死にさらすのに十分であり（中略）身体の構造に根本的な変化を引き起こし、頭蓋骨の形を変え、骨格を狭く小さくし、しばしば偏平足を引き起こす（後略）」と主張しました。

　約100年前のワクチン陰謀論は、時間を超えて驚くほどテーマが似ていることを示しています。一部の陰謀論には寿命があり、その後忘れ去られます。例えば、ルーズベルト、カーター、O・J・シンプソンに関する陰謀論は、徐々に忘れられつつありますが、新しい理論が絶えず出現するため、その総数はおそらく一定です。陰謀論の増加は、メディア報道が増えたことによる錯覚かもしれません。陰謀論がニュースや本で広範囲に報じられると、それらはより普及している印象を与えます。

　陰謀と民主主義の研究者であるアンドリュー・マッケンジー・マクハーグとロルフ・フレドハイムは、イギリス議会での陰謀論に関する議論を分析し、これを人種差別に関する公の議論と比較しました。人種差別の議論は現在、過去よりもはるかに報道されていますが、報道の増加は必ずしも人種差別が増加したことを意味するのではなく、人種差別的事件に対する感受性の高まりと迅速な対応を意味するのかもしれません[57]。

陰謀論者は、愚かなのか？

　陰謀論の膨大な数と長い歴史は、陰謀論者が妄想的であるという理論に疑問を投げかけます。なぜなら、私たちの中にそれほど多くの妄想的な人々が存在するとは考えにくいからです。これは、妄想症と陰謀信念の表面的な類似点を考えると、奇妙なことです。しかし、社会心理学者のローランド・イムホフとピア・ランバティが広範な研究で明らかにしたように、両者には違いがあります[58]。

彼らによると、妄想症は一般的な疑念であり、誰かが自分に脅威を与えていると認識します。他人が背後で悪口をいい、嫌がらせをし、陰謀を企て、迫害していると感じます。認識された脅威は、日常の人間関係の中で現れ、迫害者たちがグループとなって、自分に対して陰謀を企てているという信念へと発展することがあります。このグループは、曖昧に定義されることもあれば、陰謀という言葉を用いて端的に表現されることもあります。

これに対して陰謀論者は通常、フィンランド人など、より広いグループが脅威にさらされていると認識します[59]。陰謀論では、陰謀を企てるグループは政治的あるいはイデオロギー的な偏りがあり、正確に定義されることが多いといえます。例えば、極右の価値観を持つ人はユダヤ人の陰謀を疑うかもしれませんが、予防接種に反対する人々はその疑いを製薬会社に向けるかもしれません。

明らかな類似点があるにもかかわらず、妄想症と陰謀論の信念は異なります。重要な結論は、妄想症の人々は陰謀論を信じるかもしれませんが、ほとんどの陰謀論者は妄想症ではないということです。これは、陰謀論に関連する他の心理学的な発見にも当てはまります。例えば、退屈しやすい人、ナルシシズムの傾向がある人、または精神病の傾向がある人が陰謀論を信じやすいかもしれませんが、これは、すべての陰謀論の信者がナルシシストや精神病であるという意味ではありません。

もし、すべての陰謀論者が妄想的でないのであれば、彼らは無知で教育を受けていないのでしょうか？　多くの研究がこの考えを支持しており、教育が陰謀信念を低下させることを示しています[60]。しかし、高度に教育を受けた陰謀論者の例も、数多くあります。例えば、数学と分析哲学のパイオニアであり、20世紀初頭に科学の普及者としてスーパースターになり、最終的にノーベル文学賞を受賞したバートランド・ラッセルは、ジョン・F・ケネディの暗殺によって深く動揺し、陰謀論を信じるようになりました。ラッセルは、英国でケネディの暗殺に関する委員会を設立しましたが、一度も開催されず、ニュージャージー州の生活娯楽教養新聞マイノリティ・ワン紙に「暗殺についての16の質問」と題した記事を発表し、反動的な右翼勢力が

CIA や FBI と共謀し、進歩的な大統領の暗殺の背後にいると示唆しました[61]。

ラッセルは、アメリカ当局が証拠を偽造し、隠蔽していると非難し、また、メディアが陰謀に加担していると指摘しました。右翼を黒幕とする陰謀論の根拠の中心は、暗殺の数日前にダラスで配布されたパンフレットにありました。このパンフレットは、ケネディの画像を「国家反逆罪で手配中」という見出しで特集し、彼をアメリカ合衆国憲法の違反、継続的な嘘、国際連合との共謀、共産主義的な人種暴動の扇動などで非難していました[62]。

ラッセルによると、もう一つの証拠は、暗殺当日の朝、ダラス・モーニング・ニュース紙に掲載されたケネディに反対する全面広告でした。この広告は、大統領が海外でもアメリカ国内でも共産主義を支持していると主張し、モスクワに密かに同調していたケネディが、兄のロバートと共謀して国際共産主義を支持するために、アメリカ政府を利用し、急進的な左翼主義の浸透を促進したと非難しました[63]。

ラッセルの証拠の別の解釈は、ケネディが、多くの陰謀論が紡がれた論争の的であった大統領であり、この観点からリー・ハーヴェイ・オズワルドによる暗殺は、ケネディが引き起こした騒動と憎悪の単なる現れだったということです。また、陰謀の目的を新聞で宣言することはありそうになく、名前が示すように、陰謀者たちは秘密裏に行動することを好むでしょう。

他のノーベル賞受賞者も、陰謀論に手を出しています。COVID 検査に不可欠なポリメラーゼ連鎖反応法（PCR）の開発により 1983 年にノーベル賞を受賞したキャリー・マリスは、型破りな研究者でした。彼はカリフォルニア大学バークレー校の研究室を使用して幻覚剤を合成し、退屈な大学の講義よりも LSD を科学的な発見の大きなインスピレーションとして挙げています[64]。

1998 年の彼の自伝『マリス博士の奇想天外な人生（原題：*Dancing Naked in the Mind Field*）』では、自分の人生を語るだけでなく、いくつかの陰謀論も掘り下げています[65]。気候変動、オゾン層の破壊、エイズと HIV の関連など、今日、真実と考えられているものはすべて捏造であると、暴論を展開してい

ます。

　マリスによると、科学者たちは気候変動、オゾン層の破壊、エイズとHIVの関連といった理論を作り出し、メディアを操って一般大衆を恐怖させ、より多くの資金を獲得しようとしています。マリスは、これらの「寄生虫」のような科学者たちが、国連や環境団体の代表者と一流レストランで食事をするだけでなく、彼らの豪華なBMWにも納税者のお金を贅沢に使っていると、激怒しながら説明しています。もしこれが事実とすれば、皮肉なことに、私は自分の選んだ研究分野を疑問視したくなります。なぜなら、私が運転する車は古いトヨタであり、今私が家族と食事をしているのは手頃な価格の寿司ビュッフェだからです。

　マリスは人々に対し、偽りのテレビを消して自ら事実を調べるよう促しています。彼は、基礎物理学の教科書を数時間読むだけで、メディアを操る科学者たちが腐敗した高等教育システムの一部であり、多くの資金を確保するために危機や罪悪感を煽っていることの証明に十分だと主張しています。

　マリスは、彼の本の奇妙な記述を考慮すると、ジョン・ナッシュと同じカテゴリーに分類される可能性があります。最も奇妙な章では、マリスは自分の山小屋で光輝くアライグマに話しかけられて以来、近くの森を恐れるようになりました。恐怖に悩まされた彼は、懐中電灯を彼のAR-15ライフルにテープで固定し、弾を装填して森に入り、潜んでいる影に向かって撃つという型破りな治療法を考案します。この夜間の射撃は効果的であり、森に住む地球外生命体はもはや彼を悩ませなくなりました。

　彼の風変わりさにもかかわらず、マリスはナッシュのように妄想的ではありません。むしろ彼の本は、過剰な自信から彼が苦しんでいることを示唆しています。自分の専門分野でノーベル賞に値する成功を収めたことにより、他の分野でも自分は専門家だと考えているのです。彼はオゾン層の破壊論を数行の文章で否定し、基本的な物理学によって、その理論が偽りであることが証明されると主張しています。この理論の偽りを証明するには数千ドルの装置で十分だが、誰もそれをしようとしないのは、あからさまな嘘が露呈するのを避けるためだと彼は主張します。

第1章　狩猟採集民の脳

気候変動やHIVに関しても同様で、マリスはそれらを論破することは馬鹿馬鹿しいほど簡単だと考えています。

　この過信は、「ノーベル病」と呼ばれます。一部のノーベル賞受賞者は、あらゆる分野の専門家になる傾向があるというものです[66]。賞が彼らの頭に影響を及ぼし、自分たちの専門知を過大評価するよう導きます。例えば、2度のノーベル賞受賞者であるライナス・ポーリングは、研究者や製薬業界がビタミンCの奇跡的な特性を隠していると信じていました[67]。彼は、永遠に生きるために毎日18,000ミリグラムものビタミンCを摂取していました。ポーリングは、ビタミンCが統合失調症やがんを治療できることを業界は明かそうとしないと主張しました[68]。

　もちろん数千人の参加者に基づく研究を、奇抜なノーベル賞受賞者の逸話で反論することは不公平なので、研究結果を検証する必要があります。クロアチアの研究では、1000人を対象にCOVID陰謀論への信念を調査し、教育が陰謀論を信じる可能性を減少することを示しました。しかし、データから明らかなように、教育を受けることで、陰謀論への信念がゼロになるわけではありません。大学レベルでも、約18％の回答者がCOVID陰謀論を信じていました[69]。

　これは、教育が陰謀信念を形成する上で重要な役割を果たす一方で、絶対的な抑止力ではないことを示唆しています。個人の心理、社会環境、特定のメディアへの露出、個人的な経験といった他の要因も、教育を受けた人々が陰謀論を支持する理由に影響を与える可能性があります。こうした考え方は、陰謀信念や誤情報の拡散に関する性質を理解する上で重要です。

　表1-2の「アメリカの陰謀論」のデータは、この観測と一致しています。初等教育しか受けていない人の約40％が陰謀論を信じている一方で、大学教育を受けた人の間では約20％でした[70]。

　高等教育が、陰謀信念の低下効果を持つことは明らかですが、教育が陰謀信念に対して絶対の盾を提供するわけではないことも明らかです。したがって、陰謀論の形成の背後には、他の要因も存在するはずです。

表1-2 アメリカで陰謀論を信じる人々の割合

教育水準	陰謀論を信じる人々の割合
初等教育のみ修了	29.45 %
高等学校まで修了	23.82 %
大学学位を取得	17.79 %

私たちの周りの陰謀

　陰謀論の性質に関する問いは、その心理を理解する上で重要です。多くの場合、より奇妙で明らかに虚偽の陰謀論に焦点が当てられ、それらは嘲笑とともに片付けられます。秘密のトカゲの世界政府、5Gワクチン、または北極に住んでいるヒトラーについての理論は、真剣に受け止めるよりも笑いを誘う可能性が高いでしょう。

　しかし、このような考え方で陰謀論を限定することは、正当化されるものではありませんし、賢明でもありません。陰謀論にはさまざまな定義があり、どの定義も陰謀論が馬鹿げたものだという概念を含んでいるわけではありません。陰謀論の典型的な特徴としては、以下が含まれるかもしれません。

　1. 個人やグループが、秘密裏に計画を進めている。
　2. 世界は見た目どおりではなく、その裏に隠された現実がある。
　3. 出来事は偶然に起こるのではなく、誰かがそれを望んでいるために起こる。

　このように定義すると、陰謀論は任意の秘密活動に関するものになり得ます。日常的な思考では、これらのすべてが陰謀論としてラベル付けされるわけではなく、むしろ策略や裏切りとみなされます。混乱を避けるために、研究者は時に奇妙な陰謀論だけを研究していると強調し、日常の陰謀を本当の陰謀論ではないとして排除します。

　脳の観点からすると、陰謀論と日常の策略との間に違いはほとんどありません。例えば、私は職場のコーヒールームでの会話中に、いくつかの陰謀論を短期的に信じたことがあります。アカデミックな世界では、陰謀は研究者

第1章　狩猟採集民の脳

の生活の基本的な部分であり、最大の挑戦はポストを確保することです。教授職を得ることは、ストレスの多い任期付きポストの綱渡りに終止符を打つだけでなく、尊敬を得て、長期的な研究を行う機会も意味します。アカデミック・ポストは希少であるため、アカデミアはポストのための競争によって前進しています。研究者は、履歴書に業績を積み上げます。数多くの質の高い論文、信頼される社会活動や地位、ネットワーク、強力なソーシャル・プロファイル、適切な量のメディアへの露出などです。

　非常に競争が激しい環境の中で、パーマネントな［訳注：任期の定めのない］アカデミック・ポストを追求することはストレスが多く、不安を引き起こします。パーマネントなポストを持たない研究者は、しばしば自分が賢く創造的で、勤勉であるかどうかを省みます。十分なネットワークがあるか、時間を効果的に使っているかを自身に問いかけます。

　憧れのポストに空きが出ると、公募情報のすべての内容がほとんど聖なるものであるかのように精査され、分析されます。なぜその特定の文言が含まれているのか？　なぜ「認知」や「臨床」に言及するのか？　この分析は、文章の隠された意図を見つけ出し、応募者にとっての本当の要件を、行間を読んで理解することを目的としています。その公募が、特定の候補者を優遇するように設計されているのではないかという憶測もあります。教授のお気に入りにポストを与える隠れた意図があるのか？　この公募は、昨年、別の教授の学生が講師のポストを得たことに関連しているのか？　もしかすると教授たちは、自分たちの研究の継続を確実にするため、お気に入りにポストを割り当てるために共謀しているのか？　さらに教授たちは先週、同じテーブルでランチをしていた。これは偶然ではあり得ない！

　このような憶測は、まったく根拠のないものではありません。なぜなら、アカデミアにおける贔屓を聞くことがあるからです。しかし、公募情報を分析する人は通常、特定の公募が不公平に設計されている具体的な証拠を持っていません。にもかかわらず彼らは、動機や行動、つながりを構築します。ストレスの多い状況では、陰謀論が、一種の満足感を得るために作られます。これは、陰謀論が理解の欠如や教育不足だけでなく、個人が無力感や不利な

34

状況に直面した時の、不確実でリスクの高い状況に対処するメカニズムとしても働くことを示しています。

アカデミックな陰謀論も、例えばジョージ・ソロスがトカゲと共謀しているという陰謀論と同じ特徴を持っています。

1. **部分的に隠された現実**：陰謀論は、秘密を明らかにし、人と出来事がどのように関連しているかを仮定します。究極の真実は幕の後ろにあり、まさに明かされようとしています。点と点を繋げなければなりません！　それは、霧を通して徐々に明らかになるシーンに似ています。

2. **秘密の世界を維持するグループ**：部分的に見える世界は、自分たちの秘密の計画を追求する、何らかの実体や組織によって隠されています。本質的には、二つの世界があります。偽りが維持される幻想的な世界と、隠されている現実の世界。公募情報は、教授職が事前に決定されているときは単なる形式に過ぎないかもしれません。

3. **全能のメンバー**：グループのメンバー、つまり教授などの権力者は、その影響が至るところに及ぶほほ全能の人物です。

4. **最善の説明としての陰謀論**：自分はそのポストに最適な候補だったが、他の誰かにそのポストが与えられる陰謀があったと考えることは、非常に心地良いものです。

5. **反証を困難にする陰謀論の性質**：アカデミアの贔屓に関する情報は、真実性を証明しにくい曖昧な噂としてのみ広がります。

人々の思考、動機、意図、および人々の関連性の理論として陰謀論を定義するならば、私たちは皆、日常の陰謀論者であり、陰謀が事実上私たちの世界を満たしています。

例えば、ある法案が国会で採決される直前に、なぜある専門家がヘルシンキ・サノマット紙のインタビューを受けたのでしょうか？　きっとこれは、法案に対する陰謀でしょう。私はソーシャル・メディアでこの話を読み、一時的にこの魅力的な陰謀論に巻き込まれました。ヘルシンキ・サノマット紙の秘密の計画が暴露されたと考えることには信憑性があり、どこか納得がい

くような気がしたのです。しかし、数分もしないうちに私の分析的な思考が働き始め、これに対する証拠がないことを考え始めました。タイミングは、完全に偶然である可能性があります。最終的に私は陰謀思考から離れました。しかし数分間、私は完全な陰謀論者でした。

　日常生活は、このような状況でいっぱいです。昨年、入社したばかりの社員がどうしてもう昇進したのか？　何か卑怯な手段を使ったのか、それともその配偶者がCEOの親族だからか？　同僚が、なぜ朝のあいさつをしなかったのか？　私に腹を立てているのか、それとも単に自分の問題で頭がいっぱいだったのか？　なぜ物件の管理人はその会社を配管工事に推薦したのか？その工事は本当に必要なのか、それとも管理人は、自分の利益のために何かを企んでいるのか？

　このような陰謀論は私たちの生活の不可欠な部分であり、私たちの脳が現実を処理する基本的な方法です。私たちは他人の動機を批判的に検討し、裏に隠された動機があると疑います。こうした懐疑的な姿勢は必要です。なぜなら、あまりにも信じやすく疑いを持たない人は、生き残ることができないからです。

　親しげな若い男性が、ショッピングモールであなたに声をかけ、ボウルからチョコレートを勧めてくれる状況を想像してみてください。彼が通信会社のシャツを着ているため、本当に友だちになりたいわけではなく、下心があることが簡単にわかります。彼と関わることでその動機を理解し、彼の行動を正しい文脈で捉えることができます。

　チョコレートを使ったセールスマンを疑うことと世界を支配する変装したトカゲを信じることとの間には、確かに違いはありますが、両者の信念体系の本質は同じです。人間は、理論を創造する存在であり、利用可能な情報に基づいて法則やモデルを構築します。モデルの構築は、情報が少ない曖昧な状況でも停止しません。脳は、どんなに不明瞭または複雑な状況でも、ただ停止して諦めることはありません。十分な情報がない場合、利用可能な少ない、または存在しない情報から、理論が強引に作られます。

　理論が構築されると、そこから離れることは困難です。理論がもともと不

36

完全な根拠に基づいて形成されたとしても、それを変更するにはかなりの量の証拠が必要です。理論が自己のアイデンティティ、政治観や世界観、あるいはグループの人間関係と結びついている場合、変更はさらに困難になります。このことは、政党への支持、宗教的見解、また陰謀論にも同じように当てはまります。

したがって、陰謀論は日常的な思考から始まる連続体の一部といえます。本書の目的は、陰謀論がどのように形成され、維持され、更新されるかを記述することであり、人間の知覚と思考の脳内のメカニズムに焦点を当てています。

この視点は、情報が乏しく曖昧な状況でさえも、人間の脳がパターンやつながり、説明を求めるようにできていることを強調します。私たちの周りの世界を理解しようとするのは自然な認知過程であり、時に陰謀論の形成につながります。この認知過程を理解することは、陰謀論がなぜ広く行き渡るのか、そして、知能や教育レベルに関係なく、なぜ多くの人々に訴えるのかを理解することに役立ちます。

日常生活での陰謀論の普及は、私たちの脳がそれらを作り出す傾向があることを示唆しています。そのため陰謀論は、精神疾患でも、いくつかの単純な方法で治療できる「ざんねんな脳」の愚かさを表すものでもありません。人に、なぜ陰謀論を信じないのかと尋ねてもよいくらい、普通のことなのです。

陰謀を検出する必要性

陰謀信念の必要性を評価する上で、歴史が陰謀で満ちているのを覚えておくことは重要です。例えばアメリカは、1953年のイランと1956年のグアテマラで、民主的に選出された政府の転覆につながる出来事に密かに影響を与えました。1962年には、キューバに対する攻撃を正当化するためのノースウッズ計画がアメリカ国防長官マクナマラに提案されました[71]。この計画は、アメリカ人を怒らせてキューバのせいにするテロ攻撃を仕組むことでした。

最初はアメリカの都市部で爆弾攻撃が行われ、キューバ難民を乗せた船が沈没する予定でした。陰謀がエスカレートするにつれて、アメリカの戦闘機がキューバのものに偽装され、アメリカの旅客機を攻撃する計画になりました。

　最も複雑なパートでは、CIAが旅客機の複製を作成し、事件を仕組むことが計画されました。本物の旅客機は、グアテマラやジャマイカなどへのチャーター便に学生を乗せているとされていましたが、実際には身元を偽装したCIAの工作員が搭乗する予定でした。海上で、本物の旅客機は海面近くに急降下すると同時に、オートパイロットで操作された複製の旅客機が入れ替わり、目的地に向けて飛行を続けます。キューバ上空で複製はあらかじめ録音された遭難信号を送信し、キューバのミグ戦闘機による攻撃を伝えます。その後、複製に搭載された爆弾が遠隔操作によって爆発します。

　そして本物の旅客機はCIAの秘密の飛行場に着陸し、「学生」たちは家に帰るという計画でした。何らかの理由でマクナマラはこの大胆な計画を受け入れず、最終的には極秘とされ、忘れ去られました。

　この例は、人々が重要な問題を進めるために、陰謀を形成する傾向があることを示しています。実際に陰謀が存在するので、それらを認識することは重要です。他者の意図を疑ったことがない人は、人生で成功しないでしょう。現代においてはショッピングセンターの親切な人から不要なサービスを購入することを意味するかもしれませんが、過去には陰謀を認識することが生死にかかわる問題でした。今日よりも暴力的だった古代では、グループメンバー間の隠された動機や脅威的な同盟を検出することが重要でした。陰謀を特定するための脳のメカニズムは、進化する軍拡競争の結果です[72]。何千年もの間、人類は自分たちの意図をより上手に隠すことを学び、脳は最小の手がかりからも隠された動機を検出するよう進化しました。

　本書の中心となる主張は、私たちにとって陰謀論を信じることは不可欠であるというものです。陰謀信念は、生存のための脳内ツールです。脳は、このツールを使って現実を知覚し、何十万年もの間、私たちの生存を促進してきました。陰謀信念は、実際には脳の進化において最も重要な産物の一つで

あり、人類の成功の象徴といえるものなのです。

狩猟採集民の脳内ツールセット

　陰謀論が、選挙の敗北や衝撃的な事故、パンデミック、あるいは厳しい仕事選択に対する最も妥当な説明と思えるとき、人間の情報処理の中心的な部分である脳のメカニズムが働いています。私は、脳を陰謀に対して敏感にし、同時に生存を促進するメカニズムを、狩猟採集民の認知的ツールセットと呼んでいます。

　「認知的」という言葉は、私たちが外の世界から情報を得て、理論を形成し、問題を解決し、意思決定を行う脳の情報処理を指します。このツールセットのメカニズムは、不明瞭かつ曖昧で急速に変化する状況を扱うために特化しています。速度を確保するために、時には近道をし、賢明な推測で状況をナビゲートします。

　私が狩猟採集民のツールセットと呼ぶのは、脳が現代の都市生活とはまったく異なる環境で進化したためです。狩猟採集民の脳は、今日の世界よりも不確かでランダムな環境で生き残るために適応しています。そこでは、悪運が突然死につながる可能性があり、重大な挫折にあっても楽観主義を維持する必要がありました。

　そのような環境のもとで、脳は脅威と機会を過敏に監視し、肉食動物や策略を巡らす仲間、または近くの敵対的なグループをチェックすることで、安全を確保しなければなりませんでした。

　日常生活の問題解決にあたり、脳はツールセットから次の三つを選択します。

　推測：脳は迅速に解釈し、適切な決定を下します。生存と速度は、しばしば正確さよりも重要ですが、特別な状況を認識するため慎重に思考することも同じく重要です。速度と正確さのバランスをとるには、状況の迅速な理解だけでなく、意識に到達する情報を慎重に選択することも必要です。迅速な解釈と選択のメカニズムは賢明な推測の一種であり、あらゆる状況を迅速に

第1章　狩猟採集民の脳　　39

ナビゲートしますが、陰謀信念につながることがあります。

意味付け：脳は、受動的なカメラのように世界を観察するのではなく、その中に意味を作り出します。これは、ある程度の解釈が必要になる曖昧な状況では、特に重要です。そのような文脈では、暗がりの路地で近づいてくるフードを被った人物が脅威に見えたり、バーでの女性の視線が何かの合図として受けとられたり、考えにふける首相が同僚にとって陰謀者に見えたりするかもしれません。脳は、特に社会的な手がかりに敏感です。グループ内で誰が味方で、誰が自分に敵意を持っていて、誰が好意を持っているかを見極める必要があります。裏から物事を操る影のリーダーが誰であるかを理解することも重要です。他者の心を直接見ることは不可能なので、観察可能な行動から精神状態を推測するしかありません。時には他者の感情、動機、意図を推測する努力がエスカレートし、隠れた計画が進行中であると想像するに至ります。

回復：脳は、保全性を維持しています。ほとんどの人は、自分自身を良い人間で多くの分野のスキルがあり、基本的に善意があると考えています。ウェブサイトから得た電気工事のDIYの知識で感電したり、パーティで自分を笑いものにした場合、脳は最良の形で合理化するのを助けます。そのサイトの指示は本当にわかりにくかったし、そのパーティのカクテルは意図的に強く作られたに違いありません。良いことは良い人に起こり、不運に遭遇した人はこれは運命なのだと自分にいい聞かせることで、ポジティブな気持ちが維持されます。回復する脳は、世界を法の支配する場所として描き、偶然や悪運は存在しないものとします。人気のあるプリンセスが交通事故で亡くなったり、尊敬される大統領が暗殺された時、脳は現実の境界を広げ、偶然を排除し、不幸な出来事の背後に悪意のある陰謀を示唆する情報に固執します。これらのメカニズムはまた、自分の理論が隣人の愚かな陰謀論とは異なり、よく考えられた根拠のあるものと確信させます。

　脳は、これら三つのツールを通じて、変化する状況に応じてナビゲートします。陰謀論的にチューニングされた脳は愚かな脳ではなく、むしろ認知的ツールセットがうまく機能していると理解することが重要です。しかし、こ

れらのメカニズムにはショートカットや思い込み、経験則が含まれているため、時には誰かの言葉を誤解したり、椅子の脚につまずいたり、家に鍵を忘れたり、政府が国民に対して陰謀を企てていると想像することがあるのです。

【参考文献】

1　Nasar, S. (1998): *A Beautiful Mind*. Simon & Schuster, New York, USA; Kuhn, H. W. & Nasar, S. (2007): *The Essential John Nash*. Princeton University Press, Princeton, New Jersey, USA; Capps, D. (2011): John Nash, Game Theory, and the Schizophrenic Brain. *Journal of Religion and Health*, 50(1), 145–162.

2　Nasar, S. (1998): *A Beautiful Mind*. Simon & Schuster, New York, USA, p. 156.

3　Nasar, S. (1998): *A Beautiful Mind*. Simon & Schuster, New York, USA, p. 162.

4　Nasar, S. (1998): *A Beautiful Mind*. Simon & Schuster, New York, USA, p. 158.

5　Capps, D. (2005): John Nash: Three Phases in the Career of a Beautiful Mind. *Journal of Religion and Health*, 44(4), 363–376.

6　Halmos, P. R. (1973): The Legend of John von Neumann. *The American Mathematical Monthly*, 80(4), 382–394.

Kovács, G. (2004): John von Neumann—A Biographical Sketch. *Acta Oeconomica*, 54(1), 85–89; Poundstone, W. (1998): John von Neumann. Encyclopaedia Britannica, available at https://www.britannica.com/biography/John-von-Neumann. (Accessed 28.9.2022); "John von Neumann: Life, work, and legacy", available at https://www.ias.edu/von-neumann. (Accessed 28.9.2022)

7　Alexander, A. R. (2006): Tragic Mathematics. *Isis*, 97(4), 714–726.

8　"Who really killed John Lennon?", available at https://lennonmurdertruth.com/ (Accessed 13.12.2022)

9　Young, L. (2012): Black Conspiracy Theories 101: Tropical Fantasy Drinks Make Black Men Sterile?! WOLB-radio station web page, available at https:// wolbbaltimore.com/1936718/black-conspiracy-theories-101-tropical-fantasy-drinks-makes-black-men-sterile/ (Accessed 14.12.2022); Turner, P. A. (1992): Ambivalent Patrons: The Role of Rumor and Contemporary Legends in African-American Consumer Decisions. *The Journal of American Folklore*, 105(418), 424.

10　Umam, A. N. & Muluk, H. & Milla, M. N. (2018): The need for cognitive closure and belief in conspiracy theories: An exploration of the role of religious fundamentalism in cognition. In Ariyanto et al. (Eds.) *Diversity in Unity: Perspectives from Psychology and Behavioral Sciences*. Taylor & Francis, pp. 629–637; Fajar, G. (2016): The conspiracy behind Pokemon Go. Medium, available at https://gfajar66.medium.com/the-conspiracy-behind-pokemon-go-a26423b271dd (Accessed 23.1.2023)

11 Skvarla, R. (2017): When 1980s Satanic Panic Targeted Procter & Gamble. Atlas Obscura, available at https://www.atlasobscura.com/articles/procter-gamble-satan-conspiracy-theory (Accessed 15.12.2022); Victor, J. (1990): Satanic Cult Rumors as Contemporary Legend. *Western Folklore*, 49(1), 51–81.

12 Crease, R. P. (2000): Case of the deadly strangelets. *Physics World*, 13(7), 19–20.

13 Clery, D., & Cho, A. (2008): Is the LHC a Doomsday Machine? *Science*, 321(5894), 1291–1291; Cartlidge, E. (2010): Law and the end of the world. *Physics World*, 23(02), 12–13; Gillies, J. (2010): The perilous world of the wardrobe. *Physics World*, 23(01), 52–52.

14 Larsen, K. (2019): Particle Panic: How Popular Media and Popularized Science Feed Public Fears of Particle Accelerator Experiments. Springer International Publishing, pp.84–87; Larsen, K. (2017): ALICE and the Apocalypse: Particle Accelerators as Death Machines in Science Fiction. 2(1), 19.

15 Joel (2019): CERN and bible prophecy. Christian Evidence, available at https://www.christianevidence.net/2019/05/cern-and-bible-prophecy.html. (Accessed 15.9.2022).

16 French, A. (2018): The Mandela Effect and New Memory. *Correspondences*, 6(2), 201–233; Lamoureux, M. (2015): The Berenst(E)ain bears conspiracy theory that has convinced the internet there are parallel universes. Vice, available at https://www.vice.com/en/article/mvx7v8/the-berensteain-bears-conspiracy-theory-that-has-convinced-the-internet-there-are-parallel-universes. (Accessed 29.9.2022)

17 "The Berenstein Bears: We Are Living in Our Own Parallel Universe" in the Wood between Worlds blog, available at http://www.woodbetween.world/2012/08/the-berenstein-bears-we-are-living-in.html. (Accessed 26.9.2022)

18 Maswood, R., & Rajaram, S. (2019): Social Transmission of False Memory in Small Groups and Large Networks. *Topics in Cognitive Science*, 11(4), 687–709.

19 http://mandelaeffect.com/ (Accessed 29.9.2022)

20 https://www.youtube.com/watch?v=H0Lt9yUf-VY (Accessed 29.9.2022)

21 46664, available at https://en.wikipedia.org/wiki/46664 (Accessed 29.9.2022); 46664/Nelson Mandela Foundation, available at http://www.thirtythreeproductions. com/?portfolio=46664 (Accessed 29.9.2022); 46664, available at https://www. davidclarkcause.com/mandela-46664 (Accessed 29.9.2022)

22 Conspiracy Theorists Think The Large Hadron Collider Transferred Us Into A Parallel Universe In Latest Experiment, IFLScience, available at https://www. iflscience.com/conspiracy-theorists-think-the-large-hadron-collider-transferred-us-into-a-parallel-universe-yesterday-64324. (Accessed 31.8.2022); People think scientists are opening hell portals with this particle collider, Mic, available at https://www.mic.com/impact/cern-large-hadron-collider-conspiracy-theories. (Accessed 31.8.2022); Towers, T. (2016): Jaw-dropping photos taken above CERN's Large Hadron Collider lead to wild new conspiracy theories and 'prove portals are opening'. The Sun, available at https://www.thesun.co.uk/tech/1358274/ jaw-dropping-photos-taken-above-cerns-large-hadron-collider-lead-to-wild-new-conspiracy-theories-and-prove-portals-are-opening/. (Accessed 28.9.2022)

23 CERN answers queries from social media, available at https://home.cern/ resources/faqs/cern-answers-queries-social-media (Accessed 28.9.2022)

24 Van den Bulck, H., & Hyzen, A. (2020): Of lizards and ideological entrepreneurs: Alex Jones and Infowars in the relationship between populist nationalism and the post-global media ecology. *International Communication Gazette*, 82(1), 42–59.

25 Wynn, L. L. (2008): Shape shifting lizard people, Israelite slaves, and other theories of pyramid building: Notes on labor, nationalism, and archaeology in Egypt. *Journal of Social Archaeology*, 8(2), 272–295.

26 Hofstadter, R. (1964): The paranoid style in American politics. Harper's Magazine, November, 77–86; Thalmann, K. (2019): *The Stigmatization of Conspiracy Theory since the* 1950s: *"A Plot to Make us Look Foolish."* Routledge, p. 44.

27 Darwin, H., Neave, N., & Holmes, J. (2011): Belief in conspiracy theories. The role of paranormal belief, paranoid ideation and schizotypy. *Personality and Individual Differences*, 50(8), 1289–1293; Barron, D., Morgan, K., Towell, T., Altemeyer, B., & Swami, V. (2014): Associations between schizotypy and belief in conspiracist ideation. *Personality and Individual Differences*, 70, 156–159.

28 Brotherton, R., & Eser, S. (2015): Bored to fears: Boredom proneness, paranoia,

and conspiracy theories. *Personality and Individual Differences*, 80, 1–5.

29   Stanković, S., Lazarević, L. B., & Knežević, G. (2022): The role of personality, conspiracy mentality, REBT irrational beliefs, and adult attachment in COVID-19 related health behaviors. *Studia Psychologica*, 64(1), 26–44; Dagnall, N., Drinkwater, K., Parker, A., Denovan, A., & Parton, M. (2015): Conspiracy theory and cognitive style: A worldview. *Frontiers in Psychology*, 6; Bronstein, M. V., Pennycook, G., Bear, A., Rand, D. G., & Cannon, T. D. (2019): Belief in fake news is associated with delusionality, dogmatism, religious fundamentalism, and reduced analytic thinking. *Journal of Applied Research in Memory and Cognition*, 8(1), 108–117.

30   Freeman, D., & Bentall, R. P. (2017): The concomitants of conspiracy concerns. *Social Psychiatry and Psychiatric Epidemiology*, 52(5), 595–604.

31   Trotta, A., Kang, J., Stahl, D., & Yiend, J. (2021): Interpretation Bias in Paranoia: A Systematic Review and Meta-Analysis. *Clinical Psychological Science*, 9(1), 3–23.

32   Swami, V., Coles, R., Stieger, S., Pietschnig, J., Furnham, A., Rehim, S., & Voracek, M. (2011): Conspiracist ideation in Britain and Austria: Evidence of a monological belief system and associations between individual psychological differences and real-world and fictitious conspiracy theories: Conspiracist ideation. *British Journal of Psychology*, 102(3), 443–463.

33   Wood, M. J., Douglas, K. M., & Sutton, R. M. (2012): Dead and Alive: Beliefs in Contradictory Conspiracy Theories. *Social Psychological and Personality Science*, 3(6), 767–773.

34   Levinson, D. L. (1969): The study of anti-semitic ideology. In Adorno, T. (Ed.) *The Authoritarian Personality*. Norton, New York, Yhdysvallat, pp. 96-97.

35   Cassino, D. & Jenkins, K. (2013): Conspiracy theories prosper: 25% of Americans are "truthers". Fairleigh Dickinson University's PublicMind Poll, available at http://publicmind.fdu.edu/2013/outthere/ (Accessed 13.12.2022)

36   Leibovitz, T., Shamblaw, A. L., Rumas, R., & Best, M. W. (2021): COVID-19 conspiracy beliefs: Relations with anxiety, quality of life, and schemas. *Personality and Individual Differences*, 175, 110704.

37   Miller, J. M. (2020): Do COVID-19 Conspiracy Theory Beliefs Form a Monological Belief System? *Canadian Journal of Political Science*, 53(2), 319–

326.

38 8 in 10 French people believe a conspiracy theory: survey, France24, available at https://www.france24.com/en/20180108-8-10-french-people-believe-conspiracy-theory-survey. (Accessed 1.10.2022)

39 Tonković, M., Dumančić, F., Jelić, M., & Čorkalo Biruški, D. (2021): Who Believes in COVID-19 Conspiracy Theories in Croatia? Prevalence and Predictors of Conspiracy Beliefs. *Frontiers in Psychology*, 12, 643568.

40 Kowalski, J., Marchlewska, M., Molenda, Z., Górska, P., & Gawęda, Ł. (2020): Adherence to safety and self-isolation guidelines, conspiracy and paranoia-like beliefs during COVID-19 pandemic in Poland—Associations and moderators. *Psychiatry Research*, 294, 113540.

41 Kofta, M., & Sedek, G. (2005): Conspiracy stereotypes of jews during systemic transformation in Poland. *International Journal of Sociology*, 35(1), 40–64.

42 Cohnitz, D. (2018): On the rationality of conspiracy theories. *Croatian Journal of Philosophy*, XVIII(53), 351–365; Nera, K., Leveaux, S., & Klein, P. P. L. E. (2020): A "Conspiracy Theory" Conspiracy? A Mixed Methods Investigation of Laypeople's Rejection (and Acceptance) of a Controversial Label. *International Review of Social Psychology*, 33(1) 1–18.

43 Willingham, A. J. (2020): How the pandemic and politics gave us a golden age of conspiracy theories. CNN 3.10.2020, available at https://edition.cnn.com/2020/10/03/us/conspiracy-theories-why-origins-pandemic-politics-trnd/index.html (Accessed 19.12.2022)

44 Guilhot, N. & Moyn, S. (2020): The Trump era is a golden age of conspiracy theories – on the right and left. *The Guardian* 13.2.2020, available at https://www.theguardian.com/commentisfree/2020/feb/13/trump-era-conspiracy-theories-left-right (Accessed 19.12.2022)

45 Stanton, Z. (2020): You're Living in the Golden Age of Conspiracy Theories. *Politico* 17.6.2020, available at https://www.politico.com/news/magazine/2020/06/17/conspiracy-theories-pandemic-trump-2020-election-coronavirus-326530 (Accessed 19.12.2022)

46 Uscinski, J., Enders, A., Klofstad, C., Seelig, M., Drochon, H., Premaratne, K., & Murthi, M. (2022): Have beliefs in conspiracy theories increased over time? *PLOS ONE*, 17(7), e0270429; Quinnipiac University Poll 17.2.2021: Half of Americans

Approve of the Job President Biden Is Doing, Quinnipiac University National Poll Finds; Most Say Conspiracy Theories in the U.S. Are Out of Control, available at https://poll.qu.edu/Poll-Release?releaseid=3768. (Accessed 1.9.2022)

47   McMahon, D. M. (2004): Conspiracies so vast. Boston Globe 1.2.2004, available at http://archive.boston.com/news/globe/ideas/articles/2004/02/01/conspiracies_ so_vast/ (Accessed 15.12.2022)

48   Cannon, L. (1991): Gary Sick's lingering charges. The Washington Post, 13.5.1991, available at https://www.washingtonpost.com/archive/opinions/1991/ 05/13/gary-sicks-lingering-charges/b8bc811c-7046-4eb8-87e7-1645667d0e6b/ (Accessed 15.12.2022)

49   The Warren commission report. *The New York Times* 28.9.1964, 28.

50   Thalmann, K. (2019): The Stigmatization of Conspiracy Theory since the 1950s: "A Plot to Make us Look Foolish." Routledge, p. 110.

51   Lippman, W. (1922): *Public Opinion*. Harcourt, Brace and Company, pp. 58-63, pp. 128-129.

52   McKenzie-McHarg, A., & Fredheim, R. (2017): Cock-ups and slap-downs: A quantitative analysis of conspiracy rhetoric in the British Parliament 1916–2015. *Historical Methods: A Journal of Quantitative and Interdisciplinary History*, 50(3), 156–169.

53   Uscinski, J. E. & Parent, J. E. (2014): American Conspiracy Theories. Oxford University Press, pp. 59–68.

54   Republikaani (Pseudonym) (1933): Maailman suurin salaliitto. *Suomen Sosiaalidemokraatti* 29.6.1933.

55   Venäjän neuvostohelvetti - juutalaisten luomus. *Tapparamies* 31.10.1933, No. 10, 7

56   Natsilainen lääketiede. *Suomen Sosiaalidemokraatti* 2.1.1936, No. 2.

57   McKenzie-McHarg, A., & Fredheim, R. (2017): Cock-ups and slap-downs: A quantitative analysis of conspiracy rhetoric in the British Parliament 1916–2015. *Historical Methods: A Journal of Quantitative and Interdisciplinary History*, 50(3), 156–169.

58   Imhoff, R., & Lamberty, P. (2018): How paranoid are conspiracy believers? Toward a more fine-grained understanding of the connect and disconnect between paranoia and belief in conspiracy theories. *European Journal of Social Psychology*,

48(7), 909–926; Alsuhibani, A., Shevlin, M., Freeman, D., Sheaves, B., & Bentall, R. P. (2022): Why conspiracy theorists are not always paranoid: Conspiracy theories and paranoia form separate factors with distinct psychological predictors. PLOS ONE, 17(4), e0259053; Greenburgh, A., & Raihani, N. J. (2022): Paranoia and conspiracy thinking. *Current Opinion in Psychology*, 47, 101362.

59 Raihani, N. J., & Bell, V. (2018): An evolutionary perspective on paranoia. *Nature Human Behaviour*, 3(2), 114–121.

60 Uscinski, J. & Parent, J. (2014): *American Conspiracy Theories*. Oxford University Press, p. 86; van Prooijen, J.-W. (2017): Why Education Predicts Decreased Belief in Conspiracy Theories: Education and Conspiracy Beliefs. *Applied Cognitive Psychology*, 31(1), 50–58; Carey, J. M. (2019): Who Believes in Conspiracy Theories in Venezuela? *Latin American Research Review*, 54(2), 444–457.

61 Russell, B. (1964): 16 questions on the assasination. *The Minority of One*, September 1964; Kidd, C. (2011): The Warren Commission and the Dons: An Anglo-American Microhistory. *Modern Intellectual History*, 8(2), 411–434.

62 Onion, R. (2013): The "Wanted for Treason" Flyer Distributed in Dallas Before JFKs Visit, Slate 15.11.2013, available at https://slate.com/human-interest/2013/11/jfk-assassination-flyer-distributed-in-dallas-by-edwin-walker-s-group-before-his-visit.html (Accessed 28.12.2022)

63 Report of the president's commission on the assasination of president Kennedy, available at https://www.gutenberg.org/files/58031/58031-h/58031-h.htm (Accessed 28.12.2022)

64 Schoch, Russell (September 1994): Q&A – A Conversation with Kerry Mullis. *California Monthly*. Vol. 105, no. 1. Berkeley, California: California Alumni Association. p. 20.

65 Mullis, K. (1998): *Dancing Naked in the Mind Field*. New York: Pantheon Books; Griehsel, M. (2005): Kary B. Mullis interview. The Nobel Prize, available at https://www.nobelprize.org/prizes/chemistry/1993/mullis/interview/ (Accessed 23.12.2022)

66 Basterfield, C., Lilienfeld, S. O., Bowes, S. M. & Costello, T. H. (2020): The Nobel Disease: When Intelligence Fails to Protect Against Irrationality. *Skeptical Inquirer* 44(3).

67   Richards, E. (1992): Showdown at high noon for Linus Pauling. *Science as Culture*, 3(2), 282–295; Richards, Evelleen.(1991) The Second Mayo Clinic Trial: A Conspiracy to Suppress the Truth? *Vitamin C and Cancer: Medicine or Politics?* Palgrave Macmillan, London, pp. 141–167.

68   Barret, S. (2014): The Dark Side of Linus Pauling's Legacy. Quackwatch, available at https://quackwatch.org/related/pauling/ (Accessed 23.12.2022)

69   Tonković, M., Dumančić, F., Jelić, M., & Čorkalo Biruški, D. (2021): Who Believes in COVID-19 Conspiracy Theories in Croatia? Prevalence and Predictors of Conspiracy Beliefs. *Frontiers in Psychology*, 12, 643568.

70   Uscinski, J. E. & Parent, J. E. (2014): *American Conspiracy Theories*. Oxford University Press, pp. 82–87.

71   Joint Chiefs of Staff (1962): Justification for US Military Intervention in Cuba. Memorandum JCS 1969/321, available at https://nsarchive2.gwu.edu/news/20010430/northwoods.pdf (Accessed 13.12.2022); David, T. C. (2006): Operation Northwoods: The Pentagon's Scripts for Overthrowing Castro. *The Drama Review*, 50(1), 134–148.

72   van Prooijen, J. W., & Van Vugt, M. (2018): Conspiracy theories: Evolved functions and psychological mechanisms. *Perspectives on Psychological Science*, 13(6), 770-788.

第2章

推測する脳

真実に興味のない脳

　陰謀信念が形成される主な要因は、脳が情報を選択し、自分バージョンの真実を構築することにあります。脳にとって正確性の追求は、それ自体が目的ではありません。脳は、究極の真実というものに本質的に興味がないのです。真実の代わりに、現実と大まかに近い利用可能な情報から、直近の目標に適した真実を構築します。脳は利用可能な情報に満足し、希少性、曖昧さ、または複数の解釈可能性にかかわらず、文脈に特化した真実を構築します。重要なのは、真実の精度や真実らしさではなく、脳によって構築された真実が状況をナビゲートするのに役立つかどうかです。生存は、真実よりも重要とみなされます。

　「十分な真実」の定義は、文脈によって異なります。例えば、アパートを購入する際、私は物件の書類を数週間にわたって熟読しましたが、魅力的なアパートは迅速に行動した人々に購入されてしまいました。この徹底的な分析は疲れるものでしたが、金銭面での大きなリスクを考えて、私は決定的な真実の追求を目指しました。

　一方、脳は時に迅速に反応します。数カ月前、夕暮れ時に車を運転中、大きな鹿が突然茂みから飛び出してきました。私は考えることなくブレーキを踏み、車を鹿の進行方向から離れた道路の端に移動しました。鹿はかろうじて車を避け、道路を横切って茂みに駆け込みました。

　私の完全に自動的な反応はこの状況で唯一可能な行動選択であり、それによって鹿との衝突を防ぐことができました。このような状況下ですべての要因を慎重に考慮することは、理にかないません。なぜなら、考えている間に鹿と衝突してしまうからです。

私の迅速な反応は実際には意識的な決定ではなく、むしろ賢明な推測の一種です。大惨事につながる可能性も、同じくらいあったと思います。厳しい状況では考え続けるよりも、迅速な行動をとる方が望ましいといえます。

　アパートの購入と鹿との衝突は、脳が遭遇する状況の極端な多様性を表しています。脳は日々、時間を要する熟考と迅速な意思決定との間でバランスをとりながら、何千もの決定を下します。迅速な反応は望ましい選択ですが、常に賢明なわけではありません。例えば、会議の席で誰かが迷惑な振る舞いをした場合、通常は怒るのではなく少し立ち止まって考えてから、和かな調子だったり毅然とした反論だったりと、状況に応じて適切な行動を選択するのが賢明です。

　しかし、日中に下される決定のほとんどは、いわば日常の自動モードで迅速に行われます。認知的な過負荷を軽減するためにはこれが重要であり、すべての決定を熟考していたら疲れてしまうでしょう。例えば、今日の牛乳を選ぶために店で数十分を費やしたら、買い物は過度の負担になります。日常生活がスムーズに進むためには、いくつかの選択肢を簡単に比較して過度に考え込まずに牛乳を選ぶことが理にかなっています。

　これは現代の環境では容易ではありません。というのも、日常における選択肢の数が本当に多くなってきているからです。私が子どもの頃、地元の店にはおそらく3種類の牛乳があり、10種類未満のキャンディが売られていました。今、近くのスーパーマーケットに行くと選択肢の数は膨大です。30種類の牛乳、245種類のキャンディ、120種類のオリーブオイルが売られています。

　選択肢の広がりは裏目に出ることがあります。買い物客にジャムのサンプルを提供した研究で、ある店では6種類のジャムが試食可能でしたが、別の店では24種類ものジャムが提供されました。

　人々の行動を観察したところ、品揃えが多いほど立ち止まる回数は増加しましたが、選択肢が少ないほど実際にジャムを買う回数が増加しました。買い物客が圧倒されるような複雑すぎる意思決定のシナリオでは、購買意欲が低下したのです[1]。

同様に、Tinder［訳注：世界最大級のマッチング・アプリ］などのデートアプリでは、数百万人のアクティブ・ユーザーが、平均して毎日140人のプロフィールを閲覧しています。無限の選択肢があるという幻想は魅力的ですが、ジャムを試食する時のジレンマと同様に、意思決定の麻痺につながることがあります[2]。私たちの脳は、適度なサイズのグループ内で相手の魅力を評価するように発達しましたが、無限の選択肢の海の中では躊躇してしまいます。豊富な選択肢を前にすると、さらに完璧な相手が見つかる期待が大きな障害となって、「十分な」相手で妥協したくない気持ちが強まります[3]。

選択肢が増えるにつれてデートの決断が難しくなることは、多くの研究で観察されています。ある実験では参加者に、ランダムな順番で提示された顔写真から好きな相手を選んでもらいました。参加者が見た顔写真が多ければ多いほど、提示された顔を拒否する可能性が高くなりました[4]。この現象は、男性では女性ほど顕著ではありませんでしたが、これは男性がデートの相手の選択に寛大であることと関連しているかもしれません。どの研究でも、男性は女性よりも提示されたデートの相手を受け入れる可能性が有意に高いのです。

誰でも一時的に心がロックされ、延々と決断にこだわることがあります。私の場合、電化製品を購入する時にこのようなことが起こります。製品の特徴の沼にはまり、即座に決定を下すことができません。果てしない比較から自分を引き離し、特定の価格レベルの製品なら十分だと自分自身を納得させることで、その状況から脱します。

選択肢の豊富さは、優柔不断から抜け出して多くの選択肢にこだわりすぎずに選択できる人々にとっては、有利な傾向があります。日常の決定について過度に熟考する人は疲弊し、うつ病にかかりやすいことが観察されています。

意思決定が麻痺する極端な状態が強迫性障害であり、決断を下すのが非常に困難となります。例えば、手が十分にきれいになったかどうか不確かなため、手を洗う行為を終えるのが困難な状態が挙げられます[5]。この状態の人は、まるで流砂に埋もれているかのような感覚を覚えることが多く、決断を

下すのに熟考が必要で身動きがとれず、結局何も結論を出すことができません。

疲弊を避けるためにはタイムリーな決定を下し、その不完全さを受け入れることが重要です。このバランスは、脳の認知的ツールセットの不可欠な機能です。

不確実性を嫌う脳

曖昧な状況においては、速度と慎重さの微妙なバランスをとることが、特に困難になります。脳は、過度に熟考することや行き詰まった感覚を防ぐために、さまざまな戦略を用いて難局から脱出しようとします。利用可能な情報が少なすぎる場合、不確実性がある場合でも、経験に基づく推測で決定を下します。

図2-1は、曖昧な状況で複雑さを簡略化する脳の傾向を示しています。図では、グレースケールのグラデーションを含むオブジェクトが表示されています。内側の四つのオブジェクトは、上部が明るく下部が暗いグラデーションで、見る人に向かって膨らんでいるように見えます。一方、外側の六つのオブジェクトは、内側のオブジェクトが膨らんでいるように見えるのに対し、逆にへこんでいるような印象を与えます。

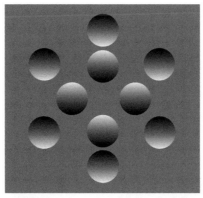

図2-1 画像の向きにより三次元構造の解釈が異なる例

第2章 推測する脳

この現象は陰影による形状と呼ばれ、画像内の陰影がオブジェクトの知覚される三次元構造を決定します[6]。この現象には興味深い性質があり、本書を逆さまにすることで実験できます。本書を180度回転させると、内側と外側のオブジェクトの凹凸が逆転することに気付きます。

　通常は画像を回転しても、その三次元形状が変わることはないので、この現象は独特です。例えば図2-2は、逆さまにしても家のように見え、家の形をした凹みには見えません。この違いは、図2-2は脳に多くの情報を提供するため、三次元の解釈が画像の向きに依存しないことによります。

図2-2　画像の向きが三次元構造の解釈に影響しない例

　これに対し、図2-1は限られた情報しか提供していません。そこに描かれているものは、明確に識別できるような情報を伝えていないので、脳が実際の三次元構造を推測することは困難です。結果として、それぞれの形状は凸である可能性もあれば、凹である可能性もあります。

　行き詰まりを避けるべく、脳は画像を明確に解釈するために二つの仮定を用います。一つ目の仮定は光源は単一であるということ、二つ目の仮定は光源は上方に位置しているということです。この賢明な推測により、曖昧な状況から明確な解釈を得ることができます。

　最初に頭に浮かんだ説明を受け入れる傾向は、効率性を好む脳の性質を反映しています。私が自宅で執筆している時に突然下の階からバンという音が聞こえたら、何が起こったのか確認しに行きます。リビングで本の山が崩れ

ているのを見つけたら、前日に購入した本を不注意に積み上げすぎたと即座に推測します。山がかなり高かったことを思い出すと、私の推測は十分に思えます。自分の推測に満足した後、上の階に戻りながら、本棚をもう一つ増やすことに同意するようパートナーを説得できないか考えます。

最初に浮かんだ推論に満足しなかった場合、別の説明を考慮し、検証するために多くの時間を割くかもしれません。最近、ヘルシンキでネズミが急増していることを考えると、ネズミが壁をかじって本の山を倒した可能性もある。または、隣人の猫が昨日リビングに忍び込んで一晩過ごし、下の階で走り回ったのかもしれない。あるいは、私たちの家の基礎が壊れかけていて、本の山が倒れたのは家が傾き始める最初の警告なのかもしれない、と。

このようによく考えると、さまざまな理由を想像することができます。実際の原因が、地震や強盗、家の下に住むノーム［訳注：精霊・妖精の一種］、または恐ろしいポルターガイストだったらどうでしょうか？　一日中理由を考えることもできましたが、結局それは意味がないことで、本書を完成することもできなかったでしょう。何らかの合理的な説明にすぐに落ち着き、中断された作業を続けることが、理にかなっています。

不確実性を避けることは、日常の出来事よりも複雑かつ重要な状況で、人々を陰謀論に傾倒させます。例えば、ジョン・F・ケネディの暗殺に関する情報は、当初不明瞭でした。発砲の方向や数について目撃者の意見は一致せず、メディアは矛盾する誤った情報を報じました。

衝撃的な殺人事件の不可解で曖昧な詳細を前にして、人々は自分なりの解釈を形成し始めました[7]。多くの人にとって、単独犯という考えはこのような大事件の説明としては十分ではありませんでした。大統領の暗殺がそんなに無作為かつ容易に起こるわけがないとして、早くも暗殺当日から陰謀論が展開されました。

ウォーレン委員会はリー・ハーヴェイ・オズワルドを単独犯と断定しましたが、ケネディ暗殺に関連する陰謀論は依然として人気があります。CIAによる陰謀のように少なくとも理論的には可能なものから、ラジオ司会者のミルトン・クーパーが提唱したようなまったく奇妙なものまで、さまざまです。

クーパーによると、暗殺は異星人とイルミナティ、フリーメイソン、悪魔崇拝者、ユダヤ人、ビルダーバーグ会議［訳注：年1回非公開で行われる、世界的な影響力を持つ代表者たちの集まり］の同盟によって計画されたもので、これらの存在に関して1954年にアイゼンハワー大統領が同盟と結んだ契約を、ケネディが暴露しようとしていたといいます。クーパーは、「E.T.」や「未知との遭遇」のような映画から一連の出来事をつなぎ合わせたと主張し、これらの映画は一般に信じられていることとは裏腹に、実話に基づいているとしました[8]。

　このように、重要で不明瞭な事件は、陰謀論の格好の土壌となります。しかし、すべての人が、陰謀論を形成するわけではありません。例えば、ケネディ暗殺の直後には、約3分の1の人々が狂人の犯行だと推測しました。個人差はさまざまな要因から生じますが、その理由の一つは、一部の人々が不確実性に対して耐性が低く、曖昧さを迅速に排除しようとすることかもしれません。不確かな状況では、より迅速に利用可能な情報を把握して決定を下し、自分の意見を固めます[9]。

　このことについて、不確実性への耐性の低い人物が不確実性による苦痛を軽減するための説明として陰謀論を採用するかどうか、実験が行われました[10]。実験の始めに、ポーランドの参加者の不確実性への耐性が質問紙を用いて評価されました。その後参加者には、シリアとエリトリアの難民がポーランドに宿泊するための資金提供を、EUが行う計画だというニュース記事を読んでもらいました。

　このニュースは、強い感情を引き起こしました。2015年に6,500人の難民がポーランドに到着したことで、多くの人々が国の治安状況の悪化を恐れたためです。ポーランドの法と正義党は、まもなく10万人のイスラム教徒が危険な病気や寄生虫をまん延させるだろうと警告し、疑念を煽りました[11]。

　強い感情をかき立てたニュースの後、二つのグループは、本物のオンライン会議と称する文章を読みました。一方のグループの文章では、EUを非難する陰謀論は次のように説明されていました。「EUは、難民をポーランドに呼び寄せるために全力を尽くしています。これは混乱を引き起こし、EUに

やりたい放題の機会を与えることになります。」

　もう一方のグループは、難民の到着を肯定的にとらえる文章を読みました。次のような文章です。「ポーランドの国民が費用を負担する代わりに、EUが資金を提供することは、ポーランドの利益になります。」

　架空のオンライン会議の背後にあるアイデアは、参加者に陰謀論の種を提供し、それを採用する可能性を提供することでした。その後、難民に関する陰謀信念について参加者に尋ねたところ、次のような発言がありました。

　「EUは、難民を受け入れる本当の理由を隠しています。」

　「EUは、ポーランドの文化を破壊するために難民を連れてきています。」

　「EUは、密かにポーランドの経済支配を計画しています。」

　結果は、不確実性を避けたがる人物ほど、陰謀論を信じる傾向があることを示しました。提示された陰謀論は非常に魅力的であったため、これらの参加者は進んで採用しました。

　研究者たちはまた、出来事の曖昧さが陰謀論の採用に影響を与えるかどうかも知りたがりました。実験の構成は前回と同様でしたが、今回は二つのグループが航空機事故に関する異なる説明を読みました。一方は原因不明の事故を説明する文章であり、もう一方は原因が明確な事故を詳細に説明する文章でした。

　原因不明の事故を説明する文章は、2014年3月8日午前0時42分過ぎにクアラルンプール空港を離陸したマレーシア航空370便について論じたもので、離陸直後に同機は消息を絶ち、目的地の北京に到着することはありませんでした。機体の捜索は何カ月も続けられましたが成功せず、レユニオン島で機体の破片が発見されたのは2015年7月のことでした。参加者には、事故原因は不明のままであることが強調され、これが代替理論の形成につながると予想されました。

　原因が明確な事故を説明する文章は、ジャーマン・ウィングスのエアバスA320型機が巻き込まれた事故について、精神障害を抱えたアンドレアス・ルビッツ副操縦士がコックピットに閉じこもり、飛行機を故意に山に墜落させたとするものでした。この事故は2015年3月8日に発生し、150人の乗客

第2章　推測する脳　　57

の死をもたらしました[12]。文章は、事故の原因は明確であることを強調しました。

　航空事故の説明を読んだ後、参加者は、2010年のスモレンスク航空災害に関するコメントを提示されることで陰謀論にさらされました。この事故では、レフ・カチンスキ大統領とその夫人、そして96人の高官や将校が死亡し、ポーランド人に深い衝撃を与えました[13]。この悲劇的な事故は、大統領の政敵によって仕組まれたもの、あるいはロシア人による政治的暗殺といった、多数の陰謀論を生み出しました[14]。陰謀論のコメントは、参加者の意識を陰謀的な状態に移行させ、陰謀の可能性を考える心が開くようにすることを意図していました。

　最後に、マレーシア航空やジャーマン・ウィングスの事故に陰謀の可能性がどの程度あるか評価するよう求めることで、提供された陰謀論の種が参加者にどのような影響を与えたかを比較しました。

　前回の実験と同様に、今回も不確実性を避ける人物の方が、陰謀的思考を容易に受け入れる傾向がありました。さらに、不明瞭なマレーシア航空の事故は、陰謀論的な視点を通じてより容易に解釈されました。このように、不確実性を嫌う人々は利用可能な陰謀論の説明を受け入れる傾向がありました[15]。同様の結果は他の研究でも観察されており、不確実性を避けたいという願望がヨーロッパにおけるイスラム教徒の密かな悪意に対する陰謀論的疑念と結びついていました[16]。

　陰謀論を信じることは、脳が不確実性によって引き起こされる苦痛を軽減するための方法です。これは本章冒頭で述べた鹿の例に似ており、脳は不明瞭な問題について考え込むことを望まず、何らかの解決策に落ち着くことを好みます。脳はその状況で利用可能な情報を喜んで選択し、陰謀論が利用可能であればそれを説明として積極的に採用します。

　研究結果に基づけば、この特性こそが陰謀論の愛好家と健全な人とを区別するものだと考えたくなります。しかし、この誘惑に陥ってはなりません。なぜなら、不確実性を避けることの度合いは、その人の特性として一貫しているわけではなく、時と場合によって変化する連続体であるからです[17]。そ

の人の性格や生活史が、その人の世界観を形成していることは確かですが、人は怒っていたり、疲れていたり、ストレスを感じていたり、あるいは状況を脅威だと感じている場合には、不確実性に対処する能力が一時的に低下することがあります。これは、大統領の暗殺や恐ろしい事故、またはソーシャル・メディアでの議論によってフラストレーションがたまっている場合にも、同様に起こり得ることです。そのような時に陰謀論がすぐ近くにあれば、それを採用するのは容易なことなのです。

選択による迅速な推測

　脳の容量を節約し賢明な推測を可能にする認知的ツールセットの一つが、選択です。脳は、世界の特徴のごく一部を選び出しながらも、現実の豊かな体験を構築します。例えば、トナカイは地衣類［訳注：トナカイの食べ物である菌類と藻類の複合体］をよりよく識別するために紫外線を見ることができます。また鳥は、光の偏光を知覚して空の電磁気的構造を見ることができ、航行の助けとしています。知覚世界の豊かさと詳細な体験は、脳によって構築された、いわば錯覚であり、私たちは本当に重要なものだけを知覚しているのです。

　物事の重要性は、脳による知覚世界の意味構築に影響を与えます。例えば赤いベリーの色は、栄養価の高さを示します。色は、重要な特徴に関する外界からのメッセージであり、私たちを栄養に導く手がかりです。

　脳は意味を作り出し、入力される感覚情報とその意味との関係を必要に応じて変更することができます。恋に落ちている時、美しい春の日はさらに素晴らしく見え、愛する人は格別に美しく見え、コーヒーを飲みながら分かち合うひと時は他の誰も味わうことのできなかった唯一無二の素晴らしい体験のように感じられます。

　社会的な状況で不安になる人物は、脳が他人の視線などの脅威的な情報を敏感にキャッチするようになり、視線の集中砲火を浴びているような錯覚に陥ります[18]。同じような解釈の変化は他人の笑いにも関連しており、不安に

第 2 章　推測する脳　　59

なるとその笑いが自分に向けられたものと自動的に解釈されることがあります[19]。

　したがって世界の体験は、状況の要求に適応するための脳神経による仮想現実です。例えば、視界にある手は私の手であり、隣に座っている配偶者の手ではないという体験は脳によって構築されたものです。同様に、自分の存在が頭の中、目の後ろ8センチの場所にあるという感覚も、脳の情報処理の結果です。

　原因と結果の関係にも同じことが当てはまります。コーヒーを飲みたいという気持ちと、コーヒーカップに向かって伸びる手の動きのつながりは、私自身の心の動きと世界の出来事が、自身の主体性にとって最適となるように構築されています。これらのプロセスが妨げられると、天井に浮いているように感じるかもしれませんし、コーヒーカップを唇に向けて持ち上げているのは誰の手なのか疑問に思うかもしれません。

　脳神経の仮想現実の背景には、モデルを構築しようとする脳の働きがあります。最も単純なモデルには、世界の物理的構造に関する情報が含まれます。例えば、部屋を出る場合、壁に大きな開口部があることを意味するドアに向かって進むのが理にかなっています。他の人々の行動を予測するモデルでは、信号が青に変わると道路の端にいた人々が一斉に歩き出すと予測します。

　選択とモデル構築によって生じる脳神経の仮想現実は、慎重に選択された現実の断片です。進化の過程で形成された脳のメカニズムは、関連性がないと判断された大量の情報を切り捨てるため、脳神経の仮想現実は現実の正確な複製ではなく、生存に不可欠な要素のみを含んでいます。

　選択は脳にとって、その状況で最も迅速に確認できる情報に集中するのが有利であることを意味します。脳は、何かが間違っている可能性が高い、無数の方法を熟考する時間がない時、正しいことの確認に集中します。

　2012年に、ベネズエラのウゴ・チャベス大統領は、南米の左派系大統領が次々にがんと診断されていると述べました。その中には、アルゼンチンとブラジルの大統領、およびブラジルの元大統領が含まれていました。チャベス自身もがんと診断され、後にそれが原因で亡くなりました。

チャベスによると、左派の間でがんが多発するのは偶然ではなく、左派政権の転覆を狙ったアメリカの陰謀に違いないといいます。チャベスは、自分が観察したがん患者を点と点のパズルのようにつなぎ合わせ、そこから陰謀論を形成しました[20]。

　チャベスの考え方は、歴史的にみてまったく根拠がないわけではありません。例えば、フィデル・カストロを暗殺し、病気にさせ、少なくとも屈辱を与える試みがなされました[21]。1963年、CIAは交渉の際、スキューバダイビングが趣味だったカストロにウェットスーツと酸素ボンベを贈る計画を立てました。計画では、ウェットスーツに皮膚病を引き起こす物質が塗られ、酸素タンクに結核菌が混入されることになっており、カストロは重病に陥るはずでした。しかし、この計画は実行されませんでした[22]。

　CIAはアメリカのマフィアと協力し、カストロが使っていたラジオ・スタジオにLSDを散布したり、カストロのお気に入りの葉巻を致死性の物質で処理したり、少なくとも彼の伝説的なひげを抜け落ちさせる計画を立てました。毒薬、爆発するホラガイ、毒針を隠したボールペン、より伝統的な選択肢として狙撃銃も暗殺の手段として検討されました。これらの暗殺を計画する会議のいくつかは、人里離れたヘルシンキという最も疑われにくい場所で開かれました。

　確かにCIAが実に奇妙な陰謀を計画していたことは証明されていますが、大統領たちのがんの背後にそうした陰謀があったことを意味するわけではありません。BBCのジャーナリストであるルース・アレクサンダーは、チャベスの陰謀論を分析し、証拠がないことを明らかにしました[23]。いずれも50歳以上だった南米の大統領5人にがんが発生することは、まったく珍しいことではなく、何よりも、他の19人の南米の指導者たちはがんを発症していなかったのです。チャベスは自身の理論を支持する症例を結びつけると同時に、彼の理論とつながりのない事象は無視しました。彼は単に、がんを発症していない南米の大統領のケースに興味がなかったのです。

　自身の理論を支持するケースに注目することで、チャベスは変わったことをしたのではなく、他の人々と同じような行動をしていたといえます。

第2章　推測する脳

このような、自身の理論を支持するケースにのみ注意を払い、欠落しているつながりを無視する一般的な傾向は、確証バイアスと呼ばれます。これは、推測する脳の最も重要なツールの一つです。

テレパシー犬ジェイティー

　自身の理論を支持する情報を選択的に利用することは、イギリスのテレパシー犬のケースで見事に実証されています。1994年、オーストリアのテレビ局は、飼い主の帰宅を予知するテレパシー能力を持つテリア系ミックス、ジェイティーを特集しました[24]。テレビ番組では、レポーターとジェイティーの飼い主が街に出かける間、ジェイティーは飼い主の両親と留守番をしていました。

　それは驚くべき映像でした。飼い主が午後3時10分に帰宅すると決めたのとまったく同時に、それまでキッチン・テーブルの下でおとなしくしていたジェイティーが警戒して立ち上がり、11秒後、飼い主を待つために窓際に歩いていったのです。何キロも離れた飼い主が帰宅することを遠くから察知する能力がジェイティーにあることを、映像ははっきりと示しました。飼い主は、自分が犬のことを考えているかどうかは、ジェイティーのテレパシー能力に影響しないと話しています。飼い主の帰宅を予知する能力は、まったく間違いないものでした。

　このテレビ番組は、生物学者ルパート・シェルドレイクが提唱した形態形成場という理論に基づいていました[25]。犬と飼い主の間に強い絆がある場合、犬の形態形成場は飼い主の心と相互に作用し、飼い主の意図を遠距離でも感じとることを可能にします。科学コミュニティはシェルドレイクのいう場の存在については、証明がなされていなかったため、懐疑的でした。ジェイティーはこれまで何度も否定されてきたシェルドレイクに対して、科学の世界観に革命を起こすエキサイティングな機会を提供しました。

　なぜかシェルドレイクはこの現象を検証する実験を行いませんでしたが、心理学者のリチャード・ワイズマンがこれに挑戦しました。彼は、ジェイ

ティーの能力に関する実験を綿密に計画しました。特に実験前に、どの行動を予知と分類するか決定した上で、飼い主が不在の間中、犬の行動をビデオ撮影しました。さらに、飼い主の帰宅時間をランダムにすることで、日常のルーチンが到着時間の予測に役立たないようにしました。また、実験では飼い主がいつ帰宅するかを知っている人が家にいないようにし、無意識のうちに犬に帰宅を知らせることがないようにしました。

　結果は1998年に英国心理学会誌で発表され、ジェイティーがテレパシー能力を持っていないことが示されました[26]。表2-1はその結果です。表から、ジェイティーが番組よりも1日中動き回っていたことは明らかです。わずか2時間強の収録の間に、ジェイティーは13回も家のベランダに行き、そのうち3回は移動に明確な理由がありませんでした。肝心なのは、このうちどれが実際に飼い主の帰宅を予測した行動かということです。

表2-1　ジェイティーの行動の記録

時刻	ジェイティーがベランダにいた時間（秒）	ジェイティーの行動で考えられる理由
19時24分	57	車が通る
19時30分	38	人々が通り過ぎる
19時41分	51	外に人がいる
19時57分	53	明確な理由なし
20時09分	134	明確な理由なし
20時37分	27	2匹の犬が通り過ぎる
20時38分	37	犬を見る
20時58分	221	車が通り、外に犬がいる
21時04分	395	車が通る
21時15分	15	明確な理由なし
21時16分	76	車が通る
21時17分	10	人々が通り過ぎる
21時40分	40	飼い主が帰宅

第2章　推測する脳

リチャード・ワイズマンは、テレビ局が番組を脚色し、ジェイティーの他の活動を省いたのではないかと疑いました。残念ながら、制作会社が番組に使われなかった映像を紛失していたため、真偽は明らかになりませんでした。

ルパート・シェルドレイクはワイズマンの実験に怒り、何年にもわたる激しい論争に発展しました。実際、20年以上経った現在もシェルドレイクは、ワイズマンが結果を意図的に誤って解釈したと主張しています。彼は偏狭な懐疑論者であり、その結果を否定したかったのだというのです。

しかし、なぜジェイティーはテレパシー能力を持っているように見えたのでしょうか？　飼い主と両親は、その現象の存在を確信していました。おそらくある時、両親は飼い主が帰宅する直前、偶然にもジェイティーが待ち始めたことに気付き、そこから犬のテレパシーの理論を形成したのでしょう。

規則性に興味を持つ脳はこの驚くべきケースから理論を形成し、それが両親の見方を導き、飼い主が到着する直前に犬が活動的である状況に対して、より注意を払うようになったのです。

ゲイを検知する精神的Ｘ線

確証バイアスで最も不安を感じる例の一つは、同性愛の診断に関するものです。驚くべきことに、同性愛が心理学者や精神科医による診断の必要がある病気だと考えられていたのは、それほど昔のことではありません。同様に驚くべきは、同性愛者をスクリーニングするために、どれほど多くの科学文献が費やされていたかということです。それは多くの研究者にとって、特に重要なテーマのようでした。ロールシャッハ・テストのようなさまざまな射影テストが多くの研究で使用され、これらは隠された同性愛の衝動を明らかにする、精神的なＸ線のようなものだと信じられていました。

ロールシャッハ・テストでは、珍しいインクのしみを見て心に浮かんだことを自由に説明します。そうした説明は、無意識の表出であり、心の内容を反映しているとされます。解釈は重要であり、例えば人がオレンジを見たと

言及した場合、それは単なるオレンジではなく、他の何かの象徴でもあります。問題はもちろん、これらの象徴がどのように解釈されるかにあります。オレンジが単なるオレンジでないとすると、それは何なのでしょうか？

　1940年代でも、インクブロット・テスト［訳注：ロールシャッハ・テストに代表される、インクのしみを使った心理テスト］は有用な研究ツールと考えられており、同性愛者を追求するために熱心に使用されました。特に第2次世界大戦中は、アメリカ陸軍が同性愛者を軍から排除したいと考えていたので、緊急性が高まりました。多くの同性愛者が迫害を恐れてカミングアウトしたがらず、逆に一部の男性は兵役を避けるために同性愛者であると主張したので、状況は複雑でした。少なくとも、これは軍が想定していたことでしたが、多くの同性愛者が一般に広まっているステレオタイプに合致しなかったため、軍人が彼らを同性愛者だと信じるのは難しくなりました。同性愛者がそんなに普通の男性のように見えるはずがない！　理由は何であれ、軍はいわゆる偽の同性愛者も摘発したいと考えていました[27]。

　現代の視点から見ると、この状況は暗黒時代に驚くほど似ています。本当の自分を隠さなければならなかったのは、自分のアイデンティティに対して病気という根拠のない汚名を着せられたためです。ついにカミングアウトした時でさえ、信じてもらえないケースもありました。これにまったく非科学的な研究方法を組み合わせると、結果は悲劇的なまでに不条理な混乱を生じます。

　多くの論文で特に懸念されたのは、同性愛者と異性愛者を確実に区別することができないことでした。同性愛者と異性愛者を公言している人々から、インクブロット・テストで作成された物語を与えられた時、心理学者や精神科医はブラインド・テストでは同性愛者を識別できませんでした[28]。研究課題と方法がナンセンスであると結論付けるのではなく、さらなる研究が必要だと考察されました。

　しかし、多くの人々が同性愛を秘密にしておきたいと考えるのは当然であったため、研究は困難を極めました。当時の研究者は、さらに多くの人々が同性愛を否定し、自分自身でさえ認めていないと考えていました。何らか

の方法でこの問題を研究するには、まず「本物の」同性愛者を見つけ、それから異性愛者と確認されたインクブロットの物語と比較する必要がありました。研究者は、信頼できる方法を開発するためには、まず間違いなく同性愛者である十分な人数を見つけなければならないという鶏と卵の問題に直面しました。

この目的のためにセラピストは、同性愛を示すかもしれない手がかりを拾い上げる必要がありました。ある科学論文は、セラピストが使用する経験則を論じています。この論文は他の論文と同様に、男性同性愛者の発見に焦点を当てています。何らかの理由で、発見することが常に重要とみなされてきました。セラピストが同性愛者を特定するためのチェックリストは、次のとおりです。この中のどれかの要素が会話で現れた場合、その人は同性愛者であると疑われる可能性がありました[29]。

1．人生のある時点で同性愛の経験がある。
2．人生のある時点で自慰行為をしたことがある。ただし論文の著者は、自慰が慢性的な同性愛につながらないケースが科学論文で認められていることを強調しています。
3．人生のある時点で、男性優位の環境（刑務所、軍隊）にいたことがある。
4．セラピストの視点で、完全に男性的でなく、女性的な特徴を持っている。
5．母親との関係が難しく、おそらく母親に対して隠れた敵意を持っている。

この論文の著者は、これらの基準がすべての男性を含む可能性があることに驚くほど無頓着である代わりに、これらの非公表の同性愛者がインクブロット・テストで語る物語の種類について考察を進めています[30]。

この調査では、同性愛者によって語られる物語に登場するシンボルに焦点が当てられました。幸いにも、シンボルの解釈はかなり単純でした。結果は、自分の同性愛を隠している人々は、しばしばインクブロットに動物、特に威嚇や闘争する動物を見ることを示しました[31]。いくつかの解釈では、猫が定

66

期的に登場することが隠れた同性愛を示唆しました[32]。

しかし研究者は、臀部が見当たらないことに困惑しました。これは、すべての同性愛者が異性愛者よりもセックスに興味があるという、一般的な偏見に関連しています。この仮説に基づいて、研究者は同性愛者のインクブロットに関する物語には、臀部がより多く登場すると期待しました。しかし実際はそうではなく、異性愛者も同性愛者もインクブロットに臀部を見ることがあることを示しており、この興味深い結果について論文で繰り返し考察されています。

臀部現象の差し迫った性質と、物語の中で猫の言及を探す方向に戻したいというセラピストの願望から、この現象を詳しく調査することが決定されました[33]。1969年の論文で、心理学者のローレンとジーン・チャップマンは、臀部問題の特徴を探りました。最新の科学的知見から出発し、インクブロット・テストの精神的X線は、物語に脅威的な、または擬人化された動物が含まれている場合、それは隠された同性愛を明らかにするものだとされました。そのような言及の例は「コウモリの格好をした女性」であり、これは人間が動物化された同性愛的な精神の変化を示しています。

こうして科学的に解明された同性愛の象徴は、心理学者や精神科医の解釈と比較されました。専門家にはアンケートが送られ、インクブロット・テストに関連する物語のどの部分が隠れた同性愛を示しているか、報告するよう求められました。回答を分析した結果、同性愛の最も強いシグナルは臀部と肛門でした。男性と女性の生殖器、女性の服装も、同性愛の明確なシンボルでした。

研究者は、専門家が臀部の問題に巻き込まれ、猫やコウモリ女といった本質的な内容に注意を向けなかったことに愕然としました。そこで研究者は、心理学や精神医学の専門家でない人々に同性愛のシンボルと思われるものを尋ねる、フォローアップ・テストを行うことにしました。

専門家でない一般の人々はさまざまな人物の文章を読み、その中には他の男性に好意を抱く男性からの文章があると知らされました。文章には、動物、バットマン、服を着た犬、男性、女性、馬の臀部、衣服、人物など、さまざ

第2章　推測する脳　　67

まな描写が含まれていました。

これは、「真実」と「偽」の同性愛への手がかりを文章に隠すことを意図しています。結果は、一般の人々も臀部を同性愛の最も明確なシンボルと考えていることが分かりました。

臀部は、同性愛者が異性愛者よりもセックスに熱中し、臀部をチラチラ見るという一般的な概念と関連しているため、同性愛の重要な手がかりと想像されていました。確証バイアスの観点から見ると、二つの事柄の関連性に対する偏見がセラピストにとって指針となる理論に変わったということであり、それに基づいて、同性愛者と思われる人がインクブロットを見ながら臀部に言及する場合に注意を払うようになりました。彼らはまたこれらのケースを、容易に記憶しました。一方、異性愛的な傾向を持つと思われるクライアントに対しては、臀部の問題はそれほど注意を払われませんでした。情報の選択的な取得と記憶によって、二つの事柄の関連性について幻想的な理論が形成されました。もちろん、インクブロット・テストは現実には何も診断できないのです。

後頭部の超自然的な目

確証バイアスがどのように機能するかに関する重要な側面は、自分の理論を支持する情報を見つけた時の満足感であり、時間的に近い出来事の間に形成される見かけ上のつながりに似ています。例えば昨日、私は母に電話して、日曜日に家族みんなでブランチに行こうと尋ねました。母は、私が電話する直前まで、まさに同じことを考えていたといいました。つながりの体験は強力です。これは偶然ではあり得ません！

このような体験は非常に説得力があるため、私たちは見かけ上のつながりを想像しやすくなります。その典型的な例が「見られている」という超自然的な感覚です。人は、既知の感覚チャネルとは独立したメカニズムを通じて、他人の視線を感じとります。それは、誰かにじっと見つめられているような、後頭部がうずくような曖昧な感覚です。振り返ると、たしかに群衆の中の誰

かがあなたを見ているのです。

　この現象に関する最初の科学的解釈は、心理学のパイオニアであるエドワード・ティチェナーによって発表されました。1898年、彼はサイエンス誌に「見つめられている」という感覚に関する論文を発表しました[34]。ティチェナーによるとこの現象は、進化的に決定された、後ろで何が起こっているかを確認する必要性に支えられています。これは理にかなっていると思われます。なぜなら、私たちは頭の後ろに目を持っておらず、頭の後ろは脆弱な場所だからです。ヒリヒリとした奇妙な感覚は脳のリマインダー・メカニズムです。あなたも群衆の中にいる時、後ろで何か怪しいことが起きていないか、時々確認してみてください。

　ティチェナーは、この現象の第2段階は「振り向く」ことであり、後ろにいる人々にとって重要なシグナルであると説明しました。誰かが振り向くと、後ろにいる人々の視界に動きが生じ、自動的に注意を引きます。後ろの人々は、自分の視界で何が動いたかを自動的に確認し、振り向いた人に視線を向けます。

　ヒリヒリとした感覚と、誰かから「見つめられている」という体験は、振り向いて後ろの人から実際に見つめられることによって、生じます。しかし、振り向いた人にとっては、凝視がヒリヒリ感を引き起こしているように思えます。ヒリヒリ感が凝視を引き起こしているという情報を得るためには、振り向きたくなる衝動を抑えなければなりませんが、その場合、誰かが自分を見つめているかどうかを確認することができません。

　ティチェナーはサイエンス誌の論文の最後に、心理学者は超自然現象の研究に時間を浪費すべきではないと述べ、自身の論文によって若い研究者の努力が真に重要な科学的現象に向かうようになることを望みました。おそらく驚くことではありませんが、ティチェナーの希望は実現せず、「見つめられている」という超自然的な感覚はその後広く研究されるようになりました。

　ティチェナーの論文から15年後、心理学者ジョン・クーヴァーはこの現象に関する実験を行いました。参加者は実験室に座り、背後に座っている人がいつ自分を見ているかを感じとろうとしました[35]。1000回の試行の結果

は明確でした。参加者が見つめられたという感覚は、50.2％の確率で当たっていました。同じ結果はコインを投げることによっても達成されたでしょう。つまりそれは、完全にランダムでした。

　もちろん、それでも熱心な研究者を落胆させませんでした。生物学者のルパート・シェルドレイクはテレパシー犬のジェイティーを研究し、「見つめられている」という感覚について進化論的な説明を考案しました。それは、「見つめられている」ことを超自然的に感知する個体は文字どおり、頭の後ろに目を持っていたため、生き残ることができた。そうした超自然的な能力は明らかな選択的優位性であり、時間をかけて進化してきた、というものです。残念ながら、科学はこの魅力的な説を支持していません。

　ティチェナーは、100年以上経った今も超自然的な視線検出の研究が続けられていることに失望するかもしれません。一方で、彼の理論が依然として正しいと考えられ、超自然的な視線検出の証拠がどの研究でも見つかっていないことを彼は喜んでいることでしょう[36]。

　「見つめられている」という超自然的な感覚に対する根強い信念は、二つのものの間の明らかなつながりによって生じる体験は非常に説得力があり、自分の考えを支持する情報を無視することが難しいことを示しています。実際、自分の理論に合致する情報を見つけることは非常に満足感がある一方、確証バイアスの働きを打ち消すことは実に難しいといえます。

確証バイアスはオフにできるか？

　専門家の行動における確証バイアスの影響は、多くの研究で繰り返されています。ある研究では、精神科医のグループが二人の患者の説明を読み、それに基づいて診断を下しました[37]。説明で描かれた一方の患者は幻覚に悩まされ、人間関係や仕事上の困難も抱えていました。この患者は43歳で、非常に神経質ですぐにイライラし、睡眠障害に苦しんでいました。離婚歴があり、10代の子どもとほとんど会っておらず、仕事も解雇されていました。睡眠障害は、神経過敏と夜中に誰かが部屋にいると感じることによるもので

した。この患者はまた、幻視や幻聴に悩まされていました。

　もう一方の患者は30歳で、仕事を解雇され、配偶者が不貞を働いたために、結婚生活に困難を抱えていました。この患者は、夜になると部屋に角と乳房のある暗い人影が見えたと報告しました。この患者は、配偶者の行動に常に神経をとがらせ、何事にも集中できませんでした。

　精神科医には知らされていませんでしたが、説明の中で、患者の性別と肌の色が変更されました。あるグループの精神科医は、患者が男性または女性であり、黒人または白人であるという文章を受けとりました。別のグループの精神科医は、患者の性別や肌の色には言及がない文章を受けとりました。

　患者の説明で性別や肌の色が特定されていないとき、精神科医はほとんどの場合で統合失調症と診断しました。患者が白人男性のときは反応性精神病、つまり生活状況によって引き起こされる一時的な精神障害で、症状を引き起こす原因がなくなれば治ると診断されました。

　対照的に黒人男性のときは、より深刻で慢性的な状態である妄想型統合失調症と診断されました。黒人男性の問題は生活状況によるものではなく、その人自身に固有のものとみなされました。同じ症状が女性にみられる場合、うつ病と診断されました。重要なのは、同じ症状であっても白人男性の回復の見込みが最も高いとみなされたことです。

　精神科医の思い込みが患者の診断に大きく影響し、思い込みを裏付けるように患者の文章から詳細を選択しました。もしこれが現実の診断だとすれば、結果は深刻なものとなり得たでしょう。

　確証バイアスが、これほど強く解釈に影響を与えるのであれば、何とかしてそれを取り除くことが望ましいといえます。しかし、それは想像よりも難しいかもしれません。

　心理学者のマーク・スナイダーは、バイアスの緩和を目的とした一連の実験を実施しました[38]。参加者には、外向的または内向的な人物を描写した文章が提示されました。参加者はその人物がまもなく到着することを告げられ、その人物の性格を評価する準備として、以下のいずれかの文章を読みました。

第2章　推測する脳　　71

「外向的な人は、一般に社交的で、社会的で、活動的で、自信があり、話好きで、熱心です。通常、社交的な場面で自信にあふれ、リラックスしているので、グループの中で話題を思いつくのに困りません。このような人は、友人を作りやすく、他人に好印象を与えます。このタイプの人は、一般に温厚で友好的とみなされます。」

「内向的な人は、一般に内気で控えめ、物静かで引っ込み思案です。このような人は、騒がしいパーティや大勢の人が集まる社交的な場に行くよりも、一人で本を読んだり、親しい友人と真剣な会話をすることを好みます。このタイプの人は、社交的な状況を好まず、居心地が悪そうに見えます。そのため、他人に良い印象を与えにくく、しばしば冷たく、警戒心が強いようにみえます。」

これらの文章を読むと、現代の視点からみて内向的な人物の描写は不当に否定的で、明らかに外向性を好む時代を反映していることがわかります。説明の中で、内向的な人物は不愉快で退屈なタイプとして登場し、深刻な欠陥があるように見えます。

参加者は、一方の説明を読んだ後、これから部屋に入ってくる人物の性格を評価するための12の質問をリストから選択するよう求められました。リストの質問はランダムな順番になっていましたが、実際には次の三つのグループに分けられていました。

質問グループ1：人物が外向的であると仮定した質問。例えば、「初対面の人と会う時に、どのような状況を求めますか？」「どのような場面で、最もおしゃべりになりますか？」など。

質問グループ2：人物が内向的であると仮定した質問。例えば、「なぜ初対面の人と、打ち解けるのが難しいですか？」「なぜ騒がしいパーティは、嫌いなのですか？」など。

質問グループ3：中立的な質問。例えば、「どのようなキャリア目標を持っていますか？」「友好的でオープンな行動の長所と短所は何ですか？」など。

参加者が質問を選択した後、インタビューは行われないことと、実験の真

の意図が明らかにされました。参加者が選んだ質問を調べると、事前に与えられた情報を確認するような質問が選ばれていました。

つまり、外向的プロフィールを見た参加者は外向的であることを仮定した質問を選び、内向的プロフィールを見た参加者は内向的であることを仮定した質問を選んでいました。全体的に、中立的な質問や、事前に与えられた性格描写に異議を唱える質問は選ばれませんでした。「どのような場面で、最もおしゃべりになりますか？」というような質問は、内向的と仮定された人に対して向けられず、「なぜ初対面の人と、打ち解けるのが難しいですか？」という質問も、外向的と仮定された人に対して向けられませんでした、

スナイダーは、性格描写の信憑性を下げることによって、確証バイアスの働きを緩和しようと試みました。あるグループの参加者には、文章に外向的か内向的かが書かれていますが、それは今度の面接とは関係ないかもしれないといいました。別のグループの参加者には、文章は間もなく入室する人物が実施した心理テストに基づいたものだと述べることによって、信憑性を高めました。

これらは質問の選択に影響を与えず、参加者は文章を確認するための質問を選択しました。この結果から、脳は背景情報の信頼性には関心がなく、提供された情報に固執する傾向があることがわかります。

次にスナイダーは、比較する状況では多様な質問が選ばれるかもしれないと考え、参加者に両方の文章を与えることで確証バイアスを弱めようと試みました。利用可能な追加情報が、参加者にさまざまな見方を比較・検討する手助けとなるだろうと考えたのです。

しかしそうした事態は起こらず、参加者は依然として一つの説明が正しいと確認するための質問をしました。参加者は、質問を選ぶ前に説明の一つを選び、そのプロフィールの真実性を確認することにエネルギーを集中しました。彼らは、中立的な比較を行うことには興味がなく、すぐに一方の側を選択し、選んだ視点が真実であることを証明し始めました。

スナイダーはまた、記憶においても選択が働くことを示しました[39]。参加者は、ジェーンという女性の1週間の生活を描写した文章を読みました。文

第2章　推測する脳

章には、ジェーンが外向的な行動をとる場合と、内向的な行動をとる場合とが、同じ数だけ含まれていました。2日後、参加者は研究者に呼び戻され、ある性格特性を必要とする仕事について、ジェーンの適性を評価する必要があるといわれました。

参加者の半数には、外向的な特性を必要とする仕事であることが伝えられ、もう半数には、内向的な特性を必要とすると伝えられました。そして、2日前に読んだ文章を思い出し、ジェーンの性格特性のうち、どれがその仕事に関連しているか、報告するよう求められました。ここでも参加者は、ジェーンがその仕事に適していると思われる特性を思い出しましたが、ジェーンがそのポジションに不適切であることを示唆する情報も同じくらいありました。こうして彼らは自分の理論を支持する証拠を記憶から選び、反証することを忘れました。

スナイダーの巧妙な実験を読んでいると、私自身の偏見が他人との相互作用にどれほど影響を与えているかを考えます。他人と接する時、先入観は瞬時に形成され、行動に大きな影響を与えます。服装、声のトーン、ジェスチャーなど多くの要因が即座に理論を作り出し、私はその理論が正しいことを証明し始めます。

これらの実験は、脳が曖昧な状況においてある視点を選択し、それが正しいことを証明し始める強い傾向を持っていることを示しています。脳は状況を中立的に判断するのではなく、自分が正しいことを証明したいのです。この目的のためには、情報は信頼性があるかどうかにかかわりなく、入手可能なものであれば構いません。

確証バイアスを導くイデオロギー

政治学者のチャールズ・タバーとミルトン・ロッジの研究が示すように、イデオロギーは情報検索を導く、効果的な要因です。彼らは、参加者に銃規制に関連する文章を読ませる実験を行いました[40]。アメリカでは、銃の所持、取得、その他の銃に関連する問題は、激しい議論と両極化の対象です。

研究者たちは、アメリカにおける銃規制の強化を支持するか、よりリベラルな銃政策を支持する学生を参加者として選びました。銃規制に関する彼らの意見が実験前に決定された後、意見に対して追加情報がどの程度影響するか調べることが実験の目的だと、参加者に伝えられました。

　参加者は、コンピュータの画面上に提示された、銃に反対する主張と賛成する主張が書かれた表を見るよう求められました（表2-2）。マウスでクリックすると主張が表れ、参加者はその強度を評価しました。各行の左端には提示された主張の情報源が示されており、銃賛成派（共和党，全米ライフル協会）か、銃規制の支持派（民主党，拳銃に反対する市民［訳注：論文には「Citizens Against Handguns」と記述］）かが分かりました。

表2-2　参加者に提示された画面

クリックして主張を読んでください。各行の主張は、
行の左側にリストされている出典から来ています。

情報源		主張	
共和党			
民主党			
全米ライフル協会			
拳銃に反対する市民			

　参加者の課題は、用意された16の主張から八つを選び、その妥当性を評価することでした。彼らは、仲間の学生に説明できる程度に各主張について深く考えるよう促されました。

　参加者がどのような主張を選んだかを調べてみると、多くの場合、自分が同意する情報源から選んでいることがわかりました。問題について意見を述べるために、彼らは自分が同意すると思われる主張を読み、そこに心地よさを見出しました。この傾向はそのテーマについて知識が豊富な参加者ほど強かったことから、これは情報の洪水に対する脳の弱点ではなく、積極的に自分の世界観を守ろうとした結果であるといえます。

自分の考えが大切にされた主張に共感することは、容易です。自分の信念に挑戦するような、イライラする意見を誰が読みたいでしょう！　このように、イデオロギーによって駆動される確証バイアスは、自分の考え方を支持する情報を選択するメカニズムとしてだけでなく、心地良い気分を維持する手段としても機能します。

心理学者ジョン・マクホスキーの実験が示すように、同じメカニズムは陰謀論を評価する際にも働いています[41]。この実験では、ジョン・F・ケネディの暗殺に関する理論の信憑性を評価するよう、参加者に求めました。まず、リー・ハーヴェイ・オズワルドがケネディを単独で殺害したと考えるか、ケネディの暗殺の背後に陰謀があったと考えるかを、参加者が数値で示しました。

次に、参加者は二つの文章を読みました。一つは陰謀説、もう一つはオズワルドを単独犯とする説でした。各文章にはそれぞれの見解を支持する九つの証拠が含まれていました。最後に、参加者は自分の意見が陰謀説と単独犯説のどちらに傾いたか、再度、数値で示しました。

当然のことながら、参加者は自分の見解に反する文章を、自分の見解を支持する文章よりも信憑性が低いと評価しました。自説を強く信じる人ほど、反対する情報の信憑性が低いとみなしました。

意見の変化について尋ねると、参加者は自分の見解が強まったと答えました！　賛否両論の証拠を読んだ参加者は、自分の意見を支持する情報を選択的に拾い上げ、反対の情報は無価値であると自分自身を納得させ、以前よりも自分が正しいと確信するようになったのです。この結果は、陰謀論に追加情報で対抗しようとするアプローチにとって、良い兆候ではありません。

追加情報を求めない脳

意見や理論を形成する時、人は自分の信念に沿った情報を選ぶ傾向があります。政治的見解から陰謀論に至るまでのあらゆる種類の信念は、情報検索を促す確証バイアスによって強化されます。ソーシャル・メディアで同じ考

えを持つ人物の記事を読んだり、特定の世界観で結ばれたオンライン・コミュニティに参加する方が心地良いといえるでしょう。

ネット社会で可能となった情報への迅速なアクセスとコンテンツの多様性は、さまざまなコミュニティの発見を可能にします。同じ考えを持つ人々の中で確証バイアスが生み出す心地良い感情は、人をコミュニティにコミットさせ、自分の理論の妥当性に対する信念を強化します。

確証バイアスは、偶然に出会った情報の理解にも影響を及ぼすことがあります。COVID-19パンデミックは前例のない衝撃的な体験であったため、異例の数の陰謀論を生み出しました。最悪の流行が収まった今でもオンライン上では疑惑が渦巻いています。

少し前のソーシャル・メディア上の議論で、オーストラリアのデータと称して、COVIDワクチンは重症化を防ぐのではなく、実際に発症させると主張するものがありました。その議論では、表2-3の数字が使われていました。

表2-3　ソーシャル・メディアの議論で使用された数字

接種したワクチンの回数	入院	集中治療室に入院	死亡
4	810	58	53
3	377	29	19
2	218	17	9
1	10	1	1
未接種	0	0	6
ワクチン接種の有無不明	364	35	7
合計（人）	1,779	140	95

この表は、数字と数字の間に強い直感的なつながりを感じさせ、明確なデータを提供しました。しかし私にとって、この感覚はすぐに消えました。なぜなら、表に欠けている重要な背景情報、つまり接種した人の総数に気づいたからです。さっそくオンラインで検索したところ、オーストラリアの人口の97.4%がワクチンを接種しており、未接種者はごく少数であることがわ

第2章　推測する脳

かりました。

　ワクチン予防は統計的なものであり、ワクチンは重症化に対して優れた予防効果がある一方、万能ではありません。そのため重症化したケースで、接種を4回受けた人が最も多くなるのは明らかです。なぜなら、彼らが人口の大多数を占めるからです。同様に、右利きの人が交通事故に遭う確率が高いのは、右利きが事故の原因ではなく、単に人口の中で右利きの人が多いからです[42]。

　脳による単純化の傾向で、ある現象の存在を裏付ける情報に注意が向けられ、矛盾する情報には注意が向けられません。より深く情報を掘り下げると、解釈はさらに明確になります。オーストラリアのデータでは、変異型は致死率が高く、特に高齢者において顕著であることが示されています（表2-4）。これは医学的な発見と一致します。

表2-4　COVID-19の変異型による年代別の数字

年代	入院	集中治療室に入院	死亡
0–9	85	3	0
10–19	24	3	0
20–29	67	8	1
30–39	79	7	0
40–49	64	6	0
50–59	105	17	3
60–69	199	27	8
70–79	436	42	19
80–89	507	24	31
90+	213	3	33

　COVID-19による死亡例を調べる際、人は先入観によって、自分の視点からみて好ましい結論に導かれます。COVID陰謀論を信じる人にとって、脳はワクチンの危険性に関する理論を確認し、自己満足的な思考停止に至りま

す。

　私もまったく同じように行動しました。医学を信頼している私は、最初は自分の見解と反する情報に違和感を覚え、自分の理論を強化する情報を積極的に求めました。オンライン検索を通じて事実や科学データにアクセスし、私の見解が支持されると、自分の考えが正しいという自己満足で脳がざわめきました。

　確証バイアスの主な特徴は、脳が反対の情報をわざわざ考慮することなく、すぐに「十分な」知識に落ち着いてしまうことです。X［訳注：旧Twitter］のようなプラットフォームでは、簡潔で気の利いた投稿が急速に拡散するため、自分の信念を強化する情報に簡単に出くわします。そのような情報を見つけると満足感が得られ、アルゴリズムが似たようなコンテンツを提供し続けるため、エコー・チェンバー［訳注：自分の意見に同意する声だけが反響し続ける環境］が容易に形成されます。

　確証バイアスについて考える中で、私は確証バイアスが生み出す心地良い自己満足を管理する方法に気付きました。それは新聞を読むことです！　確証バイアスを強化しがちなソーシャル・メディアやオンライン・コミュニティとは異なり、新聞はバランスを提供します。新聞はさまざまな著者が異なるアプローチで書いた、限られた量の文章が掲載されています。私は記事に同意できず、朝食を食べながら不満を述べることも珍しくありません。このようないら立ちの瞬間は健全なものです。なぜなら、私の脳は自分の考えと一致しない正論を繰り返し突き付けられるからです。心地よさを求め確証に偏った私の脳は、自分の世界観を維持するために努力を必要とします。時には、自分が間違っているかもしれないというあり得ない可能性に直面し、腹立たしい分析の妥当性を認めなければならないこともあります。

　通常、私たちは自分が正しいと信じており、自分の考えを疑うことは負担が大きいため、脳のオートパイロットで人生をナビゲートし、自分の見解を支持する情報を拾い上げます。究極の真実や反対の視点を徹底的に熟考するのではなく、私たちの脳はショートカットを好み、見かけ上のつながりや状況に依存した真実に落ち着き、徹底的な熟考を回避します。

第 2 章　推測する脳

脳の確証バイアスへの依存は、陰謀論に傾倒するすべてのメカニズムにおいて明らかです。確証バイアスは重要なことを迅速に特定し、過剰な思考を防ぎ、自分は平均よりも知的で観察力があるという考えを維持するのに役立ちます。この確証バイアスに頼る傾向は、陰謀論に陥りやすい、すべてのメカニズムで繰り返しみられる特徴です。

【参考文献】

1 Iyengar, S. S., & Lepper, M. R. (2000): When Choice is Demotivating: Can One Desire Too Much of a Good Thing? *Journal of Personality and Social Psychology*, 79(6), 995–1006.

2 https://expandedramblings.com/index.php/tinder-statistics/ ; Pronk, T. M., & Denissen, J. J. A. (2020): A Rejection Mind-Set: Choice Overload in Online Dating. *Social Psychological and Personality Science*, 11(3), 388–396.

3 Finkel, E. J., Eastwick, P. W., Karney, B. R., Reis, H. T., & Sprecher, S. (2012): Online Dating: A Critical Analysis From the Perspective of Psychological Science. *Psychological Science in the Public Interest*, 13(1), 3–66.

4 Pronk, T. M., & Denissen, J. J. A. (2020): A Rejection Mind-Set: Choice Overload in Online Dating. *Social Psychological and Personality Science*, 11(3), 388–396.

5 Reed, G. F. (1977): The Obsessional-Compulsive Experience: A Phenomenological Reemphasis. *Philosophy and Phenomenological Research*, 37(3), 381–385.

6 Von Fieandt, K. (1938): Über des Sehen von Tiefengebilden bei wechselnder Beleuchtungsrichtung. Department of Psychology, University of Helsinki, Finland; Von Fieandt, K. (1949): Das phänomenologische Problem von Licht and Schatten. Acta Psychologica 6, 337–357; Ramachandran, V. S. (1988): Perceiving shape from shading. *Scientific American* 259(2), 76–83.

7 Banta, T. J. (1964): The Kennedy Assassination: Early Thoughts and Emotions. *Public Opinion Quarterly*, 28(2), 216–224.

8 Cooper, M. W. (1991): *Behold a Pale Horse*. Light Technology Publications, Flagstaff, Arizona, United States, pp. 196–235.

9 Webster, D. M., & Kruglanski, A. W. (1994): Individual Differences in Need for Cognitive Closure. *Journal of Personality and Social Psychology*, 67(6), 1049–1062.

10　Marchlewska, M., Cichocka, A., & Kossowska, M. (2018): Addicted to answers: Need for cognitive closure and the endorsement of conspiracy beliefs: Need for cognitive closure and conspiracy beliefs. *European Journal of Social Psychology*, 48(2), 109–117.

11　Polish opposition warns refugees could spread infectious diseases. Reuters 15.10.2015, https://www.reuters.com/article/us-europe-migrants-poland-idUSKCN0S918B20151015 (Accessed 16.1.2023); Cienski, J. (2015): Migrants carry 'parasites and protozoa,' warns Polish opposition leader. Politico, https://www.politico.eu/article/migrants-asylum-poland-kaczynski-election/ (Accessed 16.1.2023)

12　Knolle, K. (2015): German pilot said to have suffered from depression, anxiety. Reuters-uutistoimiston sivusto 27.3.2015. https://www.reuters.com/article/france-germanwings-crash-co-pilot-idINKBN0MN0OV20150327 (Viitattu 16.1.2023)

13　Smolensk air disaster, Wikpedia, https://en.wikipedia.org/wiki/Smolensk_air_disaster (Accessed 16.1.2023)

14　Bilewicz, M., Witkowska, M., Pantazi, M., Gkinopoulos, T., & Klein, O. (2019): Traumatic Rift: How Conspiracy Beliefs Undermine Cohesion After Societal Trauma? *Europe's Journal of Psychology*, 15(1), 82–93

15　Staszak, S., Maciejowska, J., Urjasz, W., Misiuro, T., & Cudo, A. (2022): The Relationship Between the Need for Closure and Coronavirus Fear: The Mediating Effect of Beliefs in Conspiracy Theories about COVID-19. *International Journal of Environmental Research and Public Health*, 19(22), 14789; Farias, J., & Pilati, R. (2021): COVID-19 as an undesirable political issue: Conspiracy beliefs and intolerance of uncertainty predict adhesion to prevention measures. *Current Psychology 2021*.

16　Uenal, F. (2016): The "Secret Islamization" of Europe: Exploring Integrated Threat Theory for Predicting Islamophobic Conspiracy Stereotypes. *International Journal of Conflict and Violence*, 10(1), 93–108.

17　Webster, D. M., & Kruglanski, A. W. (1997): Cognitive and Social Consequences of the Need for Cognitive Closure. *European Review of Social Psychology*, 8(1), 133–173.

18　Schulze, L., Renneberg, B., & Lobmaier, J. S. (2013): Gaze perception in social anxiety and social anxiety disorder. *Frontiers in Human Neuroscience*, 7, 872.

19 Edwards, K. R., Martin, R. A., & Dozois, D. J. A. (2010): The fear of being laughed at, social anxiety, and memories of being teased during childhood. *Psychological Test and Assessment Modeling*, 52(1), 94–107.

20 van der Wal, R. C., Sutton, R. M., Lange, J., & Braga, J. P. N. (2018): Suspicious binds: Conspiracy thinking and tenuous perceptions of causal connections between co-occurring and spuriously correlated events. *European Journal of Social Psychology*, 48(7), 970–989.

21 Report on plots to assassinate Fidel Castro (1977): CIA Historical Review Program. https://www.archives.gov/files/research/jfk/releases/104-10213-10101. pdf (Accessed 20.1.2023); Hudson, K. (2013): The CIA didn't give Chávez cancer, but crazier things have happened. *Foreign Policy* 7.3.2013, https://foreignpolicy. com/2013/03/07/the-cia-didnt-give-chavez-cancer-but-crazier-things-have-happened/ (Accessed 16.1.2023)

22 Lott, J. P. (2012): Murder by Fungus: The Plot to Assassinate Fidel Castro With Madura Foot. *Archives of Dermatology*, 148(8), 910.

23 Alexander, R. (2012): Hugo Chavez's US 'cancer plot' put to the numbers test. BBC News-verkkosivusto https://www.bbc.com/news/magazine-16545513 (Accessed 16.1.2023)

24 Dean, J. (2007): A Psychic Dog? PsyBlog-blogi, https://www.spring.org. uk/2007/11/psychic-dog.php (Accessed 20.8.2022); Jaytee, a dog who knew when his owner was coming home: The ORF Experiment, YouTube, https://www. youtube.com/watch?v=aA5wAm2c01w&t=28s

25 Sheldrake, R. (1988): *The presence of the past : morphic resonance & the habits of nature*. Park Street Press, Rochester, Yhdysvallat, 112-114.

26 Wiseman, R., Smith, M., & Milton, J. (1998): Can animals detect when their owners are returning home? An experimental test of the 'psychic pet' phenomenon. *British Journal of Psychology*, 89(3), 453–462; Wiseman, R.: How much is that doggy in the window? A brief evaluation of the Jaytee experiments http://www. richardwiseman.com/resources/Jaytee.pdf (Accessed 20.8.2022); Wiseman, R., Smith, M., & Milton, J. (2000): The 'psychic pet' phenomenon: A reply to Rupert Sheldrake. *Journal of the Society for Psychical Research.*

27 Hegarty, P. (2003): Homosexual Signs and Heterosexual Silences: Rorschach Research on Male Homosexuality from 1921 to 1969. *Journal of the History of*

Sexuality, 12(3), 400–423.

28　Wheeler, W. M. (1949): An Analysis of Rorschach Indices of Male Homosexuality. *Rorschach Research Exchange and Journal of Projective Techniques*, 13(2), 97–126.

29　Wheeler, W. M. (1949): An Analysis of Rorschach Indices of Male Homosexuality. *Rorschach Research Exchange and Journal of Projective Techniques*, 13(2), 97–126.

30　Wheeler, W. M. (1949): An Analysis of Rorschach Indices of Male Homosexuality. *Rorschach Research Exchange and Journal of Projective Techniques*, 13(2), 97–126.

31　Wheeler, W. M. (1949): An Analysis of Rorschach Indices of Male Homosexuality. *Rorschach Research Exchange and Journal of Projective Techniques*, 13(2), 97–126.

32　Hooker, E. (1958): Male Homosexuality in the Rorschach. *Journal of Projective Techniques*, 22(1), 33–54.

33　Chapman, L. J., & Chapman, J. P. (1969): Illusory correlation as an obstacle to the use of valid psychodiagnostic signs. *Journal of Abnormal Psychology*, 74(3), 271–280.

34　Titchener, E. B. (1898): The Feeling of Being Stared At. *Science*, 8(208), 895–897.

35　Coover, J. E. (1913): "The Feeling of Being Stared at": Experimental. *The American Journal of Psychology*, 24(4), 570.

36　Lobach, E., & Bierman, D. J. (2004): The invisible gaze: Three attempts to replicate Sheldrake's staring effects. *Proceedings of the 47h Paranormal Association Convention*, 1–13; Colwell, J., Schröder, S., & Sladen, D. (2000): The ability to detect unseen staring: A literature review and empirical tests. *British Journal of Psychology*, 91(1), 71–85.

37　Loring, M., & Powell, B. (1988): Gender, Race, and DSM-III: A Study of the Objectivity of Psychiatric Diagnostic Behavior. *Journal of Health and Social Behavior*, 29(1) 1-22

38　Snyder, M. (1981): Seek, and ye shall find: Testing hypotheses about other people. Teoksessa Higgins, E. T., Heineman, C. P. & Zenna, P. (Ed.): Social cognition: The Ontario symposium on Personality and Social Psychology. Erlbaum: Hillsdale, New Jersey, Yhdysvallat, pp. 277–303; Snyder, M., & Swann, W. B. (1978):

Hypothesis-testing processes in social interaction. *Journal of Personality and Social Psychology*, 36(11), 1202–1212; Snyder, M., & Campbell, B. (1980): Testing hypotheses about other people: The role of the hypothesis. *Personality and Social Psychology Bulletin*, 6(3), 421–426.

39　Snyder, M., & Cantor, N. (1979): Testing hypotheses about other people: The use of historical knowledge. *Journal of Experimental Social Psychology*, 15(4), 330–342.

40　Taber, C. S., & Lodge, M. (2006). Motivated Skepticism in the Evaluation of Political Beliefs. *American Journal of Political Science*, 50(3), 755–769.

41　McHoskey, J. W. (1995): Case Closed? On the John F. Kennedy Assassination: Biased Assimilation of Evidence and Attitude Polarization. *Basic and Applied Social Psychology*, 17(3), 395–409.

42　Logical fallacies EXPOSED! #1 Base rate fallacy and Simpson's paradox, YouTube video by Susan Oliver, https://www.youtube.com/watch?v=sRpLlfUcVLM (Accessed 20.8.2022)

第3章

意味付けする脳

青春時代の幻聴

　私は大学入試の勉強中、実際には存在しない音が聞こえていました。その音は、私が勉強に集中する方法を見つけた矢先、詰め込み学習をしていた時期に現れました。集中的に受験勉強を始めたのは、心理学に興味があると気づいた高校2年生の頃です。それは、大学に入るには本当に努力が必要なのだと、はっきり悟った瞬間でした。それまでの私は勉強にはあまり興味がない、どこか怠惰な夢想家でした。宿題をする代わりにパソコンで遊んだり、学校の教科書以外は何でも読んでいました。不安に駆られた私はパソコンの電源をオフにして、慌てて最後の追い込みを始めました。

　主な問題は集中力の欠如でした。当時でさえ私は先延ばしの名人で、無関係な活動に簡単に気をとられました。今の時代からは奇妙に聞こえるかもしれませんが、誰もインターネットを想像せず、固定電話で通話し、新たに放送が開始されたフィンランドのテレビ局の第3チャンネル［訳注：現在のMTV3］はエキサイティングな新鮮さでした。しかし、先延ばしのスキルはデジタル以前から得意技でした。

　モチベーションが高まったので、自分を抑制する方法を開発しました。厳格な学習計画と分刻みのスケジュールに従うことを自分に強いましたが、余暇の余地はほとんどありませんでした。自分の短所と長所を振り返ってみると、音に簡単に気をとられることに気付きました。別の部屋での会話、犬の鳴き声、その他どんな音でも、私の集中力を異常に乱しました。

　ヘルシンキで最も平和な地区といわれるスオメンリンナに住んでいることを考えると、私の音に対する感受性はやや珍しいものでした。スオメンリンナは、ヘルシンキ沖に浮かぶ八つの島からなる18世紀に建設された海の要

塞で、父が海軍で働いていたため、私たちはそこに住むことになりました。私たちが住んでいたのは18世紀末に建てられたバスティオン・ビエルケで、厚さ1メートルの壁は防音性に優れていました。静かな音の風景は主に潮風と、タイルストーブで部屋を暖める火のパチパチという音で構成されていました。

些細な音にもかかわらず気になってしまい、別の音でカバーすることにしました。音楽を試しましたが、集中力をさらに乱すようでした。結局、ラジオのダイヤルを回しているうちに、放送局と放送局との間で聞こえる局間ノイズが有効かもしれないことを発見しました。熱心なアマチュア無線家だった父の地下室には、真空管から年代物の長距離パトロール・ラジオまで、想像力を刺激する電子機器がいっぱいありました。その宝箱の中に、外部の音を遮断するフィリップスのグレーのカップ型ヘッドフォンがありました。

ヘッドフォンで聞く局間ノイズはその他のノイズを効果的に遮断しましたが、数日後、私は奇妙な体験をしました。時々、局間ノイズの中に音が聞こえることがありました。1時間に1回ほど、カチッというような、あるいは静かにドアが閉まるような不明瞭な音がしました。しばらくすると、玄関のドアが閉まる音がはっきりと聞こえました。ヘッドフォンを外して廊下に行くと誰もいませんでした。

ドアが閉まる幻聴が繰り返されるようになって、私は誰かの帰宅を待っていた時に、脳が局間ノイズに期待する音を組み合わせたのだと気付きました。局間ノイズにさらされた私の脳は、玄関のドアが閉まる幻聴を生み出しました！　局間ノイズから聞こえた音としてドアが閉まる以上のものはなく、私の集中力にとっては明らかに有効でした。なぜなら次の夏には、心理学を学ぶためにヘルシンキ大学に入学できたからです。

私が聞いた音は特殊なものではありませんでした。例えば、宇宙の深淵から奇妙なノイズが聞こえてきたという報告があります。メディア工学者のポール・ランとアンディ・ハントは、宇宙からの知的生命体を探すSETI（地球外知的生命体探査）プロジェクトの支援を目的とした実験で、ノイズの中から音を検出する能力について研究しました[1]。文明を探す方法の一つは、

宇宙からの知的生命体を示す信号を探すことです。

　研究者たちは望遠鏡で収集したデータを音に変換することで、人間の優れたパターン認識能力を活用する方法を考案しました。信号の大部分が一定のノイズであれば、異常な音は背景から容易に目立ちます。便利なことに、人は耳を傾けることに集中する必要もなく、背景のノイズを聞くことができます。脳は、その人がまったく別のことをしていても異常な音に敏感に反応します。

　研究者たちは短いビープ音［訳注：警告などを通知する電子音］などをノイズに混ぜる実験を行い、このアプローチの実現可能性を検証しました。その結果、異常音はノイズから容易に際立つことが分かり、この方法は大規模な観測データセットの分析に有効な選択肢となりました。しかし結果には奇妙な側面があり、回答の33パーセントは研究者が異常音を混ぜていないノイズの部分でした。例えば、風の音、水の音、高速道路の騒音、鉄道のガタンゴトンという音、会話などが聞こえたのです。このように参加者の脳は、ノイズの中に存在しない音を作り出していました。

　ノイズの中に音が現れることは、脳が世界の中で意味を探す方法と関連しています。前章で述べたように、脳はどのような状況においても何が起こり得るかを考えており、不確実な状態にとどまることを望みません。脳は知覚が何もない状態を嫌うので、不明瞭な状況では知覚の中に構造、つまり解釈を可能にする何らかの情報を熱心に探し始めます。

　構造をまったく持たない究極の「無」であるノイズに遭遇すると、脳は意味のハードルを下げる手段に頼ります。ノイズが意味をなさない場合、脳は意味のハードルを下げすぎて、ノイズの中に実際には存在しない意味を作り始めます。こうして脳は力任せに構造を探し求め、最終的に自身の思い込みをノイズに投影し、存在しない音を幻聴として体験するようになります。

ヒトラーの亡霊とフルーツジャム

　情報が少ない状況で意味を作り出す脳の能力は、幽霊の研究においても重

要です。ゴースト・ハンター［訳注：幽霊の研究者］の多くは、ゴースト・ボックスと呼ばれる装置を使用します。この装置はラジオ周波数を素早くスキャンし、そのノイズから幽霊のような音を聞きとれるようにするというものです。

　ゴースト・ボックスの起源は、1959年6月、スウェーデンのアーティスト、フリードリヒ・ユルゲンソンが自身のコテージで鳥のさえずりを録音していた時にさかのぼります。録音の品質は最高とはいえず、テープにはノイズが含まれていました。突然、ユルゲンソンは鳥のさえずりのバックグラウンド・ノイズの中で、ノルウェー語を話す静かな声を聞きました。これは、偶然に録音されたラジオ局の音声など何らかの干渉かもしれませんでしたが、その声は特に鳥の歌について話していたため、その可能性は低いと彼は感じました。

　ユルゲンソンは、別の次元から来た知的生命体が彼とコミュニケーションをとろうとしているのだと推測しました。録音を続けるうちに、亡くなった愛する人からの個人的なメッセージを聞くようになりました。最も重要なメッセージは亡き母親からのもので、幼少期のニックネーム「フリーデル」と呼びかけるものでした。

　1964年、ユルゲンソンは自分が聞いたメッセージを記述した『宇宙からの声（原題：*Rösterna från rymden*）』という本を出版しました。特筆すべきは、かつてのナチスが宇宙で活動していたことです。中でも、アドルフ・ヒトラーがユルゲンソンに連絡をとり、墓の向こうから意味深長なメッセージを伝えました。「我々は悪いフルーツジャムの中にいた」。その直後にあるユダヤ人女性が話し出し、何らかの理由でヒトラーの幽霊が特にユルゲンソンを観察していると述べました。ヒトラーに引き寄せられてヘルマン・ゲーリングも現れ、宇宙の生活の素晴らしさについて歌いました。「ゲーリング。ゲーリング。ゲーリング。素晴らしい！　素晴らしい、ああ！」ウィンストン・チャーチルも登場し「…宇宙からチャーチルだ。多くの死者からのメッセージだ」と語りました[2]。

　メッセージの奇妙さから、ユルゲンソンの幽霊の声は個人的な趣味に留

まったと思うかもしれません。しかし実際には、驚くほど多くの人がこの現象に興味を持つようになりました。特に、ラトビアの心理学者コンスタンティン・ラウディーヴがラジオの局間ノイズに耳を傾けて幽霊の声を研究し、人気が高まりました。1971年、ラウディーヴは『ブレイク・スルー ──死者との電子通信における驚くべき実験（原題：*Breakthrough – An Amazing Experiment in Electronic Communication with the Dead*)』という本を出版しました。ラウディーヴは、ユルゲンソンのテープに収録された歴史上の人物の話が、この現象の真実を証明していると熱心に語りました。彼によると、ノイズの中の死者の声は霊界の出来事をモニターするための待望の科学的方法だったのです[3]。しかし、これらのメッセージには問題がありました。ケンブリッジ大学の学生デイヴィッド・エリスによる実験の参加者がラウディーヴのテープを聞いた時、彼らはラウディーヴとはまったく異なる解釈をしました[4]。実際には、多くの音が電波干渉と思われました。エリスがファラデーケージで実験を行ったところ、ノイズが入るのを防いだため、聞こえる声は大幅に少なくなりました[5]。他の実験でも、残念なことに声はほとんど聞こえませんでした[6]。

　この現象はやがて電子音声現象（EVP）として知られるようになり、超常現象研究者たちの間で人気の手法となりました[7]。同時に、この現象に関連する理論も多様化しました。霊の理論に対抗する理論が登場し、声は未来からの警告メッセージかもしれない、悪に導くための悪魔のつぶやきかもしれないといった、さまざまな可能性が示唆されました。

　幽霊の声の一部は確かにラジオ放送の断片が含まれていますが、意味付けをする脳のメカニズムも不可欠です。これは、幽霊の声の愛好家が録音したものを他の愛好家に渡して評価させるという研究によって実証されています[8]。この実験のアイデアは、だれもが同じように声を聞いているかどうかを確認することでした。実験では、参加者はテープの中の153の声を識別しましたが、テープの同じ場所にあった声は二つだけでした。参加者によって異なる幽霊の声を聞いたのか、あるいは参加者の脳が異なる方法でノイズから声を構成したかのどちらかです。

脳は何もないところから意味を作り出すわけではありません。思考や期待が解釈に影響を与えることは、参加者にクリスマス・ソングの幻聴を引き起こす実験で示されています。参加者が研究室に入ると、ビング・クロスビーの「ホワイト・クリスマス」の明るいメロディーが流れています。参加者は、背景情報の質問紙に回答しながらメロディーを聴き続けました。実験が始まると、ノイズを再生するヘッドフォンが渡されました。

　3分間の実験における彼らの課題は、ノイズに注意深く耳を傾け、ノイズの中で「ホワイト・クリスマス」が聞こえるたびにボタンを押すことでした。実際には参加者は騙されており、ヘッドフォンからはノイズが流れただけでした。

　実験中、参加者の3分の1が少なくとも1度はボタンを押しました。したがって、実験者が作り出した期待が不明瞭な情報の解釈に影響を与え、脳は実際には存在しない意味をノイズの中に作り出したのです[9]。

　意味付けをする脳のメカニズムは、他の実験でも観察されています。ジャーナリストのショーン・カールソンは、ダイアナ・ドイチュ教授の研究室を訪れ、スピーカーから流れる早口で判読不能な音を聞いた時の体験を説明しています[10]。実際にはその音は、「high」と「low」という単語が非常に速く繰り返されるものでした。

　カールソンは最初のうち音が理解できなかったものの、すぐに「ブランク、ブランク、ブランク」と繰り返され、「タイム、タイム、タイム」と続くのが聞こえ始めたと説明しました。そして「ノータイム」、「ロング・パイン」、「エニー・タイム」、最後にオーストラリア訛りのはっきりとした「テイク・ミー、テイク、テイク・ミー！」と聞こえました。超常現象を信じている人なら、このようなメッセージですでに怯えるかもしれません。

　ユルゲンソンも繰り返しの重要性を強調しており、彼は著書の中で、多くの個人的なメッセージはノイズからすぐに浮かび上がるものではなく、何度か聞く必要があったと述べています。彼の聴覚はテープのノイズに敏感になる必要があり、何度も繰り返すうちにノイズから声が浮かび上がってきたようです。研究結果に照らせば、この繰り返しによって意味付けする脳のメカ

第3章　意味付けする脳　　91

ニズムを加速させることがわかります。

写真に現れる幽霊

　フランスの研究者ルイ・ギャリギュとローレンス・レコは、写真にも幽霊が現れることを発見しました[11]。彼らの論文の序文では、物質ではない存在は物理的な世界に影響を与えることができるが、その影響は非常に弱いため、これを測定する最善の方法はランダムに変化する現象を利用することであり、幽霊の微弱な影響がランダム性のわずかな変化として現れると説明しています。

　彼らの研究では、乱数を生成するコンピュータ関数によってランダム性を生成し、雲の画像が描かれました。実験のセットアップも霊的な世界が姿を表しやすいよう設計されました。コンピュータ・プログラムが雲を描いている間、研究者の一人は瞑想し、祈りながら受容的な状態に入ることを試みました。また、非物質的存在とつながるために関連する音楽を聴きました。実験中、彼は部屋の空気中に数センチの濃度を見たと報告し、これを霊的な存在の現れと解釈しました。

　8カ月の間に47回の実験が行われ、プログラムは14,000枚のランダムな雲の画像を描きました。画像を調べた研究者たちは、部屋に漂っていた霊が画像に現れたことに驚愕しました。図3-1はこれらの驚くべき発見を示しています。時には、文字や数字も画像に現れました。全部で14枚の写真に、あの世のはっきりとした兆候が写っていました。

　勤勉な研究者である彼らは、異なる方法を用いて実験を繰り返しました。今回はスモーク・マシンを使って煙を発生させ、それを照らして煙雲の写真を撮りました。驚くべきことに、研究者たちは70万枚の写真を撮影し、そのうち8枚に顔が写っていました。煙の中に現れた顔は図3-2で見ることができます。

　研究者が手作業で画像に目を通したという事実は、畏怖と尊敬の入り混じった感情を呼び起こします。効率の良い研究者が1秒間に1枚の画像を評

92

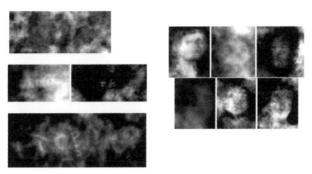

図3-1　コンピュータ・プログラムで描かれた画像

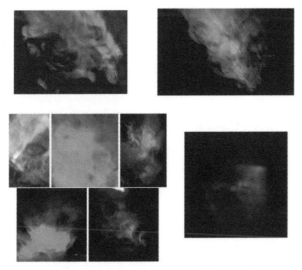

図3-2　スモーク・マシンで発生した煙雲

価することができると仮定して、70万枚の画像を見るためには8日間休みなく見続けなければなりません。

　研究者たちはこの発見に非常に興奮していますが、膨大な数の画像を考慮することは重要です。研究者たちは、何かを含んでいるように見える画像に焦点を当てていますが、なぜ699,992枚の画像に顔らしきものが写っていないのかについては考慮していません。これは、確証バイアスが働いているの

ではないかという印象を与えます。

　夏の晴れた日に比べ、ランダムな画像や煙の中に顔を見ることは特に驚くべきことではありません。芝生に寝そべって雲を眺めていると、蛇行する積乱雲の中にイルカやドラゴンを見つけるのは簡単です。特に顔は、雲の塊から簡単に浮かび上がるように見えます。顔は脳にとって非常に重要であるため、どこにでも顔が見えるように感じられます。

顔に執着する脳

　前述のように、脳は情報を選択することで容量を節約します。このプロセスを「選択」と呼ぶことは、脳の機能を過小評価することになります。なぜなら、地元のレストランのビュッフェで食べ物を選ぶような日常的な選択とは異なるためです。重要なものを選択することは、ターゲットにスポットライトを当てたり、マーカーで興味深い細部を強調することに似ています。図3-3の画像の顔は、周囲から際立っていて、容易に注目を集めます。

図3-3　火星で撮影された構造物

　この画像は火星からのもので、1976年に探査機バイキング・オービター1

号によって撮影されたものです。シドニア地区の印象的な構造物は、すぐに「火星の顔」と名付けられました。NASAの退屈な科学者たちはただの奇妙な形をした丘だと否定しましたが、顔の魅力は非常に強く、この画像は古代火星文明説を巻き起こしました。

画像をよく調べてみると、ピラミッド、要塞、都市も見つかりました[12]。1987年、ジャーナリストのリチャード・ホーグランドは『火星のモニュメント（原題：*The Monuments of Mars*)』という本を出版し、その中で、この顔が50万年前の都市の一部であると主張しました。

火星の都市に対する科学コミュニティの冷ややかな反応は、NASAが誤って顔の画像を公開してしまったが、火星の都市の真実を明らかにする他の画像は隠しているという陰謀論をすぐに生み出しました。

1993年、新型探査機マーズ・オブザーバーは火星表面の詳細な撮影を開始しようとした矢先、不意に機能を停止しました。この時、ホーグランドと彼の支持者たちはNASAのジェット推進研究所の前でデモを行いました。陰謀論によれば、技術的な欠陥という説明は嘘で、探査機は顔を取り囲む火星の古代都市を撮影するという本当の任務を秘密裏に続けていたとされます。画像の不在は陰謀論者たちに、情報のギャップをますます複雑な理論で埋める余地を与えました。

1998年、マーズ・グローバル・サーベイヤーが撮影した写真から、「火星の顔」は太陽がある角度から当たると顔に見える丘であることが判明しました（図3-4）[13]。もちろん、火星の陰謀論の支持者たちはこの望ましくない発見に対する説明を持っていました。彼らによれば、1992年に沈黙した火星探査機マーズ・オブザーバーは、真実を隠すために顔を破壊する核爆弾を搭載していたというものです。陰謀論を明確に反証する証拠は、驚くべきことに陰謀の究極の証拠とみなされました。

それ以来、いくつかのスマイリー・フェイス（図3-5）、マハトマ・ガンジーの顔、1970年代の人形劇シリーズ「ザ・マペット・ショー」のカーミット・ザ・フロッグの顔などが、火星で発見されています[14]。

顔は脳にとって非常に興味をそそるものであるため、地球上で見つかった

第3章　意味付けする脳　　95

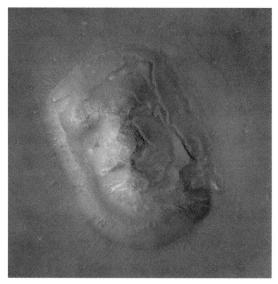

図3-4 マーズ・グローバル・サーベイヤーが撮影した写真

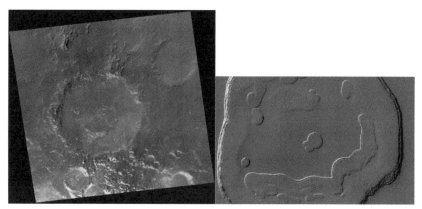

図3-5 火星のスマイリー・フェイスの例

物体でも大きな興奮を引き起こしています。例えば、聖母マリアの顔がついたトーストの一片が、オークションで28,000ドルで落札されました[15]。同様に、フライパンの底の焦げた残りかすからガレージの床の油汚れまで、あらゆるものからイエスの顔が発見されています。後者の場合、住民は床のコン

クリート・スラブを切りとり、イエスの染みを1,500ドルで売却しました[16]。
　その他にも、シナモンロールに見つかったマザー・テレサの顔や、911の写真で高層ビルから立ち昇る煙の中に悪魔の顔が写っていたりと、注目すべき発見があります[17]。おそらく最も珍しい発見は、「泌尿器科学」という学術誌に掲載された、45歳の男性の陰嚢の超音波画像で、口を開けた男性の驚いた顔が写し出されていました[18]。
　これらの現象は、視覚的な要素を組み合わせることにより顔として認識しやすくなるという脳の特性が共通しています。そのため、これらのパターンは背景から際立って見えます。顔を見る脳の感受性はパレイドリアと呼ばれます。この感受性のおかげで、日常的な環境で顔に似た物を見つけることは簡単です。例えば特に探さなくても、私は身の回りに顔に似た物を見つけました。トイレから笑顔が現れ（図3-6）、玄関のセキュリティ・ロックは本当に驚いているように見えました（図3-7）。環境は顔であふれているのです。

図3-6　身の回りのパレイドリアの例1

図3-7　身の回りのパレイドリアの例2

　パレイドリアは、脳が顔を特別に重要な対象とみなし、常にいわば注目のマーカーで強調する価値があることを示しています。時には、実際には存在

しないノイズの中に顔を認識することさえあります。

　心理学者コリー・リースの実験では、参加者は何百枚もの画像を見てノイズに混ざった顔を見分けることになっていました。この実験のトリックは、実際のノイズの中には顔がなかったことです[19]。参加者は実験の前に、図4.9の左側のような画像で練習し、その後、ノイズの中に顔が含まれている画像か、ノイズだけの画像かを見て回り、顔が含まれているかどうか答えなければなりませんでした。タスクはそれほど難しくなかったので、参加者は自信を持つと同時に、彼らの脳はノイズの中に顔があることを予期するようプライミング［訳注：先行するタスクが、後続するタスクに影響］されました。

　最初のタスクの後、参加者はタスクが難しくなると知らされ、図4.9中央の画像に相当するタスクを行いました。中央の画像では、確かに識別すべき顔がノイズの中にあるように見えます。このタスクははるかに難しかったですが、顔が時折ノイズから現れるので可能と思われました。

　そして再び、参加者にはタスクがさらに困難になると伝えられました。今度は図3-8の右側のような、実際には何もないノイズの中の物体を識別する練習をしました。このように参加者は騙され、不可能なタスクに挑戦することになりました。

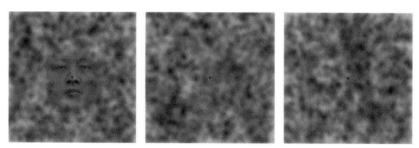

図3-8　コリー・リースの実験で使われた画像

　3回の練習の後、実際の実験が始まり、参加者は、480枚のノイズ画像から顔を識別するよう求められました。参加者は、画像が実際にはただのノイズであることを知りませんでした。それにもかかわらず、41パーセントの確率で参加者は顔を見たと報告しました。練習状況によって作り出された期

待が参加者の脳をプライミングし、ノイズの中に顔が見えると想像させたのです。このように脳は解釈ができる状況であれば、無意味なノイズを意味のあるパターンに組み立てることができるのです。

致命的なエラーの回避

パレイドリアや、ノイズの中でパターンや音を区別することに期待される効果は、脳が実際には存在しないものを作り出す、意味に対する過敏性です。意味の創造には、パレイドリアのように目に見えるものを再解釈する場合も、ノイズ実験のように何もない中から知覚を作り出す場合もあります。

顔が脳の優先順位リストの上位にあるのは、生存に重要な知覚対象であるためで、少しでも簡単に識別できた方が有益です。意味に対する過敏性の進化的背景は、古代の狩猟採集民が食料を求めてサバンナの草原を歩く例で説明できます。

太古の祖先が美味しそうな芋虫を採っている時、草むらで不審な物音がしたので動きを止めました。彼は目の前にある背の高い草に視線を向け、どうすべきか決断しなければなりません。脅威の可能性は、きわめて重要です。あのざわめきはただの風だったのだろうか、それとも危険なライオンだろうか？　前方にあるのは草だけか、それとも潜んでいる肉食獣の輪郭を識別できるか？

この状況では、迅速な判断が必要になります。慎重を期して逃げるべきか、それとも勇敢に食料採集を続けるべきか？　表3-1に示すように、行動選択は草むらに潜むライオンの存在とのクロス集計になります。結果から、四つの異なるシナリオが生まれます。

1. 草むらにライオンがいないにもかかわらず、逃げてしまう。不必要なエネルギーを逃走に費やし、十分な食料を集めることができない。

2. 草むらにライオンがいて、逃げる。逃げることは賢明な決断であり、命を救う。

3. 草むらにライオンはいない。エネルギーを節約し、より多くの食料を

第3章　意味付けする脳

集めることができるため、この判断は賢明である。

4．採集を続けた結果、草むらにライオンが現れて食べられてしまう。のんきな採集民の遺伝子は、集団の中で旅を続けることができない。この結果は避けなければならない！

表3-1　狩猟採集民の選択肢

	草むらにライオンはいない	草むらに潜むライオン
逃走	1. 不要な逃走	2. 正しい判断！
採集の継続	3. 家族の食料が増える	4. ライオンが昼食を得る

　この表では、他の選択肢と比較して、第4の選択肢の重大さに注意を払うべきです。死という結果は、個体の遺伝子が広がり続けないことを意味するため、深刻です。第4の選択肢の進化的コストは非常に高いため、結果的に無駄であったとしても逃げることが勧められます。

　潜んでいるライオンを発見することに少し過敏であるならば、表の左上、つまり無駄な逃走の選択が強調されます。実際には何もないのに、時々草むらからライオンが見ていると想像するのかもしれません。重要なのは、この過敏性の程度です。重度に過敏な人はどの茂みにもライオンを見てしまい、生活を著しく複雑にします。

　第1の選択肢を過度に好んだ結果生じる意義は、一定ではありません。個々の脳は異なる瞬間に存在する連続体で、図3-9のように一定ではないのです。連続体の左端は、世界は見たままで、それ以上のものはないと信じている状態です。この場合、脳は解釈や推測をせず、ビデオカメラのように情報をそのまま受けとります。この連続体の端を経験する人はいません。なぜなら、脳は解釈から抜け出すことはできないからです。

　もちろん、解釈のない状況を想像することは可能です。もし脳が生き物の知覚を優先せず、それらに強い意味を結び付けなかったら、知覚体験は次のような食卓の描写に似ているかもしれません。

　「視界の下部には、ぼんやりとした鼻の先端が見えます。前にはジェ

図3-9　連続体としての脳と解釈

スチャーをする手が、テーブルの椅子には布に詰め込まれた肉の袋が置かれています。肉の袋は外側に膨らみ、予期しない動きをします。その上部近くには、二つの暗い斑点が絶えず動きます。斑点の下には、食べ物で満たされる開口部があります。この開口部からは音も出ます。想像してみてください。騒々しい肉の袋が突然あなたに向かって動き出し、何故それが起こっているのか、また彼らが次に何をするか予測する能力がないということを。」[20]

　脳にとって、このような解釈のない観察から始めることが望ましくないのは、明らかです。生き物や世界の出来事に、仮定に基づいた意味を付けることは有益です。なぜなら、それによって物事を早く容易に理解できるからです。狩猟採集民がライオンを見て、なぜ肉の袋の大きな開口部に、白く長く尖ったものがあるのだろうと考え始めたとしたら、結果は楽しいものではないでしょう。

　脳が生き物に過敏であるだけでなく、身の回りの肉の袋が、私たちにとって好ましくない意図や心を持っていると仮定することも賢明です。連続体の中間に位置するのは、脳が最善を尽くして世界を解釈し、合理的な時間内に十分な推測をしようとする状況です。顔や意味に対する脳の軽い過敏性は、知覚の解釈が連続体の中央から右側に向かっていることを意味します。

パリの悪魔の陰謀

　感受性の基準が連続体の右端に傾くと、世界は表面から飛び出した顔、新しい意味、前兆、陰謀で満たされます。スウェーデンの作家アウグスト・ストリンドベリは、19世紀末のパリでの生活を綴った日記『地獄（原題：

Inferno)』において、そうした意味に満ちた世界を描写しています。

ストリンドベリは繊細で、時に不安定な性格でした。その精神的な問題は彼の死後、科学論文で幅広く診断されていますが、それぞれの時代で好まれた理論に基づいていました[21]。1886年、37歳の時、ストリンドベリの行動はさらに奇妙になり、嫉妬、疑念、女性嫌悪が強まりました。ストリンドベリが「地獄」と呼んだ深刻な危機は1894年の秋にパリで始まり、1897年の夏まで続きました[22]。今となってはそれが、未解決のエディプス・コンプレックスだったのか、それとも重度の統合失調症だったのかは何ともいえませんが、ストリンドベリの日記からは、隠された意味、前兆、疑念といった興味深い世界が浮かび上がってきます。

視覚に対する過敏さは、ストリンドベリがパターンから意味が飛び出してくるのを繰り返し気付くことから明らかです。例えば、医者を訪ねると、彼は医者の木製キャビネットの模様に悪魔の顔を見つけました。当然のことながら、彼はそれを悪い前兆と解釈しました。ダンボールの染みは、妻の顔を思い出させました。この兆候は重要でした。なぜなら前夜、妻の夢を見ていたからです。ストリンドベリはクルミの苗木を顕微鏡で観察していると、長い間考えていた特に重要な前兆を目撃しました。その子葉から、祈りを捧げる小さな白い手が出てくるのを見たのです。

通りを歩きながら彼が雲に注意を向けると、神のメッセージが出現しました。

> 「初めに雲は地平線に留まり、ベルフォールのライオンのように見えましたが、突然後ろ足で立つ動物のように直立しました。少なくとも最後の審判を描いた絵画以外では見たことがありません。黒い人影は消え、空はモーセの「律法の板」の形をとります。巨大ですが鮮明に認識できます。そして、この灰色の石板の上に稲妻が大空を裂き、明確で完全に判読可能な署名を刻みます。ヤハウェ。つまり、復讐の神です！」[23]

パリ滞在中、ストリンドベリは執筆活動と並行して科学、特に化学に強い関心を抱いていました。彼の主要な目標は錬金術の達人になり、純粋な硫黄

から黄金を作り出すことでした[24]。当然、読者はその目的について、作家の永遠の経済的苦境を科学的手段で解決することだったのではと思われるかもしれませんが、ストリンドベリ自身はそうした動機を強く否定していました。

彼の日記には、屋根裏部屋に閉じこもり、火をつけ、純粋な硫黄から黄金を製造するという錬金術を探求し始めた様子が描写されています。彼は、自分が化学の流れを変え、真の天才の能力を既存の化学者たちに見せつけるのだという確信と期待に満ちていました。

彼の実験は驚くほどうまく進み、最初の夜、すぐに興味深い発見をしました。硫黄を燃やした後の炉に木炭が含まれていたのです。彼は、この発見を自分だけの秘密にしました。最初の成功に興奮したストリンドベリは、早々に発見を公表することを避け、秘密裏に研究を続けました。

黄金を作ることを追求するうちに、容器の端にできた鉄塩のパターンなど深く考えさせられる兆候に遭遇しました。これらの現象は彼の仕事に対する興奮と好奇心を高めていきました。

オーメン［訳注：前兆やお告げ］は、インフェルノ時代を通じて彼の旅の一部であり、彼の探求を導きました。彼はある日、書店のウィンドウでマシュー・ジョセフ・ボナベンチャー・オルフィラ［訳注：19世紀のスペインの毒物学者］の本に出合ったことから始まった有望な日について言及しています。これが彼の科学的な努力への熱意を、さらに掻き立てました。

その本をめくっていた時、彼は硫黄に関するある一節に気付きました。ストリンドベリはこれを、硫黄の研究をもっと深く掘り下げるべきだという前兆と受けとりました。前兆は続きました。彼が墓地を通り抜ける時、偶然にもオルフィラ氏の墓石に出くわしたのです。1週間後、ダサス通りを歩いていると、壁に「ホテル・オルフィラ」と刻まれた修道院の建物が目に入りました！[25]　これは数々の強いオーメンに従ってストリンドベリが後に住んだ、カトリック学生のための寮でした。

しかし、錬金術は当初ストリンドベリが想像していたほど一筋縄ではいきませんでした。ある日、彼は心をクリアにするために、ムードンに向かう列

第3章　意味付けする脳　　103

車に乗りました。ムードンで彼は、鎧を着たローマ兵を描いた、巧みなだまし絵の壁画に目を奪われました。ストリンドベリは、その兵士が隣の壁の方を見ていることに気付きました。そこには、FとSの文字が刻まれていたのです。それらは妻のイニシャルであるだけでなく、鉄（Fe）と硫黄（S）の化学記号でもありました。ストリンドベリは、目の前に黄金の秘密があることを悟りました！　彼は、地面から二つの鉛シールを拾いました。一つはV.P.の文字、もう一つは王冠の柄でした。彼はこれらを重要な兆候とみなしました[26]。

　ストリンドベリが経験した、実際には存在しない意味が見えるように脳が感応してしまう状態を、アポフェニアと呼びます[27]。アポフェニアは、精神的な問題によって起こることもありますが、薬物の使用や悲しみ、疲労からも同様に起こります。アポフェニアの特徴は、意味に対する過敏性が極端なレベルまで強まることであり、悪魔が木製の羽目板の模様の中に見えるだけでなく、陰謀の背後で画策する影響者としても見えるのです。

　別の見方をすると、陰謀論はストリンドベリの悪化した精神状態に支えられています。意味の形成とランダム性におけるパターンの知覚が、陰謀信念の特徴であるためです。

　意味の変化が出来事の解釈に影響を与える典型的な例は、アメリカのピザゲート陰謀論です。これは、2016年のアメリカ大統領選挙の熱狂的なキャンペーンの中で、ロシアの工作やメディアのエコー・チェンバーで浮上し、民主党の政治家たちが運営する小児性愛者グループに関する理論を生み出しました。

　特に重大な「証拠」はウィキリークスが流出させた、ヒラリー・クリントンの選挙キャンペーン委員長ジョン・ポデスタのメールにありました。誰かが、ポデスタはピザを食べながら会議をすることを好んでいることに気付きました。そこから「チーズピザ（Cheese Pizza）」というフレーズが、「児童ポルノ（Child Porno）」と同じイニシャルであることが発見されました。

　もちろんこれは偶然の一致ではあり得ず、突然、何の変哲もないピザのメッセージが、子どもの性的搾取に関する病的なコミュニケーションとな

り、前例のない悪の陰謀の証拠として解釈されたのです。さらなる証拠は、ワシントンのピザ屋「コメット・ピンポン」のオーナーであるジェームズ・アレファンティスが、ジョン・ポデスタに送ったメールで見つかりました。そこでは「パスタ」という単語が小さな男の子を意味し、「ソース」が乱交パーティを指すと解釈されました。Qアノンの陰謀論者たちは、ヒラリー・クリントン、バラク・オバマ、レディー・ガガ、トム・ハンクスが率いる悪魔崇拝の小児性愛者グループのルーツが、クリントンが地下室でカルト的な生贄の儀式を指揮していたとされる、何の変哲もないように見えるレストランにまで遡ることに気付きました。

　ピザゲート陰謀論が巻き起こした熱狂は、2016年12月4日の日曜日、武装したエドガー・ウェルチが地下室に閉じ込められた子どもたちを解放するため、ピザ屋「コメット・ピンポン」に突入した時に頂点に達しました。彼は、そのピザ屋に地下室がないことを発見しました。

　単語のイニシャルから感じられる意味は、ストリンドベリが見出した新たな意味を思い起こさせますが、この場合、それが4ちゃんねるで議論する人物のパターン感度によるものなのか、あるいは特別に賢いロシアの荒らしの想像力なのかは不明です。重要なのは現実の新しい解釈であり、それが日常的に見る現実の下に隠された世界を明らかにしたことです。

　陰謀論を信じる人物ほど、ランダム性の中にパターンを知覚する傾向があることが観察されています[28]。社会心理学者ヤン・ウィレム・ヴァン・プローイェンの実験では参加者に、ランダムに生成されたコイン投げの結果が見せられました。結果は、「HHTHHTTTHH」のように、表（H）と裏（T）の連続として示され、参加者はその結果がランダムなのか、あるいはコインの並びに何かの原理がパターンとして現れたものなのか、評価するよう求められました。

　また参加者は、有名な陰謀論や研究者がでっち上げたレッドブル陰謀論に、どの程度同意するかを尋ねるアンケートに回答しました。後者は、例えばレッドブルには飲酒欲求を高める違法成分が含まれていることなどを示唆していました。実験の結果、ランダムな並びにパターンを知覚した人物は、

実際の陰謀論と架空の陰謀論の両方を信じる可能性が高いことが示されました。

参加者にノイズ画像を見せ、その中に隠されたパターンを探すよう求めた実験でも同様の結果が得られました[29]。実際には何もないにもかかわらず、ノイズの中に意味のあるパターンを見つける頻度が高い参加者は、陰謀論を信じる可能性も高いことがわかりました。

脳がランダムなパターンや出来事の中に意味を見出そうとする感受性は、陰謀論を信じやすくするメカニズムです。脳は絶えず弱い信号を探し、現実の点と点を結んで隠された意味を検出しようとします。しかし、陰謀論はランダムな点で構成されているのではなく人が関与しているため、点を結ぶ以上に、思考、感情、動機、計画を備えた実体として、心を作り出すメカニズムが必要になります。

臆病な円を守る勇敢な三角形

ストリンドベリの世界におけるアポフェニアは、顔への過敏な反応だけでなく、世界の他の出来事を新しい方法で解釈する傾向としても現れました。例えば地面の枝が突然、脅威を意味するように、日常の出来事が意味のある全体に結び付きました。陰謀論にとって重要なのは、これらの新しい意味が多くの場合、人々に関連していることです。ストリンドベリは、オーメンが人々の精神状態について語り、彼らを悪意のある意図で疑い、裏で進行する計画について陰謀論を展開しました。このような他者に思考を帰属させる傾向は精神的な問題に限ったことではなく、すべての人間の脳の特徴です。

脳が、自動的に「心」を作り出すメカニズムは、1943年にフリッツ・ハイダーとマリアンヌ・シンメルが行った実験で、見事に実証されました。参加者は、厚紙の円とサイズの異なる二つの厚紙の三角形が動き回る2分半の短編映画を見ました[30]。映画の冒頭で、三角形が大きな四角形の中にあり、四角形のハッチが閉じると小さな三角形と円が登場し、さまざまな場所を動き回り、時折互いに衝突します（図3-10）。

図3-10　ハイダーとシンメルの実験刺激のイメージ

　参加者に、短編映画で何が起こったか尋ねたところ、円や三角形が登場したと答えたのは一人だけでした。他はすべてストーリーを語りました。

　「ある男性がある女性と会う約束をしていましたが、彼女は別の男性と一緒にやって来ました。最初の男性が、もう一人の男性に去るようにいいます。2番目の男性も、最初の男性に去るようにいいます。彼は首を振ります。男性たちは争い始めます。女性は邪魔にならないように、ある部屋に向かい、ためらいながらも中に入ります。彼女は明らかに、最初の男性と一緒にいたくありません。最初の男性は壁にもたれてぐったりしている2番目の男性を残し、女性の部屋に入ります。彼女は不安になり、部屋の中を行ったり来たりします。最初の男性はしばらく沈黙した後、何度も女性に近付こうとします。彼女は部屋の隅に行き、その間に2番目の男性がドアを開けようとします。彼はひどく殴られ弱っていて、ドアを開けることができません。彼がドアを開けると女性が飛び出します。彼女と2番目の男性が、最初の男性から追われながら家の中を走り回ります。やがて彼らは最初の男性を振り切って、逃走します。最初の男性はドアに戻りますが、怒りでドアを開けることができません。ついにドアを開け、部屋の壁際をよろよろと歩き回ります。」

　他のストーリーでは、子どもたちが遊んでいて一人が他の子どもたちをいじめるシナリオ、母親が遅くまで外出している子どもたちを叱るシナリオ、魔女が子どもたちを小屋に誘うシナリオなどを描写しました。ストーリーの主な特徴は、幾何学的な形状の擬人化でした。大きな三角形は怒りっぽく喧

嘩好きないじめっ子として描かれ、頭脳よりも腕力があり、気難しくて意地悪で、しかも愚かな存在として描かれました。小さな三角形は勇敢で、腕力よりも頭脳に優れ、情熱的な性質のため、抑圧に対して果敢に戦いました。一方、円は恐れを抱き、謙虚でおとなしい存在であり、争いを嫌い、他者に依存する生き方で、参加者の半数以上が女性であると確信していました。

このように参加者は図形に対して、精神状態、性格の特性、動機、計画を帰属させました。図形が動いたのは自分たちの目標を達成するためであり、彼らの人格と結びついて行動を駆り立てました。大きな三角形が攻撃的だったのは、状況が原因ではなく、本質的に攻撃的でそのように振る舞いたかったのです。

ここで重要なことは、私たちの環境にある物体が何かを考えて望んでいるという自動的な思い込みです。車が歩行者をはねる、嵐が荒れ狂う、風が吠えるといった言葉にも、擬人化が表れています。心を帰属させる傾向は、私たちが意識していない思い込みの根底にあります。雲は自らの意志で動いているのではないと理解していても、急いでいる時にプリンターが詰まると、まるでわざとそうしたかのように怒ることがあるかもしれません！

脳の擬人化プロセスは社会的な解釈を背景で行い、それを他の情報と関連付けます。情報が少なく、状況が曖昧な時に、動機、主体性、意図性に関する思い込みは特に顕著になります。

読心術は超能力

段ボールの形状に心を帰属するだけでなく、私たちは他の人間にも思考や意図を帰属し、しばしば彼らが何を考えているかをよく理解していると思い込むことがあります。このスキルは、公共交通機関の利用のような日常生活において非常に貴重なものです。都市生活者が幼少期から身に付ける一般的なスキルは、公共交通機関の座席の安全性や快適性を評価することです。例えば、私が地元の電車に乗る時、座席を選ぶ前に他の乗客の様子を素早く自動的に判断します。

騒々しいグループが缶ビールを持っているのを見つけると、その近くに座ることを避け、平穏な旅を好みます。私の脳は自動的に彼らの精神状態を評価し、それに基づいて行動の可能性を予測します。彼らの隣に座ると、不快な会話、金銭の要求、最悪の場合、私に対する攻撃的な行動につながるかもしれないと考えるためです。これらは予測であって、確実でないことを認識することが重要です。しかし私は、このグループの心の状態と起こりそうな行動について、迅速な予測を行います。同様に、身だしなみの乱れや不快な臭いなどの些細な手がかりも、私に別の席を選ぶように促します。再び私の脳は、身なりが乱れた人は乗車中に私の平穏を妨げるかもしれないと予測します。この判断はもちろん偏見に基づいていますが、私はその人物について実際の知識を持っていません。彼らの外見は怠慢によるものではなく、新しい本の執筆に没頭して忙しいスケジュールをこなした結果から生じた可能性もあります。私の脳はそうした詳細には立ち入らず、すぐに偏見に満ちた結論に飛びつき、その人の精神的、感情的な状態について理論を形成します。

しかし、脳の予測は必ずしも正確ではありません。混雑したトラム［訳注：ヘルシンキの路面電車］で、きちんとした服装の中年女性の隣に座った時のことを思い出します。その女性は乗車中、私をエリート層の一員とみなし、彼女に対して陰謀を企てているとして、私を攻撃的に叱り始めました。このように、私たちの脳に組み込まれた予測モデルは単なる推測に過ぎず、間違いを起こしやすいものです。

他者の精神状態や意図を推測することを「心の理論」といいます。脳はこれを自動的に、一見容易に行います。例えば、カフェに座って人々を観察していると、その人物の性格や職業、ストーリーを想像し、精神状態を評価したり、次に何が起こるかを予測することは簡単です。完全に作り話ですが、信じるに足るものに感じられます。この頭の体操を続けるほど、観察された人物は作り出されたアイデンティティに従って行動しているように見えてきます。

「心の理論」がなければ、本の中の出来事を理解したり、日常的な社会的交流をすることは難しいでしょう。初デートや就職面接のような状況は、相

第3章　意味付けする脳　　109

手が何を考えているのか常に推測していなければ、難しいものになるかもしれません。

私たちの脳は、メル・ギブソンとヘレン・ハントが主演した映画「ハート・オブ・ウーマン」を彷彿とさせる状況を目指しています。この映画では、ギブソン演じる自己中心的な広告会社の役員が、一時的に女性の思考を読めるようになります。私たちは、実際に思考を読むことはできないので、脳は思考を読んでいると想像し、その構築された思考が現実であるかのような錯覚を生み出します。

脳が作り出す動機や思考は、私たちの人間に対する理解、類似の状況での経験、社会的関係の捉え方などに基づいて、真実の要素を含んでいます。とはいえ、他者の頭の中の精神状態を構築するのは、単なる推測に過ぎません。

複雑なのは、感情や動機を隠そうとする試みが頻繁にあることです。例えば、すでに交際関係にある同僚に好意を抱いている人は、公然と愛情を表現することを選ばないかもしれません。イライラする同僚に悩まされている人は、ランチの度に怒らないよう努めるかもしれません。自分の精神状態を隠し、他者の精神状態をタイムリーに察知する努力は、人類が社会集団で活動することで磨かれてきました。私たちは、これら両方の能力に驚くほど長けています。

このような手がかりと秘密の網の目を調べる時に重要なのは、外的な手がかりが単体では多くを語ることはないということです。視線や微笑み、または眉をひそめた表情を意味あるものとして解釈するためには、その表情を示す人物がその人自身の思考や意図を持っていると信じる必要があります。私たちは、微笑んでいる人が私たちと同じように考え、同じような目標に向かって努力していると仮定しなければなりません。

「心の理論」は、直接的な手がかりがない状況でも働きます。例えば、初デートを終えて数日間、メッセージを待っている場合、脳は過剰に反応します。なぜまだ連絡が来ないのか？　もしかしたら、2度目のデートは望んでいないのでは？　それとも、忙しいふりをしているのだろうか？　あるいは気を遣って、あまり前のめりにならず、時間を置きたいのだろうか？　脳は

具体的な証拠がなくても、多くの思考や動機を思い浮かべます。

　思考を読むメカニズムは非常に効率的に機能するため、意味を生み出す脳のメカニズムのない生活を想像することは困難です。このことは、自閉スペクトラム障害を抱えるテンプル・グランディン教授が、彼女の著書『自閉症スペクトラム障害のある人が才能をいかすための人間関係10のルール（原題：*The Unwritten Rules of Social Relationships*）』の中で、社会的ルールを理解する独自の方法について生き生きと表現しています[31]。

　グランディンにとって、社会的状況を読み解くことは非常に難しく、人生は暗黙のルールに満ちた複雑な劇のように思えます。

　グランディンはルールを暗記することによって、この複雑な社会情勢をうまく切り抜けることができました。社会的な交流のアルゴリズムを一度理解すると、それを意識的に適用することで、気まずい印象を与えたり、意図せず相手を不快にさせたりするのを避けることができるのです。彼女は自分の心をコンピュータのハードディスクに例えて、さまざまな状況に適した反応を、映像アーカイブとして保存された過去の経験から選択します。グランディンは社会生活をうまく操るために、いくつかのガイドラインを採用しています。

　ルールは絶対的なものではなく、文脈に依存しています。特定の行動は場所や状況によって許容されるかもしれません。例えば、げっぷやドレスコードは公共の場所と家庭で行動選択が異なります。

　正直であることが常に最善とは限りません。特に子どもに対しては絶対的な正直さが強調されることが多いですが、礼儀正しくしようとするために嘘をついた方が賢明な場合もあります。

　親切な態度が必ずしも友情を意味するとは限りません。人は習慣や礼儀、あるいは裏の動機から友好的に振る舞うことがあります。誰もが自分の真意をストレートに明かすわけではありません。

　アドバイスの応用性を考えてみると、アドバイスをする人があなたの人生を十分に理解していないかもしれませんし、自分のアドバイスに従っていないこともあります。多くの場合、アドバイスは理想化された行動を表してお

り、実際には完全に守っている人はいないでしょう。

　行動と思考は一致しません。幸せそうに見え、前向きな発言をする人でも内心は悲しんでいることがあります。人は常に意図や感情を明らかにするわけではないので、外見上の行動だけで強い結論を引き出すことは危険です。

　グランディンの洞察は、他者の思考を本能的に推測できない人の視点から、社会的に交流することの複雑さを照らし出しています。

陰謀論を生み出す嘘発見器

　グランディンのガイドラインの中で特に陰謀論に関連するのは、ルールその3です。そこでは、人間の行動がすべてを明らかにするわけではないことが強調されます。思考を読む脳には、笑顔のような外的なシグナルが真実かどうかを評価する敏感なメカニズムが備わっています。これは、思考を読む脳の嘘発見器といえるかもしれません。

　人は自分の意図を隠すのに長けているため、この嘘発見器は多少過敏である必要があります。つまり、状況が曖昧な場合、文脈的な手がかりからその人に隠された意図があることが示唆されると、懐疑的な結論に飛びつく可能性があるということです。例えばテレマーケターが、「これはあなただけの、たった5ユーロのオファーです」と主張した時に、この懐疑心は働きます。オファーがあまりに良すぎると思われる場合、直接的な証拠がなくても、私たちの脳は詐欺や不正を疑おうとします。ここで重要なのは、過度の友好性の背後にその人が隠そうとしている悪意ある動機を仮定することです。

　嘘発見器の懐疑心の一例は陰謀論者のお気に入り、マイクロソフトの創業者ビル・ゲイツです。彼は自身の財団を通じてワクチンに取り組み、COVID-19との闘いに何億ドルも寄付してきました。しかし陰謀論では、彼はワクチンから利益を得て世界を支配することを狙う、COVID-19の生みの親として描かれます。

　広く引用されているインタビューで、ゲイツは次のように述べています。

　　「現在の世界の人口は68億人ですが、今後90億人に増えるでしょう。

今、私たちが新しいワクチンやヘルスケア、リプロダクティブ・ヘルス・サービス［訳注：生殖に関する健康サービス］で本当に素晴らしい仕事をすれば、おそらく人口を10％から15％減らすことができるでしょう。」

ゲイツは抑制のきかない人口増加をコントロールすることに言及していますが、陰謀論の界隈ではこれを世界の人口の15％を抹殺する意図として解釈しています。つまり、ゲイツは世界人口の15％を抹殺しようとしているのです！[32]

このような解釈が生まれるのは、陰謀を信じる人々がすでにゲイツを疑い、悪意に満ちた動機に帰結しているためです。いったん悪のレッテルを貼られれば、彼の発言の悪意を信じるのは容易です。確証バイアスによって、陰謀論者にとってはこの解釈で十分であり、さらなる情報を求めることを怠ります。私がゲイツに関連する理論を読んだ時のように、ゲイツが実際には人々に害を与えたいと思っていないことは、少し調べればすぐにわかります。むしろ、彼の発言は崇高な目標を反映しています。しかし、彼の側に悪意があると仮定すれば、同じ発言は悪意の証拠とも解釈できます。しかも陰謀論者は、そのような大規模な陰謀を計画している人物がそれを公に話すことなどあり得ないとは考えていないようです。

これらの仮定された動機は、アントニン・スカリア米国最高裁判所判事の死に関連する陰謀論にもみられます。スカリアが2016年に亡くなった時、バラク・オバマにとってはリベラル派の判事を任命する絶好の機会となりました。オバマはスカリアの死によって利益を得たため、すでにオバマを疑っていた人々は彼がスカリアの殺害を計画したと想像しました。

オバマをアメリカの秘かな敵と疑う人々は、彼の意図に悪意があると考えたため、スカリアの死による政治的利益は、彼を殺人犯と疑う十分な理由になりました。彼らの心に構築されたオバマの悪意と動機は非常に強く、陰謀論者はスカリアが79歳で、肥満で、いくつかの慢性疾患に苦しんでいたという事実を無視しました[33]。

心理学者のプレストン・ボストの研究で実証されたように、陰謀論を説明する上で仮定される動機は一般的なものがほとんどです[34]。この研究では、

参加者はケネディの暗殺、エリア51、ネロ皇帝に関連する陰謀論を読み、なぜその陰謀論を信じるのか、あるいは信じないのかを自分の言葉で説明するよう求められました。

　結果は、陰謀論の支持者による説明の3分の1は陰謀者の仮定された動機、つまり彼らがその出来事からどのように利益を得る可能性があるかに関連していることを示しました。この実験はまた、参加者が陰謀論の詳細に詳しくないほど、動機に焦点を当てた説明をする傾向が強いことを明らかにしました。

　この実験は、脳の「心の理論」の強さを浮き彫りにしています。説明が必要な曖昧な状況に直面した時、情報不足は不確実性にはつながらず、代わりに脳は知識のギャップを埋めるために、意図や動機を構築しようと懸命に働きます。そのため曖昧さと情報の欠如は、脳が陰謀論的な説明を作り出すように仕向けます。

　ボストはまた別の実験を行い、参加者に四つの架空の話を読んで、その文章に書かれた出来事を評価するよう求めました[35]。一つは、ガイアナの家が火事で焼失した話。他は、銀行の倒産、新型ウイルスによる伝染病、そしてスポーツ大会の結果から生じる紛争を扱っており、どの話にも共通の構造があります。最初の段落では誰かに危害を加えた重大な出来事が説明されます。例えば、

　　「1989年、ガイアナの首都ジョージ・タウンで大規模な火災が発生しました。低所得層の住民のために州が支援していた複数の住宅街が焼失しました。焼失した家のほとんどは取り壊され、住民は郊外の別の地域に移ることを強いられました。消防署の調査によると、火災の原因はアパートの1室の電気系統の故障であることが判明しました。古い建物には延焼を抑制するシステムがなかったため、火は制御不能なまでに燃え広がりました。」

　第2パラグラフでは公式調査の結果を報告し、影響力のある当事者がこの出来事を仕組んだという陰謀論を展開しました。

　　「消防署の公式説明に異議を唱え、火災は事故ではなかったと主張す

る者もいます。彼らは、ガイアナ政府が古い家屋を処分するために意図的に火をつけ、その行動を消防署から隠していたと主張しています。」

参加者は、この陰謀の主張の信憑性を評価するよう求められました。評価の前に参加者は複数のグループに分かれ、陰謀に関する異なる証拠を読みました。

あるグループは、火事によって国が利益を得たとする強い動機の説明を受けました。「火災後、国はその土地を投資家に売却し、オフィスビルを建てさせました。」別のグループには、火事によって国が利益を得なかったとする弱い動機の説明を読みました。「火災は国家に出費を強いることになりました。なぜなら、住民のために新しい住宅を見つけ、火災の跡地を清掃しなければならなかったからです。」

結果は、国家が利益を得たシナリオの方が、参加者は陰謀論を信じやすいことを示しました。この結果は突飛なものではありません。なぜなら、裏で何かが起こることは不可能ではないからです。しかし、動機だけでは陰謀そのものの証拠にはならず、その可能性は依然として不明のままです。脳の観点から見ると、利益を得ることで嘘発見器が作動し、陰謀の疑念を抱きます。

陰謀論では、動機がしばしば信念の重要な基盤を形成します。例えば、COVID-19パンデミックの際、製薬会社とアメリカの保険会社は莫大な利益を得ました[36]。製薬業界に対して少しでも疑念を抱けば、不正な利益を得るために大流行を引き起こしたというような悪意に満ちた動機を考えるのは、もっともなことです。

嘘発見器は日常生活で欠かせないツールです。なぜなら、人生には私たちに影響を与えようとする試みがあふれているからです。古い家が特売品になっていたり、広告が今よりたいして良くない新しいテレビを買わせようとしたり、テレマーケターが読む時間がないのに雑誌を購読させようと説得してきたりします。物事は常に見かけ通りではないので、他人に対してある程度の懐疑心を持つことは理にかなっています。他人のいうことを鵜呑みにする人は、いずれトラブルに巻き込まれるでしょう。信憑性と懐疑心の間の微妙なバランスをとることが重要です。他人がいうことを盲目的に信じること

はトラブルを招きますが、過度の懐疑心もまた問題を生じる可能性があります。

陰謀論と「ホットドッグスタンドの喧嘩」の心理学

　行動の意図を解釈することは、心を読む方法の一つです。昨日、買い物に行く途中に交差点で前に割り込んできた車があり、急ブレーキを踏まなければなりませんでした。腹が立ったので、抗議の意味でクラクションを鳴らそうと思いました。自動的に頭に思い浮かんだのは、あのドライバーはわざと割り込んできたということでした。彼は無礼で他の人を思いやれないから割り込みたかった。本当に腹立たしい！

　厳密にいえば、ドライバーが無礼な人物かどうかは、もちろんわかりません。もしかしたら彼は他のことに気をとられていて、私に気付かなかったのかもしれません。あるいは、店に急いでいて、私の接近速度を正確に確認しなかったのかもしれません。しかし私の解釈は、ハイダーとシンメルの実験における段ボールアニメーションと同じように「彼は、そうしたかったから」「彼が、そういうタイプの人物だから」というものでした。

　たとえその行動が故意と自動的に解釈されても、私たちにはその解釈を疑う能力があります。例えば、交差点で短く不平を言った時、ほんの数カ月前にもまったく同じことがあったのに気付きました。交差点に入った後、他の車からの怒りのクラクションに驚いたのです。わざとやったわけではなく、ただの不注意でした。私はルールを守る善意の人間なので、故意にそのようなことをすることはありません。このように、自分の行動に対しては酌量の余地がありますが、他人の行動については故意とみなしがちです。

　他人の行動を意図的と解釈する傾向は、脳の基本的な動作原理であり、私たちの社会的世界に秩序をもたらします。私たちの周りの人々はランダムに動いているわけではなく、それぞれが何かを望んでいます。人が歩いたり、バスに乗ったり、信号待ちをしたりするのは、自分がそうしたいからです。脳はハイダーとシンメルの実験の図形のように、私たちの周りのすべての人

にこの欲求を植え付けます。

　脳は、過去の経験や文脈依存の手がかりによって、自動的な意図的解釈を抑制することができます。例えば、朝の通勤ラッシュの電車内でだれかが他の乗客にぶつかったとすると、脳はすぐに文脈依存の手がかりによって意図的解釈を抑制します。特に眠たい朝のラッシュアワーでは、このようなことが起こります。

　しかし、急いでいる場合、感情的な場合、あるいは状況が非常に不明瞭な場合には、根底にある自動的な解釈メカニズムが優位に働きます。エブリン・ロセットの実験では、参加者は出来事を説明する文章を読み、解釈が簡単か難しいかを判断しました[37]。意図が明確な文章は、例えば「彼はテーブルをセットした」「彼はスケート中に足を折った」、曖昧で解釈しやすい文章は「彼は花瓶を壊した」「彼は赤ちゃんを起こした」などでした。

　参加者は、各文章における意図の度合いの評価を求められました。あるグループの参加者は迅速な評価を求められ、コンピュータ画面上で1文あたり2.4秒しか与えられませんでしたが、別のグループは5秒の時間が与えられました。結果は、急いで評価した参加者は、曖昧な出来事を意図的に行ったと解釈する可能性が高いことを示しました。状況を評価する脳のメカニズムが活性化する時間がなかったため、仮定に基づいて動作しました。

　同様に、酔っ払っていると他者の行動を意図的と捉えやすくなります。心理学者のローラン・ベグの実験では、参加者にアルコール・テイスティング・テストに参加していると信じ込ませました[38]。彼らは、合計6アルコール・ユニットを含む、グレープフルーツ、レモン、ミントのドリンクを、10分間で3杯飲む必要がありました。別のグループは、アルコールなしで同じドリンクを飲みました。

　両グループはアルコールが効くまで、20分間は他のタスクで忙しくしていました。その後、彼らは意図性が曖昧な文章を読みました。研究者は、酔った参加者は曖昧な状況を意図的に引き起こされたと解釈する傾向が強いことを発見しました。このように、意図性を評価する脳のメカニズムはアルコールの影響下でオート・パイロットに切り替わり、私たちにとって自然な方法

で状況を解釈しました。このことは、ちょっと押されたことを意図的にされたと解釈しやすく、不必要な争いにつながる「ホットドッグスタンドの喧嘩」の力学を説明しています［訳注：バーで夜を過ごした後、男性たちが軽食を求めてホットドッグスタンドで並んでいると理由もなく喧嘩が起こりがちであるという、フィンランドでは広く知られたジョークの一つ］。

私たちはある出来事に対して、どこかの誰かが意図した行動であると考える傾向があります。社会心理学者のローランド・イムホフとマーティン・ブルーダーの研究では、陰謀論を強く信じる人物は、福島の原発事故は不幸な偶然の積み重ねではなく、人々が意図的にある行動をとったために起きたと強く信じていました[39]。

不明確で不幸な事故の場合、脳はギャップを埋め、背後に何かをしようとした活動家がいると仮定します。このことは、心理学者のロバート・ブロスソンとクリストファー・フレンチがイブリン・ロゼットの曖昧な文章の実験において、意図的な解釈をする人ほど陰謀論を信じることが多い、という結果を示していることからもわかります[40]。

私たちは、出来事の背後にある意図的な行動を知覚することに過敏になります。この傾向は個人の特性によって形成されたり、置かれている状況に影響されたりします。例えば、ストレスや不安は状況に影響を与えている能動的な要因の解釈を増幅し、失敗を意図的に引き起こされたものとみなしやすくします[41]。脳は世界のランダム性や、悪いことが起こるのは運が悪いせいだという現実を積極的に隠そうと働きます。ポジティブな気分を維持し、不快な出来事に対しもっともらしい説明をするために、私たちの心は背後に活動家を構築します。

陰謀論にとって重要なことは、脳が背後の活動家として構築する主体は、個人だけでなく集団もあり得るということです。活動家の集団を作り出した例は、1963年のジョン・F・ケネディ暗殺事件です。11月11日に大統領がダラスで射殺された時、心理学教授のトーマス・バンタは衝撃的な状況に例外的な研究機会を見出し、殺害当日、研究助手とともに100人以上にインタビューを行いました[42]。

バンタの報告によれば、事件も犯人もまったく明らかでなかったため、人々の直後の反応を研究する機会を得ることができました。1960年代の情報伝達の特徴は、ほとんどの人がメディアから事件を知ったのではなく、回答者の82%が他の人から聞いたということです。

殺人事件を知ってから最初の数分間で感じたことを尋ねると、ほとんどの人が怒り、興奮し、泣いたと述べました。犯人を推定するよう求められた時、回答者の72%は、その行為が何らかのグループによる計画的犯行だと信じました。民主党員は右翼または隔離支持者を疑い、共和党員は左翼、共産主義者、またはキューバ人を疑いました。すでに悲劇的な事件の直後から、人々はイデオロギー的に反対のグループによる陰謀について明確な疑いを持っていました。

陰謀の疑念が自動的に形成されるということは、カーテンの裏に隠れた活動家を検出し他者の心に過敏になることが、心を読もうとする脳の努力の重要な部分であることを示唆しています。研究はこの考えを支持しており、他者の秘密の行動に関する弱い、あるいは存在しない手がかりによる結論が、生存を促進してきました[43]。

人類と霊長類の先祖は、公然の、そして隠れた同盟関係に満ちた集団の中で生活してきました。これは現在では、ゴシップや中傷、秘密の恋人として現れるかもしれませんが、数百万年にわたる進化の過程では暴力につながっていたのかもしれません。研究によれば、過去12,000年間の暴力による死亡者の割合は、コミュニティによって異なりますが平均14%でした[44]。

アマゾンの熱帯雨林に住むヤノマミ族［訳注：アマゾンの最深部に住む先住民族。1万年以上にわたって独自の文化と風習を守り続けているとされる］の数十年にわたる観察は、過去にはもっと暴力があったかもしれないという考えを支持しています。1988年の調査では、この民族の血の復讐と戦争の伝統を報告し、約200の独立したグループに分かれている民族のうち、成人男性の死の30%が他のグループによる暴力に関連していることを発見しました。さらに、25歳以上の男性の44%が誰かを殺害した経験があり、成人の70%が暴力によって親しい人を亡くしていました[45]。陰謀論にとっては暴力によ

第3章　意味付けする脳　119

る死者の数だけでなく、攻撃の意図を隠そうとする試みも重要です。ヤノマミ族には、欺瞞による虐殺を表す「ノモホニ」という独自の言葉さえありました[46]。

　オーストラリアや北米の先住民族の間でも、待ち伏せや秘密裏に計画された夜間の奇襲攻撃が広まっていたことが確認されています[47]。人類学者のフィリップ・ドラッカーは、カナダに住むヌー・チャ・ヌルス族の古来のやり方として、夜間の攻撃に加え、欺瞞が重要な戦争手段であったと述べています。一つの策略として、ある村の首長が隣村に和平交渉を持ちかけ、両村の若者が結婚することで合意を固めようと提案することがありました。婚礼の儀式が始まると、策略を企てた側の男たちが無防備な村人たちを襲い、奇襲によって決定的な優位を得ました[48]。

　同盟の重要性は他の霊長類でも明らかです。例えば、神経科学者ロバート・サポルスキーは、彼の自伝『サルなりに思い出す事など（原題：*A Primate's Memoir*)』で、ヒヒの群れの中の暴力的な陰謀について述べています。ここではオスのグループがボスを打倒したり、ボスのメスとこっそり交尾したりします[49]。チンパンジーも同様で、群れのボスとしての地位を失ったオスを殺すために、同盟を組むことが観察されています[50]。

　他人の感情、動機、意図が自分の立場や目標に与える影響を理解することは、自分の安全を確保する上で極めて重要でした。特に、陰謀を敏感に検出することが肝心です。ここでは、草むらに隠れたライオンの検出で使ったクロス集計が同様に使用できます（表3-2）。行が陰謀の検出を、列が陰謀の存在を、それぞれ表します。

　ライオンを検出する場合と同様に、表の右下が重要です。陰謀が存在するにもかかわらずそれを見抜けない状況は、危険です。陰謀は最悪の場合、人の死につながる可能性があるため、このようなミスを犯すのは得策ではありません。悲惨な結果を避けるために、むしろ陰謀に対して過敏になる方がまだ有益です。

　この過敏性は、雲の中に人影を見るように、現実には必ずしも存在しないかもしれない人影を、社会関係の網の中に知覚する傾向があることを意味し

ます。死に至る陰謀の犠牲者とならないように、脳は社会の中の他者の心、意図、同盟関係のモデルを構築します。時にはその人影が実在することもあれば、根拠のない疑惑であることもあり、背後に陰謀が潜んでいるかのような錯覚を引き起こします。

表3-2　陰謀の存在と検出

	陰謀が存在しない	陰謀が存在する
陰謀が検出された	想像された陰謀論	正しい観察！
陰謀が検出されない	人生は続く	死の危険

　この観点からすると、表の左上にいる陰謀論者はひねくれ者ではなく、数百万年の進化によって磨かれた生存者であり、その社会的な脅威検出システムが脅威となる同盟の弱いシグナルを効率的に探しているのです。

　過度の疑念や、あらゆる行動に陰謀を見ることは明らかに有害であるため、脳が人生を危険にするような陰謀思考や妄想に傾かないようにしなければなりません。ここで脳は、無駄な疑いの結果を天秤にかける必要があります。

　疑われる者が自分のグループの身近なメンバーである場合、根拠のない陰謀信念による最も軽い結果は、それに伴う自分の評判の低下です。より暴力的なシナリオでは、妄想的な陰謀論者が自分のグループの仲間に危害を加えることになります。したがって、自分のグループに向けた疑念の閾値を高く保つことが重要です。

　陰謀論がユダヤ人や移民など自分以外のグループを対象とする場合、一致団結して秘密の計画を追求する統一されたグループとみなされます。グループの行動を認識する際にも、脳は個人に対して行うのと同様に、そのグループに心を作り出します[51]。

　この場合、陰謀に対する過敏性は必ずしも有害ではありません。人は外部のグループに対して疑念を抱くものであり、その先入観を陰謀への疑念に結び付けやすいといえます。一方で、外部のグループの陰謀に気付かなかった

第3章　意味付けする脳　　121

場合の代償はしばしば高く、敵対するグループの奇襲攻撃に気付かなかったために、自分だけでなくグループ内の他のメンバーの死を招いたかもしれません。

　古代文化の暴力性とは違いがあるかもしれませんが、他のグループを疑い、社会関係の点と点を少し容易に結び付け、そのつながりに基づいて陰謀を疑うことは、進化論的には賢明なことです。

　他のグループに不信感を抱くことは私たちにとって自然であり、心地良く感じることさえあります。この観点からすると、迫害やジェノサイドに向かう人間の傾向は、疑うことのコストの低さと関連しているのかもしれません。歴史は、陰謀信念が特定のグループに向けられることでもたらされた、恐ろしい結果で満ちています。ナチス・ドイツにおけるユダヤ人のホロコーストは、ユダヤ人に関する陰謀論によって支えられていましたし、他の多くのジェノサイドも陰謀の疑念と関連付けられています。

　例えば、1990年代のルワンダのジェノサイドは、ナチス・ドイツによるユダヤ人のホロコーストと背景が一部似ています。ルワンダで起きた事件の背景には、ツチ族とフツ族という二つの部族の間に長年くすぶっていた偏見がありました。ジェノサイドに関与したとされる陸軍部隊のリーダー、テオネスト・バゴソラ大佐は尋問の中で、ツチ族のメンバーを高慢で傲慢、厄介で策略的で信用できないと評しました。一方、彼の部族であるフツ族については、時々衝動的ではあるが、控えめで正直で忠実と評しました[52]。

　ジェノサイドの何年も前から、ルワンダでは、ツチ族がフツ族を絶滅させる計画を立てたというバヒマ陰謀説が流布していました[53]。この秘密の計画では経済的優位を獲得し、フツの女性を組織的に誘惑する意図も明らかにされていました。1993年に「ツチの17の戒律（17 Rules of the Tutsi）」という文書が発見されると、陰謀論はさらに強まりました。この明らかに偽造と思われる文書にはツチ族の邪悪な計画が詳細に記されており、ユダヤ人の陰謀計画を概説した「シオン賢者の議定書（Protocols of the Elders of Zion）」の偽造がナチス・ドイツにおけるホロコースト着想の一つとなったように、不気味に歴史と呼応しています。

最終的に、ルワンダのジェノサイドに関する陰謀論と入念な計画は、1994年の100万人近いツチ族の殺害につながりました。

　進化の過程で培われた私たち全員に内在する陰謀論者は、陰謀に関する幻想的な推測を生み出すだけでなく、他者の迫害を容易にし、ほとんど自然な行為としてしまうことに気付くことが重要です。私たちの社会の現実の扱い方は、偏見によって引き起こされる迫害が表面下で機会を待っていることを意味しています。

　戦争や経済危機、選挙での敗北、パンデミックなど、苦難やストレスの時代には他のグループに対する疑念が強まります。意味を見出すことに過敏な脳が、存在しないパターンを見てしまい、脅威を想像しやすくなる時です。その結果、陰謀論が容易に描かれるようになり、現実の緊張した布が引き裂かれ、幻の人影に道を譲るようになります。

　もちろん、私たちは陰謀を構築する脳に翻弄されているわけではありません。私たちは異なる行動を選択することができます。他者を迫害せず、他者への偏見を広めないと決めることができるのです。しかし、これは簡単なことではありません。意味付けする脳が背後で絶えずグループを構築し、他のグループを責めることがしばしば悲劇的なほど魅力的であるためです。

【参考文献】

1　Lunn, P., & Hunt, A. (2013): Phantom Signals: Erroneous Perception Observed During the Audification of Radio Astronomy Data. *Proceedings of the International Conference on Auditory Display* (ICAD 2013), 245–251.

2　Buckner, J. E., & Buckner, R. A. (2012): Talking to the Dead, Listening to Yourself. *Skeptic Magazine*, 17(2), 44–49; Alcock, J. (2004): Electronic Voice Phenomena: Voices of the Dead? Skeptical Inquirer 21.12.2004, https://skepticalinquirer.org/exclusive/electronic-voice-phenomena-voices-of-the-dead/ (Accessed 25.1.2023); Barušs, I. (2001): Failure to Replicate Electronic Voice Phenomenon. *Journal of Scientific Exploration*, 15(3), 335–267.

3　Raudive, K. (1971): Breakthrough. An Amazing Experiment In Electronic Communication With The Dead. Colin Smythe Limited, pp.11-14.

4   Ellis, D. J. (1975): Listening to the "Raudive voices". *Journal of the Society for Psychical Research*, 48(763), 31–42.

5   Buckner, J. E., & Buckner, R. A. (2012): Talking to the Dead, Listening to Yourself. *Skeptic Magazine*, 17(2), 44–49

6   Barušs, I. (2001): Failure to Replicate Electronic Voice Phenomenon. *Journal of Scientific Exploration*, 15(3), 335–267.

7   Biddle, K. (2019): 'Groundbreaking' Ghost Experiment Breaks No Ground. *Skeptical Inquirer* 24.4.2019.

8   Buckner, J. E., & Buckner, R. A. (2012): Talking to the Dead, Listening to Yourself. *Skeptic Magazine*, 17(2), 44–49, https://skepticalinquirer.org/exclusive/groundbreaking-ghost-experiment-breaks-no-ground/ (Accessed 1.2.2023)

9   Merckelbach, H., & van de Ven, V. (2001): Another White Christmas: Fantasy proneness and reports of 'hallucinatory experiences' in undergraduate students. *Journal of Behavior Therapy and Experimental Psychiatry*, 32(3), 137–144; Barber, T. X., & Calverley, D. S. (1964): An Experimental Study of "Hypnotic" (auditory and visual) Hallucinations. *Journal of Abnormal and Social Psychology*, 68(1), 13–20; Mintz, S., & Alpert, M. (1972): Imagery Vividness, Reality Resting, and Schizophrenic Hallucinations. *Journal of Abnormal Psychology*, 79(3), 310–316; Drinkwater, K., Denovan, A., Dagnall, N., & Parker, A. (2020): Predictors of Hearing Electronic Voice Phenomena in Random Noise: Schizotypy, Fantasy Proneness, and Paranormal Beliefs. *Journal of Parapsychology*, 84(1), 96–113.

10 Carlson, S. (1996): Dissecting the Brain with Sound. *Scientific American*, 275(6), 112–115.

11 Garrigue, L., & Lecot, L. (2021): *A note about reproducibility in visual ITC* [Preprint]. Open Science Framework. https://doi.org/10.31219/osf.io/8r46g

12 Morrison, D. (1998): Mars Global Surveyor Photographs 'Face on Mars.' *Skeptical Inquirer*, 22(4); Posner, G. P. (2000): The Face Behind the 'Face' on Mars. *Skeptical Inquirer*, 24(6); Brandenburg, J. E., DiPietro, V., & Molenaar, G. (1991): The Cydonian Hypothesis. *Journal of Scientific Exploration*, 5(1), 1–25.

13 Unmasking the Face on Mars. NASA, https://science.nasa.gov/science-news/science-at-nasa/2001/ast24may_1 (Accessed 28.12.2022)

14 "Happy Face" Crater. National Aeronautics and Space Administration, https://mars.nasa.gov/gallery/craters/PIA01676.html (Accessed 28.12.2022); A Smile a Day···

https://mars.nasa.gov/resources/7036/a-smile-a-day/ (Accessed 28.12.2022); More 'Faces' on Mars. Tampa Bay Skeptics https://www.tampabayskeptics.org/Mars_morefaces.html (Accessed 1.1.2023); Wolchover, N, (2011): 'Face of Gandhi' Found on Google Mars. Space.com 14.7.2011 https://www.space.com/11955-face-gandhi-google-mars.html (Accessed 1.1.2023); Mars, Muppet Wiki https://muppet.fandom.com/wiki/Mars (Accessed 1.1.2023)

15 'Virgin Mary' toast fetches $28 000. BBC News 23.11.2004 http://news.bbc.co.uk/2/hi/4034787.stm (Accessed 1.1.2023)

16 Metz, C. (2007): eBay seller nabs $1500 for Jesus-like garage stain. The Register 10.8.2007 https://www.theregister.com/2007/08/10/ebay_seller_sells_christlike_garage_stain/ (Accessed 30.12.2022)

17 Christmas thief steals 'Nun Bun', BBC News 27.12.2005 http://news.bbc.co.uk/2/hi/americas/4562170.stm (Accessed 1.1.2023); Jacobson, M. (2011): Satan's Face. New York-lehden verkkosivu https://nymag.com/news/9-11/10th-anniversary/satans-face/ (Accessed 1.1.2023)

18 Roberts, G. G., & Touma, N. J. (2011): The Face of Testicular Pain: A Surprising Ultrasound Finding. *Urology*, 78(3), 565. https://doi.org/10.1016/j.urology.2010.11.017

19 Rieth, C. A., Lee, K., Lui, J., Tian, J., & Huber, D. E. (2011): Faces in the Mist: Illusory Face and Letter Detection. *I-Perception*, 2(5), 458–476.

20 Gopnik, A. (1993): Mindblindness. Julkaisematon essee. Viitattu teoksessa Baron-Cohen, S. (1997): *Mindblindness: An Essay on Autism and Theory of Mind.* MIT Press, Cambridge, Lontoo, 4–5.

21 Anderson, E. W. (1971): Strindberg's Illness. *Psychological Medicine*, 1(2), 104–117; Uppvall, A. J. (1949): Strindberg in the Light of Psychoanalysis. *Scandinavian Studies*, 21(3), 133–150.

22 Lagercrantz, O. (1979): *August Strindberg*. Tammi, pp. 208-215.

23 Strindberg, A. (2022): *Inferno.* Hexen (Original publication 1897), 91.

24 Strindberg, A. (2022): *Inferno.* Hexen (Original publication); Kauffman, G. B. (1983): August Strindberg's Chemical and Alchemical Studies. *Journal of Chemical Education*, 60(7), 584.

25 Strindberg, A. (2022): *Inferno.* Hexen (Original publication 1897), pp.53–54.

26 Strindberg, A. (2022): *Inferno*. Hexen (Original publication 1897), pp.109–110.

27 Blain, S. D., Longenecker, J. M., Grazioplene, R. G., Klimes-Dougan, B., & DeYoung, C. G. (2020): Apophenia as the Disposition to False Positives: A Unifying Framework for Openness and Psychoticism. *Journal of Abnormal Psychology*, 129(3), 279–292.

28 van Prooijen, J.-W., Douglas, K. M., & De Inocencio, C. (2018): Connecting the Dots: Illusory Pattern Perception Predicts Belief in Conspiracies and the Supernatural: Illusory pattern perception. *European Journal of Social Psychology*, 48(3), 320–335; Hartmann, M., & Müller, P. (2023): Illusory Perception of Visual Patterns in Pure Noise Is Associated With COVID-19 Conspiracy Beliefs. *i-Perception*, 14(1), 20416695221144732.

29 Hartmann, M., & Müller, P. (2023): Illusory perception of visual patterns in pure noise is associated with COVID-19 conspiracy beliefs. *i-Perception*, 14(1), 1-4.

30 Heider, F., & Simmel, M. (1944): An Experimental Study of Apparent Behavior. *The American Journal of Psychology*, 57(2), 243–259; See also YouTube video: https://www.youtube.com/watch?v=VTNmLt7QX8E

31 Grandin, T. (2005): *The Unwritten Rules of Social Relationships*. Future Horizons, Arlington, Texas, Yhdysvallat.

32 Antonova, V. (2020) Bill Gates, the Villain. Friedrich Naumann Foundation, https://www.freiheit.org/east-and-southeast-europe/bill-gates-villain

33 Bost, P. R., & Prunier, S. G. (2013): Rationality in Conspiracy Beliefs: The Role of Perceived Motive. *Psychological Reports*, 113(1), 118–128.

34 Bost, P. R., Prunier, S. G., & Piper, A. J. (2010): Relations of Familiarity with Reasoning Strategies in Conspiracy Beliefs. *Psychological Reports*, 107(2), 593–602.

35 Bost, P. R., & Prunier, S. G. (2013): Rationality in Conspiracy Beliefs: The Role of Perceived Motive. *Psychological Reports*, 113(1), 118–128.

36 Holpuch, A. (2021): Pandemic profits: top US health insurers make billions in second quarter. *The Guardian* 6.8.2021, https://www.theguardian.com/us-news/2021/aug/06/us-healthcare-insurance-covid-19-coronavirus (Accessed 2.2.2023); Jarvis, K. (2022): Pfizer's Covid Windfall Creates New mRNA Opportunities. Bloomberg 8.2.2022, https://www.bloomberg.com/opinion/articles/2022-02-08/pfizer-s-covid-windfall-creates-new-mrna-opportunities

(Accessed 2.2.2023)

37　Rosset E. (2008): It's no accident: Our bias for intentional explanations. *Cognition.* 2008 Sep;108(3):771–80. doi: 10.1016/j.cognition.2008.07.001. Epub 2008 Aug 9.

38　Bègue, L., Bushman, B. J., Giancola, P. R., Subra, B., & Rosset, E. (2010): "There Is No Such Thing as an Accident," Especially When People Are Drunk. *Personality and Social Psychology Bulletin*, 36(10), 1301–1304.

39　Imhoff, R., & Bruder, M. (2014): Speaking (Un-)Truth to Power: Conspiracy Mentality as A Generalised Political Attitude. *European Journal of Personality*, 28(1), 25–43.

40　Brotherton, R., & French, C. C. (2015): Intention Seekers: Conspiracist Ideation and Biased Attributions of Intentionality. *PLOS ONE*, 10(5), e0124125; van der Tempel, J., & Alcock, J. E. (2015): Relationships between conspiracy mentality, hyperactive agency detection, and schizotypy: Supernatural forces at work? *Personality and Individual Differences*, 82, 136–141; Douglas, K. M., Sutton, R. M., Callan, M. J., Dawtry, R. J., & Harvey, A. J. (2016): Someone is Pulling the Strings: Hypersensitive Agency Detection and Belief in Conspiracy Theories. *Thinking & Reasoning*, 22(1), 57–77.

41　Morewedge, C. K. (2009): Negativity Bias in Attribution of External Agency. *Journal of Experimental Psychology: General*, 138(4), 535–545.

42　Banta, T. J. (1964): The Kennedy Assassination: Early Thoughts and Emotions. *Public Opinion Quarterly*, 28(2), 216–224.

43　van Prooijen, J.-W., & van Vugt, M. (2018): Conspiracy Theories: Evolved Functions and Psychological Mechanisms. *Perspectives on Psychological Science*, 13(6), 770–788; Raihani, N. J., & Bell, V. (2018): An evolutionary perspective on paranoia. *Nature Human Behaviour*, 3(2), 114–121.

44　Bowles, S. (2009): Did Warfare Among Ancestral Hunter-Gatherers Affect the Evolution of Human Social Behaviors? *Science*, 324(5932), 1293–1298.

45　Chagnon, N. A. (1988): Life Histories, Blood Revenge, and Warfare in a Tribal Population. *Science*, 239(4843), 985–992; Beckerman, S., Erickson, P. I., Yost, J., Regalado, J., Jaramillo, L., Sparks, C., Iromenga, M., & Long, K. (2009): Life Histories, Blood Revenge, and Reproductive Success Among the Waorani of Ecuador. *Proceedings of the National Academy of Sciences*, 106(20), 8134–8139; Napoleon Chagnon's description of the Yanomami as inherently warlike, published in his research, has faced severe criticism, and subsequent studies have emphasized the many different causes of warfare and violence: Hames, R. (2020): Cultural and reproductive success and the causes of war: A Yanomamö perspective. *Evolution and Human Behavior*, 41(3), 183–187; Hames, R., Irons, W., & Flinn, M. (2020). In memoriam: Napoleon A. Chagnon. *Evolution and Human Behavior*, 41(3), 177–182

46 Chagnon, N. (1968): Yanomamö: The fierce people. Holt, Richart and Winston, 122-124; Kissel, M., & Kim, N. C. (2019): The emergence of human warfare: Current perspectives. *American Journal of Physical Anthropology*, 168(S67), 141–163.

47 Gat, A. (1999). The Pattern of Fighting in Simple, Small-Scale, Prestate Societies. *Journal of Anthropological Research*, 55(4), 563–583; Drucker, P. (1951) The northern and central nootkan tribes. Smithsonian Institution Bureau of American Ethnology, Bulletin 144. US Government Printing Office, Washington, Yhdysvallat, s.337.

48 Drucker, P. (1951) The northern and central nootkan tribes. Smithsonian Institution Bureau of American Ethnology, Bulletin 144. US Government Printing Office, Washington, Yhdysvallat, s.338.

49 Sapolsky, R.M. (2001): *A Primate's Memoir.* Scribner.

50 Wrangham, R. W. (1999): Evolution of Coalitionary Killing. *American Journal of Physical Anthropology*, 110(S29), 1–30.

51 Kofta, M., & Sedek, G. (2005): Conspiracy Stereotypes of Jews During Systemic Transformation in Poland. *International Journal of Sociology*, 35(1), 40–64.

52 Melvern, L. (2006): *Conspiracy to Murder: The Rwandan Genocide.* Verso, New York, Yhdysvallat.

53 Hintjens, H. M. (1999): Explaining the 1994 Genocide in Rwanda. *The Journal of Modern African Studies*, 7(2), 241–286.

第**4**章

回復する脳

中止された世界の終わり

　世界の終わりは、翌朝7時に予定されていました。しかし、小さな木造の家のリビングで瞑想していたシーカーズのメンバーは、心配していませんでした。惑星クラリオンからの宇宙船が地球に接近しています。真の信者たちはこれらの船に乗り込み、浄化の大洪水で滅びる罪深い人類を後にして、遠い宇宙の旅を続けるでしょう。

　宇宙人たちは、メッセージを通じて洪水の警告を送っていました。このメッセージは、ミシガン州に住む主婦のマリアン・キーチが1年前から受け取っていたものです[1]。メッセージは、宇宙人がキーチの手を遠隔操作して長文を書かせるという、自動書記を通じて伝えられました。世界の終わりが8月末からメッセージで暗示されていましたが、秋になって日付が特定されました。洪水は1954年12月21日の午前7時に発生し、地球を無垢な状態に戻すとされていました。宇宙船はその前夜に到着する予定でした。

　洪水の前夜、いつもより多くのメッセージが届きました。真夜中に宇宙人が玄関のドアをノックし、宇宙船が待っている場所まで案内する、という内容でした。メッセージには、確実に搭乗するためのパスワードや、宇宙船の操作を妨げる可能性があるので、すべての金属を捨てるようにという指示も含まれていました。メンバーはベルトのバックルを外し、ポケットを空にして、コイン、鍵、宝石類をテーブルの上に置きました。

　午後11時15分、キーチはメンバーに、コートを着て出発の準備をするよう指示しました。玄関のノックがあるまで全員動かずに待つようにと指示があり、一行は緊張と幸福が入り混じった雰囲気に包まれていました。彼らは選ばれし者であり、理解を超えた驚異を体験することになるのです。

午後11時35分、メンバーの一人が、自分のジッパーが金属製であることに気付きました。パニックが起こり、彼はバスルームに急いで連れて行かれ、別のメンバーがカミソリの刃でジッパーを切りとりました。愚かな見落としによって、宇宙への旅が危うく台無しになるところでした。

意外にも、真夜中になっても何も起こりませんでした。心配したシーカーズのメンバーはそれぞれの時計を見比べ、異なる時間を指していることに気付きました。ある時計は午前0時を5分過ぎているのに対し、別の時計はその5分前でした。彼らは、どちらかの時計が間違っていると考えました。しかし、二つ目の時計が0時を過ぎても何も起こらなかったので、彼らの不安はさらに強まりました。

午前0時5分過ぎ、宇宙からのメッセージが届きました。ちょっとした遅延があっただけで何も深刻なことはないので、落ち着いて待つようにと告げられました。これで緊張していたメンバーも落ち着き、静かに瞑想を続けました。

午前0時30分、玄関のドアをノックする音がしました。パスワードを慌てて思い起こしながら、男性が応対に向かいました。彼が戻ってきて、好奇心から来た近所の少年二人だったと報告した時の落胆は計り知れませんでした。シーカーズが世界の終わりを予言したことが地元の新聞で報じられていたので、近所の人たちは状況を注意深く観察していました。

午前2時30分、宇宙人はメンバーにコーヒーを入れるよう提案しました。メンバーはコーヒーを飲みながら、なぜ誰も現れないのか不思議に思いました。状況は深刻でした。破壊的な洪水が4時間後に襲うはずなのに、彼らはまだ地上から動けないのです。

午前3時、彼らは何度も予言を読み返し、この状況の説明を探しました。何か見落としたのでしょうか？　説明は見つかりませんでした。不安はパニックに変わりました。何かが間違っていて、他の罪人たちとともに滅びる運命にあるのだと。

午前4時45分、宇宙船からほっとするメッセージが届きました。

「この日、地上には唯一の神がおられ、その神があなたがたの中にお

第4章　回復する脳　131

られることが宣言されました。神の言葉は力強く、その言葉によってあなたがたは救われます。地上にかつてないほどの力で、死の口から救い出されます。時の始まり以来、この部屋から流れ出たほどの善と光の力は地上にはありませんでした。」[2]

安堵感は計り知れませんでした。彼らは地球を滅亡から救ったのです！洪水を防いだのは彼らの強い信仰と祈りでした。彼らは預言者の知恵を称え、意気揚々と新しい日を迎えました。地上に新しい時代が始まったのです。

外部から見れば、この出来事は自称預言者の予言が実現しなかった大失敗でした。しかしその失敗は勝利に転じ、中止された世界の終わりは偉大な成果とみなされました。

メンバーの多くは家族との関係を断ち切り、財産を売り払い、仕事を辞め、困難な状況にありました。彼らは迫り来る黙示録に完全にコミットしていましたが、不正確な予言は彼らを破滅させることはなく、むしろ彼らの信仰を強めました。人生の目的を失ったことが、新たな生きる目的に変わったのです。

翌日、キーチの予言が正確であったことを示す証拠が現れました。ニュースでは、世界が終わるはずだったまさにその瞬間に、カリフォルニアとイタリアで地震が発生したことが報道されました。終末は、本当にすぐそこまで迫っていたのです。彼らの強い信仰が、文字通り揺れる地球をつなぎとめました。

その後の数週間で、シーカーズは自分たちの教義と成功について広め始めました。全世界が宇宙人の知恵を知る必要がありました。

心理学者のレオン・フェスティンガーと教え子たちが数カ月前からシーカーズに潜入していたため、これらの出来事は非常に詳細に知られています。彼らは出来事を観察し、記録しました。

フェスティンガーは1956年に出版した『予言が失敗する時（原題：*When Prophecy Fails*）』という本で、これらの出来事を詳しく説明しています。この本では、特定の世界観に深く傾倒している人が自分の信念と明らかに矛盾する情報を拒絶し、自分の世界観を維持するために説明を創作する様子が描

かれています。逆説的ですが、このことが信念体系へのさらに強いコミット
につながります。

　シーカーズは特殊なケースではありません。同様のパターンは、世界の終
わりを予言する多くの宗教コミュニティで起こっています[3]。例えば1976年
6月7日に、カナダの応用形而上学研究所の所長であるウィニフレッド・バー
トンは、同年7月13日に宇宙船が地上に着陸し、終末が来ると発表しまし
た[4]。

　研究所のメンバーは、お金と食料、燃料を持参し、農村センターに集まる
よういわれました。バートンはこの情報を、彼女の霊的ガイドのロリアド・
R・カーンから受け取ったと述べました。カーンは以前、ロサンゼルスで形
而上学者として働いていましたが、その後、惑星ヴリングで昆虫型の存在に
転生しました。

　予言された終末の日、バートンの400人の信者は瞑想し、宇宙船の降下を
待ちました。宇宙船は現れませんでしたが突然、瞑想者の一人が「おぉ、感
じましたか？」と叫びました。興奮が広がり、その場にいた多くの人が心の
中で宇宙船の着陸を体験しました。全員が宇宙人の存在を感じたわけではな
く、日曜日までに約200人が失望して去りました。

　しかし、残った人々は興奮していました。バートンが予言した通りに、す
べてが進んだからです！　宇宙船の姿が見えず、世界が存在し続けていると
いう事実を、誰も気にしていないようでした。世界の終わりが中止された後、
バートンは、宇宙人が霊的なレベルで降臨し地上に天の王国が築かれたの
で、すべてが計画通りに進んだと発表しました。

　バートンは信者たちを、地上の天国の王国市民と呼びました。市民になる
には財産を売って、そのお金をバートンに渡さなければなりませんでした。
市民は研究所の農村センターに集まり、男性はパイプカットを受け、割り当
てられた「陰陽パートナー」と結婚しました。最後に、市民は遺伝子のつな
がりを断ち、両親や親戚とのつながりを断ち切りました。

　応用形而上学研究所とシーカーズのコミュニティの反応は、驚くほど似て
います。どちらの場合も、コミュニティのメンバーは失敗した出来事を肯定

的にとらえようと、並々ならぬ努力を惜しみませんでした。

トランプはケネディの生まれ変わり

　情報を拒絶するメカニズムは陰謀論にもみられます。例えば、2021年10月22日にダラスで集まったQAnonの陰謀論者たちが挙げられます。彼らは、1999年に亡くなったジョン・F・ケネディ・ジュニアが、彼の父が暗殺された日にダラスに現れ、ドナルド・トランプを権力の座に返り咲かせると確信していました[5]。QAnonの支持者たちは数週間前からダラスに集まり、当日は約100人の支持者が、ケネディが暗殺されたディーリー・プラザに集結しました。

　支持者たちによれば、ケネディ・ジュニアはQその人であり、悪魔を崇拝する小児性愛者による世界支配の陰謀をリークしていた政府関係者だったとされています。Qが公衆の面前に姿を現すと、主に民主党と関係する悪魔崇拝者たちが逮捕され、トランプがアメリカの指導者として永久に就任し、神王としての予言が成就すると予想されていました。

　最も熱狂的な信者は、104歳になる元気なケネディが息子とともに現れ、トランプを大統領に任命すると推測していました。また、ダイアナ妃、マイケル・ジャクソン、ロビン・ウィリアムズも彼らに加わるかもしれないと考えられていました。

　トランプ＆ケネディのシャツを着たQAnonの信者たちは、「ダラスの奇跡」と神が定めた役割にトランプが戻るのを見るため、仕事や家族の元から離れました。次から次へと予言が失敗し、ケネディの姿が見えなくても、最も粘り強い信者は何カ月もダラスに留まりました。

　結局待っていた人々は、ケネディがすでに戻ってきたことに気付きました[6]。ケネディはトランプのイベントで公の場に姿を現しましたが、彼がトランプに似ていたため、ほとんどの人は気付かなかったのです。最も鋭い人は、トランプが以前より背が低くなっており、それがトランプに扮したケネディであることに気付きました。予言は成就されました。ケネディは信者た

ちを勝利に導いたのです！

　信仰が強まった支持者たちは、今や2024年の大統領選挙を待っています。そこでは、蘇ったケネディ・ジュニアがトランプの副大統領候補になると期待されています[7]。

脳が作る幻想世界

　前述の例はすべて、特定の日をピンポイントで示す異常な予言というテーマが共通しています。予言を信じる人々は、その成就を待ち合わせて集まるグループにコミットしています。

　予言が実現しないと信者は動揺し、パニックに陥ることさえあります。この時点で、一部の人々はグループを去るかもしれません。もっともらしい説明を考え出すまで、さらに深く動揺する人もいます。苦痛を和らげるために、その説明が合理的である必要も、現実的である必要もありません。重要なのは、彼らの信念が少なくとも表面的には世界の出来事と一致していて、ある程度の法則性で説明可能であることです。

　フェスティンガーは、この苦痛を引き起こす葛藤を認知的不協和と呼びました。これは、自分の信念と行動、あるいは世界の状態との間に深い矛盾がある状況を意味します。フェスティンガーによれば、苦痛を感じる状況で機能し続けるためには、矛盾が解決されなければなりません。この場合、苦痛を取り除く理論があり得ないものであっても構いません。心の平穏は真実よりも重要なのです。

　認知的不協和は、私が「回復する脳」と呼ぶ脳のメカニズムの一例です。このメカニズムの目的は、日常の挑戦と大きな逆境の双方で人を機能させ続けることにあります。回復する脳は、理想的で安全な幻想の世界を作り出し、厳しくランダムな現実の世界を和らげます。このメンタルヘルスを保護するメカニズムは、すべての思考の背後に存在する脳の無意識のプロセスです。

　回復する脳の目標は、逆境にあっても楽観的で、モチベーションや希望を持ち続けることです[8]。このメカニズムの影響は、人類の歴史に繰り返し登

第4章　回復する脳　135

場するヒーローのストーリーを見れば明らかです。ヒーローは乗り越えられないように見える困難にもかかわらず、目標を達成します。成功の鍵は、客観的に分析すればあきらめてしまうような状況でも、悲観的な確率を過小評価して行動を継続することにあるようです。

　根拠のない楽観主義は、自身の人生のリスクをどのように認識しているかに顕著に表れています。研究によれば、喫煙の常習者のうち、自分ががんになるリスクが他の人より高いと考えているのはわずか40％であり[9]、大学生は性感染症のリスクを統計よりもかなり低く見積もっており[10]、バイク乗りは他のバイク乗りよりも事故に遭う可能性が低いと信じています[11]。

　楽観主義を維持することは不可欠です。なぜなら、世界はいつも優しいわけではありませんし、不幸な出来事はそれに値しない人にもランダムに起こります。客観的な現実を直視することはあまりに苦痛で憂鬱になるため、脳は世界をポジティブな方向に歪めます。つまり、不快な出来事の確率が過小評価され、ポジティブな可能性が誇張され、不快な出来事が忘れ去られ、自身の潜在的な影響力は非現実的なほど大きいと想像されます。それでもうまくいかない場合は、不快な事実を頭から消し去るための巧妙な説明が作られます。安全で、コントロールできていると感じることが重要なのです。

　マイルドな非現実感と根拠のない楽観主義は私たちが機能するための前提条件ですが、副作用として、超自然現象、日常的な魔法、偽情報、陰謀論などを信じやすくなります。世界が混沌として苦痛に満ちていると感じる時、陰謀論は出来事を最良の形で説明し、それによって世界に秩序を回復するストーリーとなるかもしれません。

長崎の原爆と祝福

　1945年8月、アメリカは日本に2発の原子爆弾を投下しました。最初の爆弾、4トンのリトルボーイは、8月6日の午前8時15分、広島の上空約600メートルで爆発しました。2発目の爆弾、4.5トンのファットマンが長崎上空で爆発したのは、その3日後でした。それぞれの爆弾によって7万人以上が即

死しました。

長崎医科大学［訳注：現長崎大学医学部］の助教授で放射線医学を専門としていた永井隆は、爆心地からわずか700メートルの距離にいましたが、爆風と放射線が直撃しない場所にいたため、運良く生き延びることができました。永井の妻をはじめ、多くの友人や同僚が爆発で亡くなりました。

彼は著書『長崎の鐘』で、爆発直後の恐ろしい状況を記述しています[12]。生きながら焼かれた同僚、倒壊した建物、真っ暗闇、広がる大火など、地獄のような光景を描いています。そんな惨状にもかかわらず、永井は廃墟の中から生き残った学生や看護師を見つけ、焼えさかる瓦礫の中で負傷者の治療を行いました。

後に永井はこの出来事を、宗教を通じて解釈しました。彼は、日本では少数派として迫害されていたカトリック信者の一人として、キリスト教の神がなぜ日本のカトリック信者を特に罰したのかということを考察しました。原爆は長崎のカトリック大聖堂［訳注：浦上天主堂］の上空で炸裂し、日本のカトリック信者の多くが亡くなりました。

壊滅的な大災害を前にして、永井は深刻な葛藤に直面しました。なぜ日本のカトリック信者は、この攻撃でこれほど大きな被害を受けたのか。この矛盾による苦悩を解決するために、彼は原爆の投下には目的があったという思考モデルを構築しました。原爆投下は壮大な祝福であり、神の大いなる慈しみであると。

永井は、爆撃機の当初の目標が軍需工場の上空に原爆を投下することであり、最終的に地元のカトリック教徒にとって最も破壊的な場所に原爆を投下したことを知りました。彼によれば、これは第2次世界大戦中の人類の罪のために、人々を焼き尽くそうとする神の意志でした。

> 「信仰の自由なき日本に於て迫害の下四百年殉教の血にまみれつつ信仰を守り通し、戦争中も永遠の平和に対する祈りを朝夕絶やさなかったわが浦上教会こそ、神の祭壇に献げらるべき唯一の潔き羔（こひつじ）ではなかったでしょうか。この羔の犠牲によって、今後更に戦禍を蒙る筈であった幾千万の人々が救われたのであります。

戦乱の闇まさに終わり、平和の光さし出づる八月九日、此の天主堂の大前に焔をあげたる、嗚呼大いなる燔祭［訳注：ユダヤ教とキリスト教の儀式で生贄を祭壇で焼いて神に捧げる］よ！　悲しみの極みのうちにも私たちはそれをあな美し、あな潔し、あな尊しと仰ぎみたのでございます。汚れなき煙と燃えて天国に昇りゆき給いし主任司祭をはじめ八千の霊魂！　誰を想い出しても善い人ばかり。

＜中略＞

あの日あの時この家で、なぜ一緒に死ななかったのでしょうか。なぜ私たちのみ、かような悲惨な生活をせねばならぬのでしょうか。私たちは罪人だからでした。今こそしみじみ己が罪の深さを知らされます。私は償いを果たしていなかったから残されたのです。余りにも罪の汚れの多き者のみが、神の祭壇に供えられる資格なしとして選び遺されたのであります。」[13]

［訳注：永井隆. 長崎の鐘（pp.94-95）. 青空文庫. Kindle版. より引用］

　永井の考え方には、三つの特徴があります。第1に、原爆の投下とその場所は偶然ではなく意味があり、慎重に検討されたものだと彼は考えていました。原爆は長崎の中心に正確に落ちるよう意図されていました。第2に、この出来事がきわめて重大であったため、その背後にある理由もきわめて重要でした。それは単なる軍事行動ではなく、日本をより良くするための神の計画の一部でした。第3に、この出来事は一般に認知されているような災害ではなく、肯定的な出来事でした。キリスト教徒は崇高な計画の一部であり、原爆の犠牲者としての死は大きな名誉と捉えられました。

　これら三つの特徴には、メンタルヘルスを維持する潜在意識の世界の理論が凝縮されています。この法則に基づく世界では不快な出来事は頻繁には起こらず、起こる時には相応の理由があります[14]。

　社会学者のルー・ブッシャーは、ニュージャージー州エリザベスシティの住民へのインタビューを通じて理由を探りました。この都市の空港では、1951年から1952年の間に3件の無関係な事故が発生していました[15]。

　インタビューから、住民が事故の犯人を探し、さまざまな理論を形成して

いることが明らかになりました。主な発見は、ほとんどの人々がこの短期間に3件の事故が起きたのは偶然ではないと考えていたことでした。

多くの人々は事故の原因について、貪欲なエリートが自分たちの利益のために飛行の安全性を犠牲にしたことにあると考えていました。このグループは自分たちの動機を隠し、人々を欺こうとしていたが、事故の増加によってそれが露見したのだと。コスト削減のために安全性が損なわれた可能性はありましたが、その証拠はありませんでした。代わりに住民は、存在しない証拠に基づいて陰謀論を展開し、裏で悪意のあるグループが活動していると思い込んでいました。

同じような結果は、参加者に同時に起こった出来事を提示し、それらに関連があると思うかどうかを尋ねた別の実験でも得られました[16]。参加者はあるジャーナリストの死に関する文章を読みました。「地方政治を調査していたジャーナリストが、最近、アパートで死んでいるのが発見された。遺書と薬の瓶が彼のそばで発見された。」

その後、参加者は二つのグループに分かれ、異なる文章を読みました。一方のグループは遠い過去の出来事について読みました。「あるジャーナリストが市内で不慮の死を遂げた。約40年前、そのジャーナリストは強盗の手違いにより、側道で撃たれた。」

他方のグループは最近の出来事について読みました。「この1年半の間に、市内で3人のジャーナリストが予期せず死亡した。一人は市議会の終わった後、帰宅中に自宅の前で車にひかれた。ひき逃げしたドライバーは見つからなかった。別の一人は長い捜索の末、崖のふもとで見つかった。彼はおそらく自殺したものと思われる。」

密接なタイミングと複数の出来事により、後者のグループは死亡が偶然ではなく陰謀の一部であると考えました。こんなに短期間に多くの人が死ぬのは、偶然ではあり得ません。これらの話を考えると、たとえ明確な証拠がなくても、多くの死に共通する根本原因の存在を思わせるかもしれません。

理由を見つけることは、偶然を軽視しポジティブな気分を維持する脳の働きです。もし私たちが、恐ろしい致命的な出来事がランダムに起こり得るこ

とを受け入れると、不運によっていつ死んでもおかしくないことを受け入れることになります。これはあまりにも受け入れがたい考えなので、世界に理由を構築することで偶然を隠す方が簡単なのです。

大きな出来事と大きな理由

大きな出来事は、大きな理由を持つものです。出来事の重要性は理由の構築に影響を及ぼし、重要な出来事は原因の探索を促します。心理学者のイレイン・ウォルスターは、自動車のハンドブレーキが故障し、制御不能になって坂道を転がり落ちる話を参加者に聞かせるという実験設定で、これを検討しました[17]。参加者は四つのグループに分かれ、それぞれハンドブレーキの故障がもたらす結果が軽微または深刻な話を聞きました。最も軽いバージョンでは、車は短い距離を転がった後、道路のポールに衝突して停止し、誰も危険にさらされませんでした。最も深刻なバージョンでは、車は店に衝突し、店主は重傷を負いました。

話を聞いた後、参加者は車の所有者の責任を評価するよう求められました。その結果、深刻なバージョンを聞いた人は軽いバージョンを聞いた人よりも所有者を有罪だと判断することが分かりました。怪我が偶然ではなく、犯罪的な過失によるものと考えた方が気が楽になります。そのため、深刻な結果を招いた後者のケースの方が、車の所有者の責任は大きいと認識されたのです。

ケネディ暗殺に関する陰謀論を調査した研究で示されたように、同じことが陰謀信念にも当てはまります。簡単な実験設定で、参加者は「男が大統領を撃ったが外れた」と「男が大統領を撃って殺害した」[18]という見出しを読みました。その後参加者は、陰謀の可能性はどの程度ありそうか評価するよう求められました。参加者は後者の場合、つまり撃たれて大統領が死亡した場合に、陰謀の可能性がかなり高いと考えました。より重大な結果を招いたことで、参加者に陰謀論を形成させました。

重大な出来事が陰謀論につながる傾向は、これまでも繰り返し観察されて

きました。例えば1986年、ストックホルムで起きたオロフ・パルメ首相暗殺事件について数多くの陰謀論が生まれました[19]。スウェーデン警察による捜査の初期段階では、クルド労働者党による陰謀論が有力でした。同時に、スウェーデンのメディアでは警察と軍が関与したという陰謀論が流布されました。この事件については、その後「パルメ病」と呼ばれるほど陰謀論が盛んとなりました[20]。『ミレニアム（原題：*Millennium*）』3部作の著者として知られるスティーグ・ラーソンは、南アフリカの諜報機関が組織し、極右のプロの暗殺者が実行したとする陰謀論を調査していた時の資料を、死の間際に20箱も持っていました。

　オロフ・パルメの殺害は、ジャーナリストのトーマス・ペッテションが『疑わしき殺人者（原題：*The Unlikely Murderer*）』という本を出版する2018年まで謎でした。この本は右翼の陰謀論から始まりますが、最終的には52歳のグラフィックデザイナー、スティグ・エングストロームによる単独犯行の可能性が高いと結論付けています。

　時には一つの陰謀論が、別の陰謀論につながることがあります。これは2011年7月22日、アンデシュ・ブレイビクがノルウェーのウトヤ島で行った恐ろしいテロ攻撃の後に起こったことです。この攻撃で77人の若者が命を落としました。攻撃前、彼は多文化主義と戦うテンプル騎士団のメンバーであると主張するマニフェストを公開しました。このマニフェストの中でブレイビクは、ヨーロッパの文化的マルクス主義者による秘密の計画を説明する陰謀論を構築しました[21]。ユーラビア［訳注：アラブ系住民の多いヨーロッパを指す造語］の陰謀論によれば、ヨーロッパのエリートは、ヨーロッパの人々をイスラム教徒に置き換える人口交代を計画していたのです。ブレイビクは、愛国的な戦士だけがこの多文化主義の「毒」の拡散を止めることができると信じていました。

　ウトヤの虐殺はあまりにも凄惨で、一人の人間の狂気による犯行とは受け入れ難かったため、いくつかの奇妙な陰謀論が生まれました。ブレイビクのテロ行為に関連する最も奇妙な陰謀論は、ノルウェーの社会学者ヨハン・ガルトゥングとスウェーデンのオーラ・トゥナンデルによって生み出されまし

た。ガルトゥングは10の大学から名誉博士号を授与された、ノルウェー平和研究所の創設者です。彼らは、イスラエルの諜報機関であるモサドが、イスラエルとパレスチナ間のオスロ和平プロセスを頓挫させる目的で、フリーメイソンを通じてブレイビクを操っていたという陰謀論を提唱しました。背景には、フリーメイソンと政治エリートの組織、そしてメディアを支配するユダヤ人の陰謀が潜んでいました[22]。

　陰謀論が、特に原因がはっきりしない大災害から生まれやすい代表例として、2014年3月8日に起きたマレーシア航空370便の失踪が挙げられます。パイロットはクアラルンプールを離陸した後、真夜中過ぎに管制官と連絡をとり、おやすみを言った後、沈黙しました。数分後、飛行機は航空管制のレーダーから消えました。後に、レーダーから姿を消すまでの数時間、軍のレーダーがアンダマン海に向かう無音機を追跡していたことが判明しました。227人の乗客と12人の乗務員を乗せた飛行機は消息を絶ちました。数カ月間にわたる捜索が行われましたが、2015年7月になって、機体の破片がレユニオン島で発見されました。

　事故を巡る謎と、当局から発表された矛盾する情報は、すぐに多くの理論を生み出しました[23]。この災害の不確実性が人々を憶測に駆り立てたのです。

　多くは陰謀論ではなく、技術的な欠陥によるものでした。例えばある理論は、火災によって飛行機の通信機器が破壊され、機内の圧力システムが損傷したためにパイロットが意識を失い、燃料が尽きて海に墜落するまで自動操縦で飛行していた、というものでした。

　アルカイダやウイグルのテロリストが飛行機を爆破したという陰謀論も、まったくないわけではありません。これらのグループはこの地域で活動しており、理論的には飛行機が消えた背後にいる可能性がありました。

　犠牲者の親族の多くはこれらの理論を信じず、他を求め、特に乗客がまだ生きているという理論に関心を示しました。彼らは当局による隠蔽工作を疑い、事故の本当の原因が隠されていると考えたのです。

　これらの陰謀論では、飛行機はハイジャックされ、未知の場所に密かに飛ばされたとされています。理論に応じて、犯人は北朝鮮、イスラエルのモサ

ド、ロシア政府、あるいは特定されていないテロ組織とされました。

その後部品が見つかったことで、飛行機はアフリカにあると疑われました。

　　「飛行機は、無人地域（イエメン、ソマリア、ある島）に着陸し、そこで乗客は降機した。その時点で乗客の一部、特に若い男性はすでに排除されていた。乗客の携帯電話は、彼らの居場所が明らかになるのを防ぐために、あちこちにばらまかれた。その後、飛行機は欧米の航空会社の色に塗り替えられ、爆発物を搭載された。テロリストは迅速に行動する必要があり、少なくとも数日以内に乗客を飛行機に戻し、目標地点へと飛び立つ必要がある。目標はレーダーに探知されずに水面近くを飛べるよう、欧米人が多く住む海岸沿いの大都市であればどこでも適している。」[24]

メディア王のルパート・マードックは、イスラム教徒のテロリストが中国との緊張を高める目的で飛行機をハイジャックし、秘密裏にパキスタンに着陸させたと指摘しました。

飛行機の失踪に関連した陰謀論の一つは、機内にいたテキサス州に本拠を置くフリースケール・セミコンダクターズの従業員に結び付けられました。この理論によると、同社はこれらの乗客を殺害しようとしていたということです。その理由として、彼らが持っていた重要な特許が、彼らの死によって同社に帰属することが示唆されました。

より想像力豊かな陰謀論では、ボーイング社がこのフライトで透明化技術をテストしており、そのためレーダーに探知されることなく、未知の目的地まで飛行できたというものでした。この理論では、飛行機の失踪がアメリカの秘密の透明化技術に関連する陰謀の一部とされていました。

さらに荒唐無稽な理論は、スティーヴン・スピルバーグの映画「未知との遭遇」のように、宇宙人に飛行機ごと拉致されたというものでした。これに対抗したのが、ブラックホールが海上に出現して飛行機を呑み込んだという理論でした。

このようにして、脳は重大かつ不明確な災害を理解しようと努め、数々の

理由を生み出しました。そのうちいくつかは、本格的な陰謀論に発展していきました。

　マレーシア航空の事故は、理論を明確に否定する情報に対する陰謀論者の抵抗という、陰謀論のもう一つの特徴を示しました。

　陰謀論者たちは、行方不明になった航空機の主翼の制御面であるフラペロンが海中で発見された時も、その信念を揺るがすことはありませんでした。あるウェブサイトの投稿者は、飛行機がまだどこかにあるという自分の考えを変えなかった理由を以下のように正当化しました。

　　1．フラペロンを製造する際、品質検査で不合格になるものがある。
　　2．精神状態の不安定な人が、不合格になったフラペロンを盗むことがある。
　　3．彼らはボートを借りて、フラペロンを海に落とす。
　　4．1年後、フラペロンを回収して、砂浜に放置する。
　　5．Voilà（ほら）、砂浜には1年間海中にあったボーイング777のフラペロンがあるが、それはMH370便のものではない。

　この陰謀論者は、入念に練られた理論を維持するためにはどんな苦労もいといません。飛行機が何らかの理由で破壊されたという考えに比べて、陰謀論を維持するために必要な説明が複雑でありそうもないという事実には、まったく注意を払いません。彼らの脳は、自分の理論が正しいと証明することにあまりにも夢中で、その妥当性を考慮する余裕がないのです。

法則性のある世界と連続体

　出来事の原因には、道徳的な色合いもあります。法則性のある世界では、善と悪は映画のようにそれぞれ相応の報いを受けます。残忍な麻薬の売人が南の温暖な土地で安らかに引退する一方で、善良な老人が孤独のうちに死んでいくことは、受け入れ難いといえます。この裏には何か未知のことがあるに違いありません。その売人は残りの人生を恐怖の中で過ごし、昔の敵が襲ってくるのを待つのでしょう。そして、その老人はおそらく良い人生を送

り、老いと孤独の中で長生きはしなかったのでしょう。

善と悪がもたらすと推測される結果は、自動的に観察を歪めます。社会心理学者のメルビン・レナーが行った実験では、参加者は二人の男性が一緒にアナグラムを解く音声記録を聞きました[25]。課題を解いた後、二人の間に金銭の報酬がランダムに割り当てられました。参加者は、それぞれの男性が課題を解くのにどれだけ貢献したか評価するよう求められました。報酬がランダムに選ばれたことを知っていても、参加者は報酬を受け取った人の方が良い結果を出したと判断しました。こうして報酬がランダムに選ばれたにもかかわらず、良い人が報われました。

悪にも同じことが当てはまります。レナーによる別の実験では、参加者は学生が記憶課題を遂行するシナリオを観察しました[26]。学生が失敗すると、ますます痛い電気ショックが与えられるというものです。実際には、学生は俳優であり、電気ショックを受けているふりをしていました。比較シナリオでは、俳優は電気ショックを受けませんでした。実験後、参加者は俳優の性格の評価を求められました。その結果、電気ショックを受けた俳優は比較シナリオの俳優よりも魅力がなく、成熟しておらず、不快であると評価されました。さらに参加者は、俳優が実際に罰を受けるに値すると結論付けました。したがって、悪はその報いを受け、公正な世界という概念が維持されたのです。

法則性のある世界のメカニズムは、世界がどのように機能するかを四つの経験則に要約することができます。

1．すべての出来事には正当な理由があり、偶然というものはない。
2．大きな出来事には、大きな理由がある。
3．良いことを経験した人は、すべての良いことを自らの努力で得ている。
4．悪いことを経験した人は、すべての悪いことを自らの努力で招いている。

本質的な側面は、これらの法則が少なくとも部分的には無意識の性質を持っているということです。私たちは意識的に、例えば親戚のがんを分析し、

その不運を嘆くことができます。とはいえ、がんになりやすい家系でもないし、普段から気分が良く、適度に運動し、健康的な食生活を送っているから、自分はがんに襲われることはないだろうとも考えます。もちろん、がんはランダムにやってくることもありますが、私たちにはやってこないのです。

　法則性のある世界の経験は、図4-1に示す連続体として表現することができます。

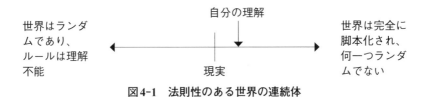

図4-1　法則性のある世界の連続体

　左端は、ルールがランダムで理解不可能な世界です。例えば精神病によって、世界が突然、異質に感じられる場合があります。光や影が奇妙に見えたり、音に違和感があったり、他者の振る舞いが理解できなくなったりします。まるで、物理的・社会的な世界のルールが、密かに変更されたかのようです。

　連続体の右端では、世界が完全に制御され、偶然は存在しないと感じられます。精神医学の教授であるジョエル・ゴールドとイアン・ゴールドは、人生が完全に脚本化されていると信じる患者について、彼らの論文で紹介しています。これは、1998年の映画「トゥルーマン・ショー」で、ジム・キャリーが演じるトゥルーマン・バーバンクが、リアリティ番組の中で生活していることに気付かない、という状況に似ています[27]。映画の中でバーバンクは、町がなぜ自分を中心に回っているのか不思議に思い始め、やがて誰もが自分に対する陰謀の中にいると疑い始めます。

　論文での患者の記述では、人々が映画の中で生活しているような、親族が俳優で出来事が脚本化された、すべてを包含する超巨大な陰謀の中で生きているように感じています。

　「患者Aは、政府機関で騒ぎを起こして来院した。彼は、自分の人生が映画「トゥルーマン・ショー」のようだと述べ、亡命を求めて病院に

来たと説明した。彼は5年前からこの世界観にとらわれていたが、家族がそれを知ったのは入院の数日前だった。彼は2週間前に、最良の友人に自身の理論を打ち明けた。彼は、911の攻撃が自分の人生の脚本の一部だったと信じていた。彼はツインタワーが本当に破壊されたかどうか確認するために、別の州から来たのだった。もしツインタワーがまだ建っていたら、彼の人生が脚本化された映画の一部だったという決定的な証拠となっただろう。精神科医に初めて会った時、彼は制作ディレクターと話がしたいと申し出た。彼は「トゥルーマン・ショー」を観て以来、自分の愛する人たちすべてが自分に対して陰謀を企てていると考えるようになった。彼は、自分の目にカメラが隠されていると信じ、何年も妄想を抱えたまま生きてきたが、これまで精神科の治療を受けたことはなかった。

　リアリティ番組の制作に携わっていた患者Dは、街で騒ぎを起こした後、入院した。番組の制作中、彼は自分がその番組の主人公であると思い込むようになった。「本当の主役が自分であることが、隠されていると思ったのです。」家族が撮影スタッフにお金を払って、彼の思考をコントロールさせたと信じていた。

　患者Eは、閉館後の図書館で発見され、病院に運び込まれた。彼は、秘密の暗号を解いたのでシークレット・サービスが自分を尾行し、保護したのだと主張した。〈中略〉彼は「トゥルーマン・ショー」のような計画の一部だといい〈中略〉周りのすべての人が俳優であり、人生が記録されていると信じていた。患者Eは、普通の生活に戻って現実の世界で何が起きているのか知りたいと表明した。」

完全に脚本化された世界では、どんな出来事も偶然ではなく計画された脚本の一部であるため外部からコントロールされるという、極端な体験をすることになります。これは世界全体が個人を欺くために連携しているという、きわめてスケールの大きな陰謀論といえるでしょう。

第4章　回復する脳

偶然ではあり得ないパンデミック

　ほとんどの人の経験は図4-1の連続体の中央にありますが、一時的に変化することもあります。例えば、自身が支持する政党の予期せぬ敗北や、近しい家族の突然の死は、一時的にコントロール不能な感覚を生じます。そのような危機が世界を揺さぶる時、その経験は法則性のある世界の連続体上の左側、つまり恐ろしいほどのコントロール感の欠如に向かって変化します。このような場合、脳は心地よさを求めて活動を開始し、経験を元の場所である連続体の中央よりもやや右側へと引き戻します。

　そのような状況では、バラ色のメガネを通して見ていた安全な幻想の世界に現実が侵入してくる恐れがあり、人は不安になります[28]。脳は迅速に行動を起こし、必要であれば力ずくで世界に秩序を押し付けます。これは非常に重要なことなので、どんな手段も惜しみません。必要に応じて陰謀論が構築され、法則性とコントロールの幻想を展開します。

　例えば、COVID-19パンデミックは恐ろしく不明瞭な出来事であり、法則性やコントロールの感覚は連続体の左端の方に大きく傾きました。その結果、パンデミックの起源に関するさまざまな理論がソーシャル・メディアで作り上げられました[29]。

　これらの理論は、いくつかの要素から構成されています。まず、ウイルスがどこから拡散したかという点です。通常考えられるのは、武漢の市場または研究所です。

　ウイルスが研究所で発生したと仮定すると、ウイルスがそこにあった理由についても理論が立てられます。おそらく、その研究所ではウイルスに関する研究が行われていたのかもしれませんし、ウイルスがそこで操作されたのかもしれません。

　ウイルスが研究室で作成されたと仮定すると、未知の人物の動機が考察され、陰謀論の領域に入ります。陰謀論では、中国の兵器プログラムに関する考えだけでなく、新しい世界秩序を確立するために致命的なウイルスを作り出そうとする邪悪な計画も取り上げられています。

陰謀論者にとってこれらの理論の中心的なテーマは、意図性です。陰謀論者は、秘密裏に悪意ある目的を達成するためにウイルスが放出されたと考えています。

　これらの要素から、COVID-19パンデミックの起源について自身の理論を構築することができます。それは、以下のようなものかもしれません。

1．COVID-19は、武漢ウイルス研究所で単離［訳注：特定の物質のみを取り出すこと］され、偶然流出した。

2．COVID-19は、武漢ウイルス研究所で操作され、偶然流出した。

3．COVID-19は、武漢ウイルス研究所で単離され、意図的に流出された。

4．COVID-19は、武漢ウイルス研究所で操作され、意図的に流出された。

5．COVID-19は、中国が意図的に作り、意図的に放出した生物兵器である。

6．COVID-19は、アメリカが意図的に作り出した生物兵器であり、2019年春、フォート・デトリック研究所から誤って流出した。

7．COVID-19は、アメリカが意図的に作り出した生物兵器であり、2019年10月のミリタリー・ワールド・ゲームズ［訳注：軍人スポーツ選手の総合競技大会であり、2019年度は武漢で開催された］中、意図的に中国に流出された。

8．COVID-19は、2019年10月のイベント201［訳注：ニューヨークで実施されたハイレベルのパンデミック演習］の後に、エリートによって計画されたデマ、または世界的な大量虐殺を目的とした生物兵器である。このエリートはビル・ゲイツ夫妻によって率いられていた。

9．COVID-19は、5Gネットワークの有害な影響から注意をそらすことを意図したデマである。

　COVID-19の陰謀論を評価する際には、その多様性に注意を払うことが重要です。すべての理論が同じくらい奇抜なわけではありません。例えば、ウイルス研究所からの偶発的な流出は、証拠が不明確であっても可能性があります。COVID-19を生物兵器として意図的に操作することは、理論的には可能でもはるかに信憑性が低くなります。特に世界的なエリートによる大量虐

第4章　回復する脳　　149

殺計画や世界的な5Gの欺瞞作戦は、悪魔崇拝者やトカゲ人間の理論と絡み合ってまったくあり得ないものとなっています。

　陰謀論は、COVID-19が広まったのにはそれなりの理由があり、何らかの実体による意図的な行動の結果であることを強調します。パンデミックが偶然に始まったとは信じ難く、それなりの理由がある、例えば悪のビル・ゲイツが一攫千金を狙って世界を征服しようとしている、などと考えたくなるのです。これは、脳がどのように意味を作り出し、舞台裏で役者を構成するかの一例です。物事は偶然に起こったのではなく、誰かがそれを望んだから起こったのです。

　役者や理由を特定することは、法則性のある世界への信頼を回復するだけでなく、隠された情報や犯人を明らかにすることで、恐ろしい状況に対するコントロールの幻想を陰謀論者に与えます。

　フィンランドでは、パンデミックの初期に政府や保健当局が何をすべきか迷っていたことを、多くの人が信じられないと感じています。後になって行動の合理性を評価し、どのように行動すれば正しかったかを考えるのは簡単なことです。一部の人にとっては、当時の迷走した意思決定を、意図的な行動として理論を構築したいという誘惑もありました。当局の意思決定者は、ウイルスの拡散やマスクについて奇妙な声明を意図的に出していたのかもしれません。この場合、奇妙な声明は知識不足や不確実性を反映したものではなく、フィンランド国民に対する悪意といった明確な理由が背後にあるのです。

　COVID-19パンデミックの主な側面は、不確実性と不安感でした。法則性のある世界のルールが崩壊すると脅かされ、誰でもランダムに病気になって死ぬ可能性がありました。これは望ましい状況ではなかったので、脳は登場人物や原因を推測し、混沌から秩序を作り出しました。

　理由や犯人を特定することに加え、コントロール感も重要でした。人々は世界の出来事に対する自分の影響を過大評価し、実際に影響を与える能力が限られているにもかかわらず、コントロールの幻想を維持していたのです。

タクシー運転手とサイコロゲームの魔法

1967年、社会学者のジェームズ・ヘンズリンは夜間のフィールドワーク中、タクシー運転手が魔法のような行為に従事していることを発見しました。この超自然的な習慣は、彼らのシフトが朝の3時頃に終了し、駐車場に集まってクラップスとして知られるサイコロゲームをプレイする時に始まりました[30]。

クラップスでは、参加者はゲームの盤面にさまざまな金額を賭け、プレイヤーが二つのサイコロを投げます。二つのサイコロの目の合計から、一連のルールに従って結果が決定されます。ゲームが進むにつれて、しばしば賭け金は大幅に増加します。

ゲームの輪に立っていたヘンズリンは、プレイヤーたちがクラップスをスキルのゲームとみなし、サイコロの出目に影響を与えることができると信じていることに気付きました。最も一般的な方法は投げるスピードを変えることでした。高い数字には強い投げ、低い数字には優しい投げというように。また、プレイヤーはサイコロとコミュニケーションをとることもありました。投げる前に、希望の数字に集中したり、投げている最中に指を鳴らしたり、「サイコロ、32！」と命令していました。このような命令を出さずに素早く投げることは、愚かな行為とみなされたのです。あるプレイヤーは初心者の頃、経験豊富なプレイヤーに「話しかけろ！　投げる時は話しかけろ！」とアドバイスされたと言いました。

プレイヤーはまた、投げた後のサイコロに影響を与えることができると信じていました。サイコロが角で回転するとプレイヤーは指を差し、止まりそうになったところで指を鳴らして、望む数字に集中しました。サイコロの従順さはプレイヤーの自信に左右され、自信のないプレイヤーにはサイコロは従わないからです。

賭け金を増やすことも、サイコロの従順さを高める方法の一つとされていました。プレイヤーがすべてのお金を失ったとしてもそれは不運ではなく、資金不足のためにサイコロが命令に従わなかったとみなされました。十分に

第4章　回復する脳　　151

賭け金を上げることができないと感じたプレイヤーは、1ドルと1セントといった普通ではあり得ない金額を賭けるか、他のプレイヤーにどれだけのお金を持っているか尋ねて正確にその金額を賭けることもありました。

プレイヤーはまた、特定の数字が「尽きる」可能性があると信じていたため、ゲームでどの数字が出たかを追跡する必要があると考えていました。ゲームで低い数字が出ると、すぐに高い数字が出ると信じられていたのです。

投げる最中にサイコロが地面に落ちると、次の数回の投げが台無しになると考えられていました。うっかりサイコロを落とすことはコントロールの重大な喪失を意味し、従順さが低下してしまいます。これに対してプレイヤーは、投げる前に自分の服や頭にこすり付けることで「台無しにされた」サイコロを「治す」ことができると信じていました。

サイコロの結果は本質的にランダムであるため、プレイヤーの信念は一種の魔法のルール、コントロールできないものをコントロールするという、ゲームのプレッシャーから生まれた迷信のようなものでした。プレイヤーは自分の行動を魔法とはみなしておらず、むしろスキルとして認識していました。迷信はランダム性の不安を軽減し、賭け事にもかかわらず、ゲームを続けるための良い気分と偽りの自信を提供するために機能しました。

迷信深いハト

1948年、心理学者のB.F.スキナーが行った実験では、空腹のハトを使って、迷信的行動の背後にあるメカニズムを探求しました[31]。ハトはボタンを押すなどの課題を与えられ、成功すると餌が桶に落とされます（図4-2）。空腹のハトは、すぐにそれぞれの課題を覚えました。

しかし、ボタンを押す代わりに15秒間隔で餌が配られるような状況に変えられた時、理想的には、ハトは食物が現れるのをじっと待つはずでした。驚くべきことに、このようなシナリオでは空腹のハトは受動的に食物を待つだけでなく、餌を調達するために独自の方法を開発することをスキナーは観

察しました。あるハトは箱の角をつつき、別のハトはくるくる回り、3羽目は頭を揺らしました。それぞれが、どのような行動をとれば餌が配られるのか、迷信的な信念を抱いていたのです。餌は一定の間隔で届くので、ハトの行動が餌の到着と一致することもあり、実際には何の関係もないにもかかわらず、迷信が強化されたのです。

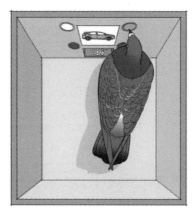

図4-2　スキナーの実験のイメージ

　心理学者の小野浩一は、ハトの実験の人間版を作成しました。テーブルの上に三つのレバーが置かれ、壁に得点カウンターがある部屋に学生を案内しました[32]。部屋に入る前に参加者は「ブース内で、特に何かする必要はありません。しかし、何かをすれば点数がもらえるかもしれません。できるだけ多くの点数を獲得してください」と伝えられました。実際にはレバーを引いても何の効果もなく、得点は3〜95秒ごとに効果音と光の点滅で知らされました。

　それにもかかわらず、多くの参加者は他にすることがないのでレバーを引き始め、点数が増えると信じて複雑な理論を展開しました。ある参加者は素早く4回レバーを引いた後、それを押し下げ、得点を示す効果音が鳴るまで待ちました。別の参加者はレバーを引くのをやめ、テーブルの上に乗ったり、得点カウンターの枠や表示灯、壁に触れたりしました。10分後、テーブルから飛び降りた時に偶然得点すると、その場で跳び始めました。5回ジャン

プした後に効果音が鳴ると手を上げて天井に触れ、ジャンプして天井に触れる実験を続けました。25分後、完全に疲れ果てて実験は終了しました。

　ハトの行動にも人間の行動にも、状況のルールを理解し、それをコントロールする必要性が中心にあります。脳は状況に関する理論を形成しようと躍起になっているため、偶然の行動の連続と肯定的な結果がルールとして解釈されるのです。

　迷信的な儀式は、高いパフォーマンスのプレッシャーの下で顕著になります。1979年、テニスプレーヤーのビョルン・ボルグの祖父マーティン・アンダーソンは、釣りをしながら孫の全仏オープン決勝戦をラジオで聞いていました。彼が海に唾を吐くと、ボルグがポイントを獲得しました。彼はボルグが試合に勝つまで、この行為を続けました[33]。

　その年のウィンブルドン・テニス・トーナメントでビョルン・ボルグの母、マルガレーテは、アメリカ人ロスコー・タナーと息子との試合を観戦していました。ビョルンが3本連続でマッチポイントをとり、勝利が確実視された時、マルガレーテは噛んでいたキャンディを床に吐き出し、声援を送りました。しかし、タナーが反撃を続けると、マルガレーテは重大なミスを犯したと気付き、床からキャンディを拾い上げて口に戻しました。その後すぐにボルグが試合を制し、大会4連覇を達成しました。

　一流のパフォーマーには迷信的な儀式が付きものです。例えば、ウクライナ生まれの名ピアニスト、シューラ・チェルカスキーは、いつも右足からステージに上がり、演奏を始める前に20まで数えました。ホッケー選手のウェイン・グレツキーは、休憩時間に同じ飲み物を同じ順番で飲むことにしていました。ダイエットコーラ、氷水、ゲータレード・スポーツドリンク、そして再びダイエットコーラ。もしこれらの飲料が手に入らない場合、試合がうまくいかないと考えていたのです。

　迷信的な儀式を明確に説明するのは難しいことです。ウェイン・グレツキーは、飲み物の順番が試合に影響するかと尋ねられれば、もちろん影響しないと答えるに違いないからです。しかし彼にとって、その儀式が良い感じや自信を与えるというかもしれません。理にかなっていないかもしれません

が、彼にとっては効果があるのです。

コントロール感の欠如と苦痛

　迷信的行動の主な特徴は、それがもたらすコントロール感です。状況が不明瞭でコントロール感が低いと感じられる時、脳はコントロール感を回復する方法を探し求めます。プレッシャーが強かったり、状況が本当にコントロールできない場合は、無理やり押し通すことになります。その結果、現実にはコントロールできていないにもかかわらず、自分がコントロールできていると思い込む、コントロールの錯覚が生じます。

　この状況は、図4-3のような連続体として理解することができます。左側はまったくコントロールできていないという感覚、右側は完全にコントロールできているという感覚です。両極端は、妄想です。現実は連続体の中央のどこかにあります。したがって、世界のある側面に影響を与えることは可能ですが、多くの状況においては偶然もまた一役買っています。平均的な人の感覚は、中央の右側に少し傾いています。つまり自身のコントロールについて、やや楽観的に、過大評価しています。

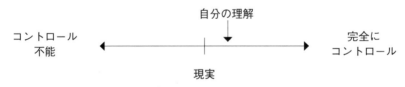

図4-3　状況や世界のコントロール感の連続体

　やや過剰な楽観主義は、例えば職場で抽選券を販売した実験で実証されています[34]。参加者は二つのグループに分けられました。一方のグループは、ボウルの中から抽選券を選びました。もう一方のグループは、選択することなく特定の券を渡されました。

　その後参加者は、抽選券を好きな価格で売るよう求められました。自分で選んだ人は平均8.67ドルの価格を付けたのに対し、選ばなかった人が付け

た価格は平均1.96ドルでした。自分で選んだ券の方が当たる可能性が高いとみなされ、より価値があると認識されたのです。

　知覚価値は、コントロールの錯覚を間接的に測る方法です。なぜなら、その考えが意味をなさないことを理解しているからです。抽選券は抽選券であり、選ぶ技術によってその結果が左右されることはありません。研究者がこのことを尋ねたとしたら、おそらくそう答えたでしょう。しかしこの錯覚は、合理的な思考が介在することなく、無意識のうちに彼らの評価に影響を及ぼしていました。こうした意識的な説明と行動の不一致は、多くの錯覚やバイアスの特徴といえます。

　コントロールの錯覚にメンタル・ヘルスを保つ効果があることは、ギャンブルや宝くじによって生じる不安の軽減からも明らかです。不安は、勝ちたいという願望とコントロールできない葛藤から生じます。勝つと嬉しいので、ランダムに生じる不安は軽減されます。不安が抑えられれば、プレイを続けることができます。同じ現象は宝くじでもみられます。多くの人は、ランダムよりも自分で番号を選びたがります。自分で選んだ数字は自分でコントロールしているような錯覚をもたらし、当たる確率が高く感じられるのです。

　人の経験はコントロールの連続体の中間にとどまることが重要です。もしコントロールの右側に寄りすぎていると、自分ではまったくコントロールできないことを、コントロールしていると妄想的に思い込んでしまいます。天気やテレビ出演者のセリフをコントロールできると思ってしまうかもしれません。当然、これでは自分の能力を高めることはできず、現実の制約に繰り返しぶつかることになります。

　主体性とコントロールの感覚は非常に重要で、それがないと受動的になり、抑うつ状態につながります。これは、ポジティブ心理学の提唱者であるマーティン・セリグマンによる1960年代の犬の実験で明らかにされました。この恐ろしい実験では、犬は電気ショックで苦しめられ、研究者はショックをコントロールできない場合、犬がどのように反応するかを観察しました[35]。

実験前、犬は二つのグループに分けられました。一方のグループは遠吠えを聞かれないように防音ブースにつながれ、後ろ足に電極が付けられました。その後、64回または640回の、0.5秒または5秒間の電気ショックが与えられました。このアイデアは、一方のグループの犬にはショックを防ぐために何もできないことを教えること、つまりコントロールできないことを教えることでした。もう一方のグループの犬たちには何もせず、平穏に放置しました。

　この前処理の後、犬の反応は、1.5メートルの高さの壁で二つに仕切られた実験室で観察されました。犬は半分の空間に放たれました。その床は電気が流れやすい材質で作られており、実験者は電気ショックを送りました。音を消すために、部屋のスピーカーからホワイトノイズを流しました。犬が放たれ、しばらく探索した後、部屋の照明がいくつか消え、床から電気が流れました。電気ショックが始まると、犬は苦痛のあまり走り回り、遠吠えをし、排尿と排便を繰り返しました。部屋を仕切る壁を飛び越える方法を見つけた犬は電流を止められました。

　結果から、実験前に放し飼いにされていた犬は、すぐに壁を飛び越えて、電気ショックを回避する方法を学んだことがわかりました。しかし、コントロールできない電気ショックを受けていた犬は、最初のパニックの後、受動的に振る舞いました。床の上に立ち、静かに鳴きながら電気ショックを受けたのです。セリグマンは、この現象を学習性無力感と呼びました。犬たちは、自分たちが影響を与えることができないと知ると、努力するのをやめてしまったのです。

　これらの結果を踏まえると、コントロールの錯覚を維持するための、脳の積極的な努力が理解できます。犬や人間も、状況をまったくコントロールできないと感じると消極的になったり、落ち込んだりします。したがって機能性を維持するためには、コントロール感の維持について、あらゆる手段を考案することが望ましいといえるでしょう。

　機能性を維持するためのコントロールの重要性を示す多くの実験があります。心理学者のデビッド・グラスによる実験では、参加者は数字の比較、暗

第4章　回復する脳　157

算、単語リストの中から「a」の文字を探すというタスクを23分間にわたって行いました[36]。

タスク中、部屋のスピーカーから時折スペイン語やアルメニア語の話し声、コピー機の音、電卓をたたく音、タイプライターの音などが混ざった9秒間の音が流れました。この音は非常にイライラするものだったでしょう！

椅子の肘掛けにはボタンがあり、参加者は希望すれば一つのタスクの間、音をミュートすることができるといわれました。しかし、音があまりにも気を散らす場合を除き、ボタンを押さずにタスクを完了することを望んでいるとも伝えられました。

指示に従い、参加者はミュートボタンを押さずに音のあるタスクを耐え忍びました。それにもかかわらず、彼らのパフォーマンスはボタンがない状況よりも良好だったのです。ミュートボタンの存在とそれがもたらすコントロールの可能性だけで、参加者は不快な音を耐えることができたのです。

コントロールの感覚は痛みをも軽減できることが、心理学者のエルヴィン・スタウブによる実験で示されました[37]。彼は参加者に、徐々に強まる電気ショックを与えました。参加者のタスクは、電気ショックがどの程度不快に感じるかを報告することでした。電気ショックが強くなるにつれ、まず電気ショックが顕著に感じられるようになった時を報告するよう求められました。次に不快に感じた時、次に痛く感じた時、最後にもはや実験を続けることができないほどひどく感じた時に報告しなければなりませんでした。どうやって参加者をこの実験に同意させたのか不思議です！

参加者は二つのグループに分けられました。最初のグループでは、実験者がショックの強度を上げました。参加者は、心拍数を測定する電極が取り付けられた実験室の椅子に座りました。壁のライトが点灯すると、しばらくして電気ショックが起こりました。2番目のグループでは、参加者は小さなスイッチから自分でショックを与えることができました。後者の状況では、ショックは不快なものとは感じられず、参加者はより強いショックに耐えることができました。このように、コントロールの感覚は痛みに耐えることに役立ちました。

トイレットペーパー・パニック

　迷信的な行動は、実際にコントロールが困難な状況において、コントロールの欠如を回避する必要性を反映しています。コントロール感は非常に重要であるため、脳が必死に状況のルールを解読しようとする時、人は奇妙な行動に頼ることがあります。

　コントロールが困難となった典型的な例は、COVID-19パンデミックでした。特にパンデミックの初期段階では情報が少なすぎたため、あまり理解されていない病気で死亡する可能性が高いと感じられました。混乱した状況は不確実性と不安を引き起こし、コントロール感を取り戻そうとするさまざまな試みにつながりました[38]。人は翻弄される無力な流木でなく、主体的な存在でありたいのです。

　曖昧さによって生じた不安から、人々はスキナーのハトのような行動をとるようになりました。例えばパンデミックの始まりの頃、トイレットペーパー買い占めという大波が欧米諸国を襲いました。多くの場所でトイレットペーパーの配給が始まりました[39]。香港では、ナイフを持ったギャングが600ロールのトイレットペーパーを盗みました[40]。フィンランドでは、スーパーマーケットのトイレットペーパーの棚が空になることもありました[41]。

　なぜトイレットペーパーが標的にされたのでしょうか？　精神分析的な解釈をすれば、溜め込み癖のある人は、精神分析の人格理論における肛門期に留まっている神経症患者だと示唆されるかもしれません[42]。この関連性は非常に明確に思えますが、より可能性の高い説明はコントロールに関連しています[43]。未知の殺人ウイルスによる死を受動的に待ちたい人はいないでしょう。隔離や店舗の閉鎖が予想される場合、生活に欠かせない必需品、例えば食料品などについて考えるのは自然なことです。トイレットペーパーがない生活も大変そうなので、買い溜めしておくことも理にかなっています。

　こうした本来は合理的な考えも、不安が高まるとパニック的な買いだめに変わります。1度の買い出しで安心感が増し、一時的に不安は軽減しますが、厳しい状況になると不安はすぐに高まり、行動を繰り返します。繰り返す度

第4章　回復する脳　　159

に量は増え、大量のトイレットペーパーが溜まっていきます。トイレットペーパーの棚が空になったというニュースが伝わると、買い溜めマニアはさらに広がり、トイレットペーパー購入の波が起こります。

このような行動は、繰り返し手を洗ったり、ドアに鍵がかかっているか確認したりする強迫性障害に似ています[44]。多くの人が軽度の強迫行為を経験しています。例えば私は、ストーブがつけっぱなしではないか、玄関の鍵がかかっているかなど、強迫的に確認したくなることがよくあります。その思いが煩わしくて、引き返して確認しなければならないのです。重要なのは、ある行動をすることで不安が軽減されるという点です。

パンデミックという恐ろしい状況下で、缶詰やパスタ、トイレットペーパーを買い溜めすることで不安が軽減しました。なぜなら、その状況が一時的にコントロールの感覚を生起したためです。トイレットペーパーでいっぱいのガレージは、誰もがコントロールできない状況でコントロールの錯覚をもたらしてくれました。トイレットペーパーの買い溜め量は、脅威の度合いに比例するという研究結果もあります[45]。

COVID-19 パンデミックは、深刻な危機が陰謀論にどのような影響を与えるかを研究する機会にもなりました。その影響は明らかで、流行の初期段階で不確実性、不安、コントロールの欠如の感覚が最も強かった時期に、グーグルでの COVID-19 の陰謀論に関連するキーワードの検索数が増加したのです[46]。

COVID-19 パンデミックにうまく対処できなかったマケドニアと、流行の初期段階をうまく対処できたニュージーランドの陰謀論を比較すると、マケドニアの方がニュージーランドよりも COVID-19 の陰謀論が一般的で、コントロールの感覚が低いことがわかりました[47]。アメリカで行われた大規模調査でも、コントロールの感覚が低い人物の間で COVID-19 の陰謀論がより一般的であることが見出されました[48]。

コントロールの欠如と陰謀論との関連性が観察されるにつれて、研究室でそれらを作り出す試みが行われています。研究者が参加者に影響を与えることによって陰謀論を誘発できるとしたら、それはとても興味深いことです。

コントロールの感覚を低下させる試みとしては、参加者にランダムなフィードバックを与えたり、自分の人生でコントロールできなかった状況を思い出すよう指示することが含まれています。このような条件の後、参加者がランダムなノイズの中にパターンを見たり、陰謀的な信念を抱きやすくなるかどうかが調査されています。

いくつかの実験では肯定的な結果が得られており、このようにして陰謀論が生み出されることを示唆しています[49]。しかし他の研究者がその結果を再現しようと試みても、納得のいくものにはなりませんでした[50]。現在、陰謀論やその前駆体を研究室の環境で生み出すことは、困難と考えられています[51]。矛盾する結果は活発な科学的議論を巻き起こしており、陰謀論を生み出すような人為的な脅威やコントロールの喪失した状況を作り出すのは難しいという意見もあります[52]。

パターンを求める以外にも、コントロールの感覚を取り戻す方法は存在します。その一つは個人的な責任を放棄し、外部の専門家に委ねることです[53]。これは、自分がコントロールできないことを認めつつも、誰かがコントロールしてくれると信じるということです。私はCOVID-19の流行時にこの方法を使いました。当局は何をすべきかを最もよく知っていると評価することで、自分を落ち着かせました。国や保健当局のリーダーは自分たちのしていることをわかっているに違いないと思うと、コントロールの感覚が戻ってきたのです。信心深い人であれば、病気になることは神の手に委ねられており、神が望めばそうなると考えるかもしれません。この場合、コントロールはより高次で賢明な存在に委ねられ、その人はその賢明な存在と特別な関係を持っていると感じるので、コントロールの感覚が維持されるのです。首相は市民の世話をし、神は信者の世話をします。

コントロールの感覚を取り戻す方法が何であれ、それが良い気分を維持するメカニズムであることは明らかです。コントロールの感覚はメンタルヘルスや健康上の問題が少なく、アルコールの乱用も少ないことと関連していることが観察されています。

第4章　回復する脳

平均よりも賢い私

　陰謀論を支える仕組みの一つに優越性バイアス、つまり自身の卓越性に根ざした概念があります。多くのドライバーが自分を平均以上だと考えるという、よく引用される研究結果は、多くの状況で当てはまります。脳が維持する自己満足は多くの研究がなされており、自身が優れているという理論はすぐに形成され、知覚や思考を導き、変更が難しいことが実証されています。

　自身の優越性への信念は、例えば後知恵バイアスにおいて顕著に現れます。これは、ある出来事が起こった後、その結果を知っていたと思い込む傾向のことです。COVID-19のパンデミックは、後知恵を働かせる絶好の機会となりました。パンデミックの初期段階では情報があまりにも少なく、マスクの使用や学校の閉鎖などの対策についてさまざまな意見がありました。乏しい情報の中で決断を急がなければならなかったため、すべての行動や勧告が的を得ていたわけではありません。後に、より正確な情報が明らかになるにつれ、ある人は正しく、ある人は間違っていたことが証明されました。

　脳は成功に特別な注意を払うため、正しかった人は、それが運ではなく自分の知性と洞察力によるものだと考えます。同時に、パンデミックの開始時に当局が下した誤った決断は、情報不足ではなく純粋に愚かさのためだと考えられます。彼らは本当に何をすべきかを理解していたはずなのです。また、意思決定者が意図的に不利な決定を行ったと考えると、これは陰謀論の温床にもなりかねません。

　優越性の錯覚は、バルーク・フィッシュホフによる実験でよく示されています。参加者は「アブサンは（a）宝石か、（b）アルコール飲料か？」のような多肢選択問題で自分の知識をテストしました[54]。

　参加者は三つのグループに分けられ、それぞれ少しずつ異なる方法で質問されました。

　最初のグループは、質問に答え、1時間待ってから、同じ質問にできるだけ前の答えと同じように答えるよう求められました。正解は知らされず、ほとんど1時間前と同じように答えました。

2番目のグループは、質問に答えた後正解を告げられ、1時間待ってから、正解を無視して最初に答えたとおりに答えるよう求められました。彼らの結果は最初のグループよりもはるかに良く、教えられた正解に基づいて正しい答えを選び、それを自分の元の回答だと主張しました。脳はこうして記憶を歪め、実際よりも賢いように見せたのです。

　3番目のグループは、質問と正解を同時に見て、どれだけ正解を知っていたかを即座に推定しました。他の二つのグループよりもさらに多くの正解が記録されました。正解を教えられた時、参加者はそれらを最初から知っていたと信じました。この現象は後知恵バイアスの一種であり、「最初から知っていた」効果と呼ばれることもあります。

　フィシュホフはこれを防ぐため、参加者に対して「人は一般的に、自分の知識を過大評価するもので、それが正解の数を歪めます」と実験前に伝えました。しかしこれは効果がなく、参加者は自分の能力を過大評価しました。彼らは正解を知っているだけでなく、優越性バイアスをコントロールできるほど賢かったのです。

　バルーク・フィッシュホフとルース・バイスもまた、歴史的かつ広く報じられたリチャード・ニクソン大統領による1972年の中国訪問を用いた別の実験を行いました[55]。ニクソンの訪中前に参加者は、訪中のさまざまな結果がどの程度起こり得るかを尋ねられました。例えば、アメリカが中国に大使館を開設すること、ニクソンが毛沢東主席と会うこと、ニクソンが訪中の成功を宣言することなどです。参加者は、15の結果の可能性をそれぞれ0～100％のスケールで評価しました。

　ニクソンの帰国後、参加者は突然呼び戻され、訪中の結果をどれだけ予測できたかを思い出すよう求められました。参加者は自身が記入したことを思い出しながら、出来事の可能性を書き出しました。

　結果は、参加者が、ニクソンの訪中の結果を非常によく予測したと信じていることを示しました。事実、彼らの実際の回答よりもはるかに優れていました。

　脳はこうして記憶を改変し、出来事を予測する能力が高まったかのような

第4章　回復する脳　　163

錯覚を作り出します。彼らはニクソンの訪中の展開を平均以上にうまく推測したと思えるほど、賢かったのです。

優越感の迅速な発達

　個人の優越感は能動的に形成されます。脳は常に自身の卓越性の証拠を求めています。心理学者のエドワード・ジョーンズによる実験では、参加者がカードに書かれたタスクをこなし、うまくいったかどうかを誤認させられました[56]。

　タスクの中には簡単なものもあれば、難解なもの、あるいは明確な解答がなく、まったく解けないものもありました。各タスクの後、参加者は自身の正答数について知らされました。しかし、このフィードバックは実際のパフォーマンスに基づいているわけではなく、あらかじめ用意されたスクリプトに従ったものであったため誤認を生じるものでした。各参加者は、30個のタスクのうち10個について正解というフィードバックを受けました。

　実験にはもう一つの仕掛けがありました。参加者のふりをしながら実際には実験者と協力している協力者が、部屋にいたのです。本物の参加者を落胆させたのは、この協力者が30個のタスクのうち常に15個を正解し、必ず本物の参加者よりも良い成績を収めていたことです。

　実験は、テーブルの上に置かれた紙に蛍光ペンで成功の印を付けることによって競争的な環境を作り出しました。さらに参加者には、このテストが知能を測定するものだと告げられました。このような公開で知能を比較するという設定は、参加者が自身の劣等感と向き合わなければならないため、苦痛を伴う状況です。

　参加者と協力者が30個のタスクを完了した後、実験は第2フェーズに入り、参加者は予期せぬ形で、今度は協力者のパフォーマンスを観察することになると知らされました。参加者は、図4-4のような注意深く考慮された順序で協力者の正解があらかじめ配置されていることに、気付きませんでした。図4-4で示すように、個々のタスクを表す四角が合計で30個あります。協力者

が正解したと思われるタスクには、×印が付けられています。

この図では上に下降系列があり、最初はうまくいっていても系列が進むにつれて正解率が減少することを示しています。逆に下は上昇系列があり、協力者が最初はタスクが難しいと感じるが徐々に改善され、終盤に良い結果を達成することを示します。

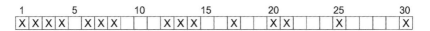

下降系列：協力者のパフォーマンスが悪化。

上昇系列：協力者のパフォーマンスが向上。

図4-4　第2フェーズにおける協力者のパフォーマンス

常識的に考えれば、30回の練習で明らかに課題を習得しているのだから、最後にうまくできた人の方が上手だと想像するかもしれません。しかし結果は逆で、参加者は、最初にうまくできた人の方が上手だと評価しました。さらに、実験が終わるとこの人物はより知的であると認識されたのです。

参加者はタスクの最初の部分で協力者の能力に関する理論を形成し、その観点からパフォーマンスを見ていました。実験の第2フェーズの開始時に良い成績を収めることで形成された理論に合致したので、終盤に向けてのパフォーマンスの低下は見過ごされました。協力者のパフォーマンスなので特に注目されたことでしょう。なぜなら参加者は、自分たちがそれほどうまくいかなかったと思っていたからです。

協力者が下降系列で一貫してタスクを正しくこなしている間、自分の回答の間違いが繰り返し証明されることで、おそらく深い不安と自我を脅かすシナリオを生み出したのでしょう。参加者はこの苦痛に対処するために、協力者がユニークな才能の持ち主だと合理化しました。この考え方は慰めとなり、自分のパフォーマンスも悪くないと思うことができたので、天才と自分を比較する必要はないと考えました。脳は状況を好意的にとらえることで自

尊心を守り、この安心感を与える考え方はすぐに定着します。そのため、終盤に向けてのパフォーマンスの低下には、注意が払われませんでした。

上昇系列の場合、協力者の最初のパフォーマンスの悪さが隠れた満足感を与えたかもしれません。実験の第1フェーズでは協力者の成績が良かったにもかかわらず、第2フェーズでは現実が明らかになりました。参加者はすでに自分の知能が平均以上と考えており、協力者のひどい成績によって自身の信念が快く強化されたと感じました。この信念はすぐに定着したので、参加者は自身がより知的であると気づいた時、協力者のパフォーマンスが後半で向上してもこの結論を再評価することを望みませんでした。

この実験では、脳がすぐに仮説を立て、それに従って世界を解釈することに固執する傾向があることが明確に示されています。理論が自身の欠点を示唆すると、自己イメージへの攻撃から身を守るために成績不振の正当化を考案します。合理化は私たちの最も得意とするところであり、物事を有利に説明する真の達人なのです。

常に良い説明が存在

誰もが常に成功するわけではないので、脳は失敗を管理する方法も持っていなければなりません。誰もが失敗したり、後悔するようなことをした状況を覚えています。脳は独創的で想像力豊かな合理化の能力によって、こうした脅威に対処します。私たちは物事について、可能な限り最良の説明をすることにおいて、真の達人です。「飲みすぎたのは友人がワインを勧めてくるからで、場の雰囲気を壊すような人物にはなりたくありませんでした。」「速度を出したのは冬の制限速度が夏に比べてあまりにも低すぎるからです。それは車嫌いの政治家のせいであって、私のせいではありません。」

文学には合理化の芸術に関する素晴らしい描写がたくさんあります。例えば、50歳のハンスが妻を裏切ってしまうゲイル・グリクセンの小説『ほら、見て（原題：*Katso meitä nyt*）』が挙げられます。ハンスは行動的な政治コンサルタントで、パーティでハリエットという若い女性と出会い、性行為をし

ます。ハンスはイングンという女性と結婚しており、自己イメージと行動の矛盾を合理的に説明しなければなりません。「ハリエットとは、もう二度と会わないだろう。彼は、配偶者を裏切るタイプではなかった。彼は、何であれ、それが深刻になる前に止めなければならなかった。」[57]

作者はハンスの心のメカニズムを忠実に描写しています。他の人と同様に、ハンスは自身が基本的に善人だというイメージを持っています。善良な人は配偶者を裏切らないので、彼が不倫を続けることはありません。それは単なる一度の失敗、実際は不運による奇妙な出来事でした。

その決心とは裏腹に、彼はハリエットと再会し、再び彼女と性行為をします。ハンスは、自己イメージと行動の矛盾を解決するために自身の理論を変え、不倫が結婚生活を活性化させるのだと合理化します。

> 「彼は満足してコーヒーを飲みながら、自分の人生について考え、これは彼らにとって本当に良いことであり、幸運だと思った。イングンは、彼がハリエットに会ったことを感謝すべきだ。ハリエットと再会し、彼女と一緒に服を脱いでこそ、二人の関係はより良いものになるのだから。」[58]

不倫関係が続くにつれて、ハンスはますます非現実的な理論に頼るようになります。やがて彼は、自分は善人だから正直に不倫の事実を明かすのだと結論付けます。ハンスからすればこれは論理的です。確かに良い人は妻に何も隠さないからです。こうして、不倫とその暴露は不貞の露呈ではなく、正直な行為という良いことに変わるのです。

> 「もちろんイングンは、彼がハリエットに夢中になっていることに気づいていた。そしてハンスはそれを隠したくなかった。彼は秘密を持ちたくなかったのだ。少なくとも必要以上には。もし彼がハリエットと愛し合い続けるなら、そのことをイングンに話すこともできるかもしれない。後に二人が親しい関係になったという事実にイングンが慣れたらどうだろうか? 多分、イングンは気にしないだろう。イングンは現実的で、理由さえあればどんなことにも適応できるとよく言っていた。これは主に彼女の仕事に当てはまることなのだろうが、それでもハンスはそ

う考えた。」[59]

　ハンスは非難されるべき行動をとりながらも、ますます複雑な説明で自分の行動を正当化します。グリクセンの小説では最終的に現実がハンスに追いつき、彼の配偶者は彼のもとを去ります。

　私も自分が苦境に立たされた時に、ストーリーを紡いだ記憶があります。若い頃、私は見知らぬ女性と一言も話せないほど恥ずかしがり屋でした。1980年代、ヘルシンキで若者に人気の場所であるハッピー・デイズ・レストランに座って、ビールのグラスを握りしめながら、にぎやかな若者たちを不安げに眺めていました。私は行き詰まっていて、自分は同年代の若者の中でトップ層にいるわけでもなく、おそらく永遠に性行為やパートナーもなく終わるだろうと思い始めました。

　この状況は苦痛でした。なぜなら、その年齢では女の子を口説いたり、性行為をすることが特に重要なことのように思え、それがまた仲間内でのステータスを決めることでもあったからです。男子グループの中で最後の童貞になりたいなんて、誰が思うでしょうか？　今になってみると、その当時の不安や焦りはどこか感動的に思えます。

　しかしバーカウンターで、私はポジティブな自己イメージを脅かす状況を解決する別の方法を考え出さなければなりませんでした。私はその状況の真の動機から距離を置き、自分の役割とその夜の目標を変えることで困難を乗り切りました。私はまだ大学1年生でしたが、そこにいるのは自信のない若者ではなく分析的な観察者でした。

　私は必死に仲間を求めていたのではなく、他人の行動を分析していたのです。バーでは求愛のダンスが繰り広げられており、誰もが自分の役割を持ちながら、文化的な装いをまとった交尾の儀式が行われていました。愚かな大衆の上に自分を置くことで、自分の受動性を心理学者の役割で説明することができたのです。これは私を落ち着かせ、実に興味深いものでしたが、この夜の本来の目的、つまり交際相手を見つけることを前進させるものではありませんでした。

　驚くべきことに、社会学教授のバーナード・バークによる科学論文でまっ

たく同じ説明を見つけました。彼は1960年代のカリフォルニアのシングル・ダンスを描写しました。これは、Tinder［訳注：本書52頁の訳注参照］が登場する半世紀前のスピードデートの手段でした[60]。

シングル・ダンスの新聞広告は、高学歴の未婚男性と魅力的な女性が大勢集まることを約束していました。しかし、ダンスに参加することは孤独やパートナーを得られないことを意味するため、恥ずかしいことだと考えられていました。バークは、自分はダンスに参加したが、他の方法でパートナーを見つけられなかったことを認めるのが恥ずかしいと感じたことから研究が始まったと明かしています。

バークが特に恥ずかしさを感じたのは、かつての教え子たちに遭遇し、教授がそのようなイベントに参加していることに驚かれた時でした。彼は論文の中で、圧倒的な気恥ずかしさの結果、その状況から距離を置き、分析し始めたと書いています。つまり、彼はパートナーを探す男性ではなく、教授としてそこにいました。恥ずかしがり屋の科学者たちは、何十年経っても同じようにダンスに反応します。

バークの恥ずかしさは大規模な研究へと発展し、1968年から1971年の間、学生を雇ってダンス会場で参加者にインタビューを行いました。学生たちは正式な役割と参加理由があったにもかかわらず、ダンスに参加することがとても恥ずかしく、研究の秘密を守るように指示されていたにもかかわらず、研究者として参加したことを繰り返し強調する必要性を感じていました。

インタビューの結果、参加者全員の理由が孤独やパートナー探しの難しさでないことが判明しました。参加の理由はまったく異なっていました。例えば、絶望的な友人をサポートするために参加したという参加者は、友人が恥ずかしがり屋のオタクである一方で、本人はそうではありませんでした。また、パートナーを見つけるためではなく、単なる好奇心から参加した人も多かったようです。

ほとんどの人が焦っているのではなく、普段の出会いでも相手がいると強調しました。彼らは、シングル・ダンスに出没する変わり者や社交場の雰囲気とは一線を画しているようでした。多くの人が、たまたま今日ここにいた

だけで普段は来ないと言っていました。

バークによれば、それはすべて面目を保つためでした。当時は独身であることを認めるのに社会的な難しさがありました。そのため面目を保ち、肯定的な自己イメージを維持するのに、良い気持ちを促す脳の働きが役立ったのです。

合理化は日常的な恥ずべき状況に限ったことではなく、もっと深刻な行為を犯した人でさえ、自身の行為を最良の視点から説明し、善良な人間だと考えるようにさせます。例えば、マフィアのために働くプロの殺し屋は、自身の仕事の道徳的側面について考えません。社会学者のケン・レビは1970年代に、ピートという名前のフリーランスの殺し屋にインタビューしましたが、彼は自身の仕事について、殺し屋の自己イメージも明らかに伝わるような方法で説明しています[61]。そこで語られた重要な特徴は、殺人行為を単なる仕事として距離を置くことであり、ピート曰く「私がやらなければ、誰かがやるでしょう」。この論理によれば、殺人はいずれにせよ起こることであり、実行者の選択は関係ありません。

殺人の主な動機はお金でしたが、殺しの技術と自身の身元を秘匿する能力も不可欠でした。これらのスキルを持っていれば評判と報酬が上がります。ピートによれば、プロの殺し屋は冷酷で決断力があります。躊躇したり、深く考えすぎるのはプロ失格でした。

ピートはまた、自分は悪い人間ではないと強調しました。子ども好きで、犬と何時間も遊びました。つまり、ピートは、たまたま変わった職業に就いただけの、良い人だったということです。結局のところ、誰かがそのような仕事を引き受けなければならなかったのです。

これらの例の本質的な特徴は、自己と他者に対してポジティブな自己イメージを維持しようとする積極的な働きかけです。もし自身の行動がこれと矛盾する場合、脳は不快な側面を隠し、ポジティブな自己イメージを維持するストーリーを構築します。

合理化の傾向は実験でも明らかです。心理学者のデール・ミラーは社会的知覚に関する質問に答える実験で、この現象を検討しました[62]。参加者はプ

レッシャーの下でテストを受けました。テスト問題は10万人のサンプルで入念に準備され、テスト結果は参加者の知性だけでなく、仕事の満足度や人間関係の成功も予測できると主張されたのです。実際にはテストは何も測定しておらず、最後に参加者には、良いスコア（30点中24点）か悪いスコア（30点中8点）のいずれかが伝えられました。

テスト終了後、参加者は以下の質問に対して評価するよう求められました。

1. **タスクはどの程度難しく感じられましたか？**

予想通り、良いスコアだった人は簡単だと感じ、悪いスコアを得た人は難しいと感じていました。

2. **このテストは社会的知覚をどの程度測定できましたか？**

この回答から合理化が始まりました。悪いスコアの人は、このテストはほとんど機能していないと思ったようです。良いスコアの人は、テストの品質にとても満足していました。

3. **どのくらい努力しましたか？**

悪いスコアの人は「あまり努力しなかった」と答えました。一方、良いスコアの人はテストに全力を尽くしたと答えました。

4. **テストの結果は運に左右されましたか？**

最後の質問ではさらに合理化が進み、悪いスコアの人は結果を主に不運のせいだと考え、良いスコアの人は運はほとんど関係なかったと考えました。良いスコアの人は、テストが良かったから、努力したから、知性が高いから成功したのです。この実験は、困難な状況下ではポジティブな自己イメージを維持するために、自動的で効率的な合理化メカニズムが脳内で活性化されることを示しています。

出来事の創造的な解釈は、脳が出来事と行為者を結び付けることで、多かれ少なかれ納得のいく説明にまとめるという陰謀論の重要な部分です。ペタール・ルキッチの実験が示すように、矛盾する理論を信じることさえもスムーズに説明されます[63]。

彼は、例えばダイアナが生きていて、かつ死んでいるというような互いに

第4章　回復する脳　　171

矛盾する陰謀論を、人が信じることができるという現象を探求しました。驚くべきことに、このような矛盾する信念について誰一人、疑問を持ったことがありませんでした。

参加者に自身の陰謀信念について質問紙を用いて尋ねた後、矛盾する信念を抽出し、それを正当化するよう求めました。参加者はスムーズに実験を進め、複数の説を同時に信じることができるのは、どちらも可能性があるからと説明しました。彼らは、両方の理論が同時に存在するとは考えておらず、それぞれの理論の可能性が重要と考えていました。さらによく考えてみると、両方の理論は互いに排他的であり、一方が真実であれば、もう一方は明らかにあり得ません。合理化の典型的な特徴は、このように矛盾する見解について、矛盾は関係ないと言って迅速に正当化することです。ダイアナの運命がどうであれ、背後には陰謀があるのですから！

他人よりも賢い私

自分の能力を過大評価する傾向は、他者の思考に対する過剰な批判として現れます。これはエマニュエル・トゥルーシュの実験でよく示されています。参加者は推論タスクを解き、自身の回答の根拠を示しました。その後、他者による根拠を評価するよう求められました。回答は短く数が多いため、参加者自身の回答を他者の回答に混ぜることが可能でした。参加者は他者の根拠に対して非常に批判的であり、自身の根拠も半分以上を否定しました[64]。

このように、私たちは自分が他者よりも賢く、特別な存在であると想像します。これは良い自己イメージを維持する上で重要です。誰も、自分が奇妙な陰謀論に騙されやすい愚か者と思いたくないからです。逆説的ですが、陰謀信念が形成されると警戒心がなくなるため、陰謀論に傾倒しやすくなります。これは、優れた教育や社会的地位によって自分が有能であるという錯覚が強化され、結果として陰謀論への脆弱性が増すことによるものです。

他者の理論に対する傲慢さと批判性は、参加者がダイアナの死に関連した陰謀論を評価する巧妙な実験で明らかとなりました[65]。1997年8月31日、

彼女の死は多くの人々に衝撃を与えました。パリでの悲劇的な交通事故による最愛の王女の死は、陰謀論の格好の材料となりました。重要な人物の死には重要な理由が必要です。そのため、この出来事は多くの陰謀論を生み出し、実験ではこれらの理論を信じるかどうかが調査されました。

最初のグループは、ダイアナの死に関する五つの陰謀論を読みました。

1．イギリスの情報機関の一部が独自にダイアナの殺害を計画し、実行した。

2．イギリスの情報機関MI6が、ダイアナを殺害するため、上層部の承認を得た作戦を組織的に展開した。

3．ダイアナはパートナーのドディと平穏な生活を送るために自身の死を偽装した。

4．ドディと父親のモハメド・アル・ファイドの敵がドディを殺害した。ダイアナの殺害は本当の標的を隠すための陽動作戦だった。

5．未来の国王の母親がイスラム教徒と結婚したことを受け入れることができなかったため、イギリス政府がダイアナ殺害を画策した。

読んだ後、参加者はこれらの主張にどれだけ同意するか、7段階で評価しました。

2番目のグループは、同じ主張を読みましたが、読む前に陰謀論の実態に関するヒントに触れました。まず、以下の文章を読みました。

　　「多くの人がダイアナの死は事故ではなかったと信じています。最近、新たな情報が事故説に重大な疑問を投げかけています。以下に、この新情報を提示します。」

次に、陰謀論者の根拠に関する、八つの短い文章が提示されました。例えば、「事故直後、テレビのインタビューに答えた目撃者は、事故の直前に爆発音を聞いたと証言しています。それは銃声か爆弾だったのでしょうか？」といったものでした。

提示後、最初のグループと同じ、ダイアナの死に関する五つの主張を読み、その真実性を評価するのに加え、ダイアナの死に関する当初の意見が実験中に変わったかどうか、また他者の意見がどの程度変わったと思うかについて

第4章　回復する脳　173

も尋ねられました。

　その結果参加者は、自分は影響を受けない、つまり実験中に自分の意見が変わることはないと考えていました。しかし、他の人の意見は変わったと考えたのです。つまり、他者は騙されやすく、操作されやすいとしました。実際には、参加者は状況を見誤っていました。二つのグループの結果を比較すると、2番目のグループは最初のグループよりも陰謀論を信じていました。根拠に関する短い文章は、想像以上に意見に影響を与えました。ただし、他者を評価する際、参加者は正確であり、彼らが想定したのと同程度に意見が変化しました。

　優越感は、他者をより愚かだと思う傾向としても現れます。これは他の文脈でも観察されており、政治家の嘘や広告の誇張された表現に対して、他者はより簡単に騙されると考えることがあります。自分の知性や注意力を過小評価する人は、ほとんどいません。

　陰謀論の観点から見ると、自分の能力を過大評価し、他者の意見を過小評価することは、他者が陰謀論に影響されやすいと考える傾向があることを意味します。他者の愚かさや騙されやすさの認識は、しばしば突飛な陰謀論を強調することで強化されます。UFOの理論について愚か者を笑うのは簡単ですが、一方で政府のCOVID対策の悪意に関する自身の陰謀論は盲点のままであったりします。自分は陰謀論者ではなく研究者であり、一般大衆が気付かない社会の秘密の行為者を特定した、アマチュアの専門家であると優越感に浸るのは簡単なことです。

賢い上に正しい私

　上述のダイアナの実験では、暗示的な文章の断片が陰謀論に関する人々の意見を変えました。このような操作は、人がその理論について強い先入観を持っていない場合にのみ有効です。効果も短期的で、陰謀論への長期的なコミットにつながるのは一部の人だけです。人は簡単に意見を変えることができるのです。

174

一方、いったん陰謀論を採用し、それにコミットしてしまうと、その信念を揺るがすことは困難です。採用された理論は自己イメージの一部であるため、手放すのは容易ではありません。これは陰謀論に限った特徴でなく、政治的スタンスや宗教的世界観にも当てはまります。

この特徴は、非常に理にかなっています。自分の意見を簡単に放棄する人は、他者の影響を受けやすいためです。人生は、私たちに影響を与えたい人で満ちています。簡単に影響を受ける人は、いずれ大きな問題に直面するでしょう。私の亡くなった父の晩年は、さまざまな販売員のオファーにすべて応じたため、不要な電話契約やオンライン・サービス、その他の注文を数え切れないほどキャンセルしなければなりませんでした。

特に、良い自己イメージを支える情報は粘り強く保持されます。脳の固執性は実験を通じても明らかです。参加者に特定のタスクで熟練していると伝え、後にその情報が偽りだと告げた際、自分自身についてどう感じるかを観察しました[66]。

参加者は高校生で、テーブルと2脚の椅子が置かれた部屋で実験を受けました。着席し、実験中の発汗を測定するため電極が手首に取り付けられました。

参加者には遺書が書かれたカードが配られました。参加者はカードを読み、本物か捏造されたものかを、それぞれ判断しなければなりませんでした。参加者は回答後、正解かどうかのフィードバックを受けました。実験前には、平均の結果は25問中16問正解であることが伝えられ、プレッシャーを与えられました。

参加者は、回答後に与えられるフィードバックがあらかじめ決められたものであり、実際のパフォーマンスとは無関係であることを知りませんでした。参加者は、三つのグループに分けられました。

グループ1は、25問中10問正解で、パフォーマンスが低い。

グループ2は、25問中17問正解で、パフォーマンスが平均的。

グループ3は、25問中24問正解で、パフォーマンスが高い。

実験後、参加者はしばらく休んだ後、テストが偽りであり、フィードバッ

第4章　回復する脳

クは事前に決まっていたことを告げられました。本来の目的は、成功体験が生理的測定［訳注：手首に取り付けた電極］に与える影響を評価する実験でした。実験者は偽ったことを謝罪し、生理的測定がパフォーマンスに影響を与えたかもしれないので、もう1度情報を収集したいと述べました。

　彼は参加者に、最初に自分が実際に正解した数、参加者全体での平均的なパフォーマンス、2度目に自分が回答した際のパフォーマンス、および自身の習熟度について評価するよう求めました。

　参加者の評価が終了した後、実験者は再び謝罪しました。電極は測定装置に接続されておらず、本来の目的はあらかじめ決められたパフォーマンスと自己イメージとの関係でした。参加者はおそらく、この説明にも疑問を持ち始めたことでしょう。なぜなら、すでに2回騙されていたからです。

　結果は、最初にフィードバックされたポジティブな情報の持続性を示しました。参加者は、騙され、自身のパフォーマンスとは関係ないと知らされても、良いスコアだった参加者は自身の習熟を感じ、さらなるパフォーマンスの向上を予測しました。実験では、そうした平均点以上の参加者が再び見つかったのです。

　この結果は、脳が一度形成された理論にいかに固執するかを示しています。自分の能力について何の情報も受け取っていないという明確な証拠を提示されても、この訂正情報は良い気持ちを促す脳のメカニズムには影響しません。人は新しい情報を拒絶し、自身の賢さを喜び続けます。この現象はおそらく無意識であり、偽りの結果が自身の評価に影響を与えたかを尋ねられれば、真実が伝えられたので影響しなかったと明言するでしょう。それにもかかわらず、自己イメージは向上し、自分の能力を過大評価するのです。

私の理論は最高の理論

　自分の優秀さや理論の正しさを確信している人が、自分の考えと矛盾する情報に出合うと、自身の理論を変えなくて済むよう情報を選択的にフィルタリングし始めます。特に、自身の価値観にとって重要な情報は選択的に解釈

されます。この選択的解釈は巧みに合理化されます。

　死刑の正当性を評価する実験では、肯定的な感情を支持する情報の選好傾向が検討されました[67]。この実験では、死刑を支持するグループと反対するグループが参加しました。

　参加者は、死刑に関連する研究結果が書かれたカードを1枚選び、黙読しました。参加者は、死刑が有益であると主張する文章と、無駄であると主張する文章の二つの代替案しかないことは知らされていませんでした。

　死刑を支持する文章は以下のようなものでした。

　　「クローナーとフィリップス（1977）は、死刑の導入前と導入1年後の14州の殺人件数を比較しました。11の州では、死刑の導入後に殺人件数が減少しました。この研究は、死刑が犯罪を抑止するという考えを支持しています。」

　一方、死刑に反対する文章は以下のようなものでした。

　　「パーマーとクランドール（1977）は、異なる死刑制度を持つ10の隣接州の殺人件数を比較しました。10件の比較のうち8件で、死刑が施行されている州の方が殺人件数が多かったのです。この研究は、死刑は犯罪を抑止しないという考えを支持しています。」

　文章を読んだ後、参加者は、その時点での死刑に対する意見と文章を読んだ後に意見が変わったかどうか、質問紙に回答しました。その後、カードに記載された研究のより詳細な説明を読みました。

　読み終わった後、その研究がどの程度うまく行われ、どの程度納得のいく結果であったか問われました。また、自分の答えを正当化することも求められました。

　その後、反対の結果を示すカードを用いて実験が繰り返されました。実験が死刑を支持しない意見で始まった場合、今度は死刑を支持する文章を読みました。結果は、自身の意見に反する理論は批判的に評価されることが分かりました。彼らにとって研究は稚拙で、結論も説得力がありませんでした。批判的であることは明らかな正当化といえます（表4-1）。

表4-1　死刑に対する参加者の正当化の例

	死刑の利点を示す研究	死刑の無駄を示す研究
参加者8 （死刑を支持）	この研究が死刑を支持しているのは、結果が抑止効果を示しており、データが適切だからである。	この研究は各州の犯罪がどのように増加したのかについて言及していないため、意味がない。
参加者24 （死刑を支持）	この研究はよく考えられており、データも妥当で、批判にもうまく対応している。	この研究は州の選び方が適切でなく、あまりにも多くの変数が使われているので、納得できない。
参加者35 （死刑に反対）	この研究は死刑制度導入の1年前と1年後の状況を調べている。結果に信憑性を持たせるためには、少なくとも導入前後10年分のデータが必要である。	この研究では、州はランダムに選ばれたので、全国的な死刑の効果を示している。特に10州中8州での殺人件数の増加は重要な証拠である。
参加者36 （死刑に反対）	このデータからこんなに単純な結論を引き出すことはできないと思う。	この研究ではコントロールできない変数が他の研究より明らかに少ないので、結論は信頼性がある。

　参加者は研究を完全に自分の視点から評価し、自身の考えを支持するものだけに焦点を当てました。同じ参加者で実験を繰り返すと、意見がさらに強くなることが分かりました。つまり、研究を評価し、自身の意見を正当化することは、自身の意見の正当性についての反省を促すことはなく、むしろ自身の理論の優越性に対する認識を鋭くしました。

　法学者のダン・カハン教授の実験は、私たちは自身のイデオロギーに固執するあまり、脳が矛盾する情報の処理を拒否することを示しました[68]。参加者は二つのグループに分けられ、1番目のグループは発疹を治療する新しいクリームを開発したと告げられました。参加者は架空の結果を二つの表形式で提示され、そこからクリームの効果を推測しなければなりませんでした。最初の表からは、そのスキンクリームが発疹の治療に役立ったと結論付ける必要がありました。二つ目の表からは、スキンクリームが状況を悪化させたと結論付ける必要がありました。

2番目のグループにはまったく同じ表が提示されましたが、文章が変更されました。クリームの代わりに、市民が所有する銃の数が犯罪を減少させるかどうかが示されました。この実験のトリックは、数字は同じままで質問だけを変えたことです。最初の表では銃が犯罪を減少させ、2番目の表では犯罪を増加させました。

このタスクは難しく、正しく答えた参加者はわずか41％でした。しかし銃とクリームの効果は評価が分かれ、イデオロギーと矛盾する文章は参加者の脳を混乱させました。銃規制を支持する人々は、銃が犯罪を減らすというタスクを解くことができませんでした。逆に銃規制に反対する人は、銃の数が犯罪を増加させるというタスクを解けませんでした。表がイデオロギーに矛盾する結果を示唆すると、脳は協力を拒否したのです。

このような状況では、利用可能な情報は既存の見解を支持するように解釈されます。自分の見解を支持する情報は容易に通過しますが、反対の証拠は脳の防護壁で停止します。カーンはこの現象を、アイデンティティ保護認知と呼んでいます。自身の世界観を維持し、それによってポジティブな感情を維持することを目的とした脳のプロセスを意味します。

同じプロセスが陰謀思考にも影響し、イデオロギーは陰謀信念に影響を与えます。例えば、規制のない市場経済を信じる人の中には、気候危機を抑制するための規制を好まない人もいるので、陰謀論を信じやすくなります。これは、悪意ある科学者たちが気候の大惨事について完全に誤った、または少なくとも大げさに誇張されたイメージを与えているという理論です[69]。

アメリカでは気候危機に関する情報は、リスク、制限、税金といった一般的に諦めなければならないものについては触れず、それらを愛国心、グリーン転換技術の開発によって生み出される富、最小限の国家干渉などとパッケージにする方が、よりよく信じられることが指摘されています[70]。

また共和党員に対しては、自国を守るという愛国心を強調し、自然保護は州の官僚に任せることのできない個人の権利であることを強調するメッセージであれば、自然保護は正当化されやすいといわれています。イデオロギー的な防護壁が障害にならなければ、情報はよりよく受け入れられます[71]。

これらのメカニズムは、私たちが知的な人物であり、私たちの意見が可能な限り最良のものであるという認識を維持する脳のシステムの一部です。こうしたメカニズムは確かに良い気分を維持するのに役立ち、その意味で重要ですが、一方で私たち自身を騙されやすくしてしまいます。私たちが知的であるという認識に目がくらみ、陰謀論が魅力的に見え始めても油断してしまうのです。

　陰謀論を放棄するのが難しいのも同様のメカニズムです。一度、陰謀論が採用されると、それはもはや奇妙な推測ではなく、放棄するのが不快に感じる正当な理論となります。実際には、採用された陰謀論はもはや陰謀論とはみなされず、最も賢く観察力のある人だけが気付く、隠された真実となります。人は自身の理論に固執し、それを守るために脳のすべての能力を活用します。合理化にはさまざまな形があります。例えば、自分は公に漏れた策略家の情報に偶然アクセスしたと考える人がいるかもしれません。別の一般的な考え方として、偏った情報発信が陰謀論を守るための見せかけとなっているというものがあります。陰謀論者だけが自身の脳で考え、嘘をつくメディアの幻想的な壁を見抜くことができるほど、賢いのです。

陰謀論は良い感情の世界で

　回復する脳は、悪は罰せられ、不快なことは他者にしか起こらず、自分は平均以上に賢いからコントロールできるという、良い感情の世界を構築します。良い感情のメカニズムは、本書で説明している脳の他のメカニズムと同じ原理で動作します。このメカニズムは絶対的な真実を追求するのではなく、多くの場合うまくいくが、幻想であることが判明することもあるという「十分に良い」真実を用います。

　自分の能力についての軽い非現実的な捉え方は機能性を促進し、進化の観点から見れば生存に役立つ十分な真実です。例えば、宝くじは当たる確率が非常に小さいため、統計的には無意味です。私の友人の統計学者の多くは、そのようなことに毎週お金を浪費する愚かさを嘆いています。しかし、これ

が真実のすべてではありません。なぜなら、宝くじは豊かな未来を夢見る機会を提供し、それによって希望に満ちた気分を維持できるかもしれないからです。当たる確率はゼロに近いですが、数ユーロで良い気分を買うことができます。

　夢や希望に満ちた現実のイメージは、機能性を維持するために多くの状況で不可欠です。希望の効果は、生物学者のカート・リヒターによって1950年代に行われた、恐ろしいラットの実験を見れば明らかです[72]。ラットは、水が入った高さ76cm、直径20cmの円筒形ガラス容器に入れられました。壁が滑らかなのでラットは逃げられません。容器の中心に向けられた細いジェット水流によって、ラットは浮かぶことができず、泳ぎ続けなければなりませんでした。研究者は、ラットが溺れるまでにどのくらい泳げるかを観察しました。ラットが溺れたらその時間が記録され、次のラットが入れられました。これが何千回も繰り返されました。

　その結果、ラットは水温35度で平均60時間泳ぐことができ、最も粘り強いものは81時間泳ぎ続けました。実験中リヒターは、すぐに諦めてわずか5〜10分で泳ぐのをやめてしまうラットがいることに気付きました。彼らはこの状況を不可能と判断し、すぐに降参したのです。

　リヒターは個体差の原因について、ケージ間の移動中に逃げ出したラットがいて、脱走が可能であることを知っていたからではないかと推測しました。そのため、不可能な状況でも、泳ぎ続けようとする希望が生まれたのではないかと。リヒターはこの考えを検証するために、実験の設定をさらに恐ろしいものに変更しました。新バージョンの実験では、ラットは容器の中で何時間か泳いだ後、十分に疲れたと思われたところで持ち上げて休ませました。

　ラットを乾かして休ませ、しばらくしてから泳ぎに戻し、溺れるまで泳がせました。その結果、救助されたラットはずっと長く泳げるようになったことがわかりました。リヒターはこれを希望の一例と解釈しました。ラットは状況が絶望的でないと考え、より長く耐えることができました。

　ラットの泳ぎの実験は、いかに希望が大きな逆境を乗り越える力を与える

第4章　回復する脳　　181

かを明確に示しています。人間にとっても、希望は逆境に対処する能力を高めます。困難な状況において、脳は現実の認識を変化させるので、不安が過度になりすぎず、機能性が維持されます[73]。

コントロール感や世の中の公平さは、誰にとってもその瞬間ごとに異なり、大きな出来事や小さな出来事からなる体験の連続体に沿って変動します。例えば、お店で列に割り込んできた人に何もいえないといった日常の小さな状況は、些細で一時的な不安を引き起こしますが、すぐに過ぎ去ります。

しかし、パンデミックや事故、愛する人の病気などによる深刻な状況は、大きな不安を引き起こし、脳に強力な対策を要求します。陰謀論をこのような不快な出来事への反応としてみると、陰謀論を採用することは単に弱い思考や妄想的な懐疑主義の結果ではなく、不快な状況に対する反応であることは明らかです。陰謀論は不快な現実から身を守るために、個人的な脅威体験に基づいて形成されたメカニズムなのかもしれません[74]。

外部の脅威に直面した時、脳はコントロールの錯覚を強め、リスクを軽視し、可能性を過大評価することで私たちを守り始めます。このようなメカニズムが機能性を維持する一方で、脳の意味付けのプロセスは利用可能な情報を組み合わせて原因や犯人に関するストーリーを作り出します。脅威的な状況は、単純化、過剰なパターン認識、動機や行為者を強制的に明らかにすることを促します。

心理学者のパヴェル・シモノフの実験で示されたように、ストレスがかかるだけで脳は過負荷の状態となります[75]。参加者には、1から9までの数字が含まれる可能性のある円で作られたパターンが示されました。図4-5の三つのパターンのうち、左は9という数字が円で形成されています。真ん中は9を識別するのが難しくなるようにいくつかの円を削除し、余分な円を追加することで不明瞭になっています。右の円はランダムに配置され、数字となっていません。参加者は隠された数字かランダムなパターンを2秒間提示され、数字が含まれているかどうかを識別しなければなりませんでした。

この実験は研究室ではなく、驚くべき場所で行われました。参加者は実験の最後にパラシュートで飛び降りる必要がありました。実験では、一人の参

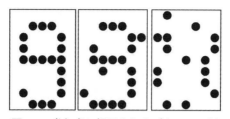

図4-5　参加者に提示されたパターンの例

加者が5回の判別を行いました。この5回とは、飛行機に座った直後、上昇中、高度を増している時、他のジャンパーが飛び降りている時、そして最後に自分の番が来る直前でした。飛び降りる番が近付くほど、参加者はランダムなパターンの中に誤って数字を見つけやすくなりました。ストレスが高まるにつれて想像上の数字が見えやすくなったのです。

　ネガティブな感情の影響は他の研究でも実証されています。例えば、ストレスを感じている時にはネガティブな出来事は意図的に解釈されやすくなり[76]、不安を感じている時には陰謀論の数が増加します[77]。

　状況が苦しくストレスが多い時でも、情報が不足していることは問題ではありません。脳は積極的にギャップを埋め、意味付けをしながらストーリーを紡ぎ、状況が十分に説明されるまで作業を続けます。陰謀論は、不明瞭で脅威的な状況において心地良いストーリーを提供します。

　脳が作り出した良い感情を生起するストーリーの例として、火事で家が全焼した人々へのインタビュー記事が挙げられます[78]。回答者の66%が、火事にはポジティブな側面があったと信じていました。例えば、物よりも人が重要だと学び、以前ほど熱心に物をため込まなくなりました。さらに、新しい家具を買うこともできたのです！　この研究はまた、回答者の72%が他の火災被害者よりもうまく対処できたと考え、72%がいろいろな意味で運がよかったと考え、66%が死んだり怪我をしたりと、もっと悪くなる可能性があったと考えていることも明らかになりました。脳は、火事がそんなにひどい経験ではなかったという良い感情のストーリーを作り出し、同時に希望の感情を生み出すことで機能性を維持していました。

第4章　回復する脳　　183

過度のポジティブさには明らかに利点があります。世界をバラ色のレンズを通して見る人は、幸せで創造的で社交的です。また、ストレスの多い状況にも適応しやすく、目標に向かって粘り強く努力することができます。過度のポジティブさは明らかに有益であるため、ちょうど良い具合に歪んだバラ色の世界を私たちに見せるよう、進化を通じて磨かれてきました[79]。対照的に、うつ病を抱える人はしばしば世界の仕組みや自分の能力について、より現実的な見方をしています[80]。

　過度のポジティブさは、陰謀論が持つきわめてネガティブな世界観とはまったく正反対のように思えます。悪意ある全能の謀略家という考え方が、どのようにして良い感情につながるのかは興味深い疑問です。実際、陰謀論者の多くは、満足気で落ち着いているようには見えず、秘密主義の終結と悪の計画の暴露を声高に要求する怒れる懐疑論者のように見えます。陰謀論を信じることは、不安や失望感、怒りを増幅させるため、陰謀信念を持つ人々のネガティブな精神状態を裏付ける研究もあります[81]。

　この矛盾は、不安を軽減する脳のメカニズムの目標によって説明されます。脳のメカニズムは長期的な精神状態には関心がなく、その瞬間の苦しい状況をコントロールすることに関心があります。陰謀論が苦しい状況の説明を提供する時、心は一時的に落ち着き、不快な条件を耐えるのが容易になります[82]。社会の問題を明確に特定できるイデオロギーに適したスケープゴートのグループ、例えば移民のせいにすることで、混沌の中に隠された構造を見つけるのは心地良いことです。陰謀論は状況に役立つ意味を作り出します[83]。

　コントロールの感覚や意味付けにもかかわらず、陰謀論を信じる人の中には、自分たちが有罪だと考えるグループに対して強い怒りの感情を抱く人もいます。こうしたネガティブな感情は、陰謀論が不安を取り除き、脅威的な状況下で機能性を維持するのに役立つのであれば、必ずしも有害ではありません[84]。例えば、陰謀論によって生み出された反ワクチン抗議に参加したいという欲求は、抗議行動が積極的な影響力を感じさせるため、家で抑うつになるよりも気分的には良好といえます[85]。

実際、ネガティブな感情は有益でさえあります。一説によると、陰謀論が引き起こす感情体験は、近隣の村への暴力や攻撃が一般的だった古代の狩猟採集民の時代までさかのぼります[86]。そのような環境では、陰謀論の暴露は疑われたグループへの怒りに満ちた疑念の表明につながります。疑われたグループは自分たちの計画が露見したことを理解し、これを放棄することになりました。実際の暴力を防ぐには、脅しや威嚇で十分だったという考え方です。

　狩猟採集民のグループがサバンナで互いを威嚇し合っていた時に機能していたことが、海の向こうからやってくる超強力な宇宙のトカゲと対峙する時にも機能するとは必ずしも限りません。存在しないグループに脅威が向けられている場合、残るのは脅威を与える側への怒りの感情だけです。

　研究結果はまた、陰謀論を信じるすべての人が必ずしも不幸で不安ではないことを示しています。例えば、自分の世界観をうまく擁護し、満足のいく正当化を求めることができれば良い感情が生まれることがあります。その場合、陰謀論を熟考することは、自尊心を高めることにもつながります。なぜなら、その人はそれについて何かができると感じ、他の人々が見逃している欺瞞のベールを通して見ることができる特別な存在だと感じるからです。この認識は自分が特別であることを強調する脳の特性をサポートし、陰謀論に手を染めることを楽しくやりがいのあるものにします[87]。

　陰謀論が気分や行動に及ぼす影響は、単にネガティブまたはポジティブではなく、状況や個人の解釈によって異なります。陰謀論的な脳（以下、陰謀脳）は、情報処理のメカニズムだけでなく、個人のライフストーリーや社会状況などの全体との関連でみる必要があるため、陰謀信念の検証を著しく複雑にしています。

　このことは、陰謀信念が愚かさや妄想ではなく、予測不可能で時には不公平な世界において人間が機能するための典型的な方法であることを強調します。陰謀脳は、不安を軽減し、機能性を維持するために利用可能なツールを巧みに活用します。

　外側からは、残酷な現実から自身を守るために作り出したストーリーのよ

第4章　回復する脳

うに見えます。しかしストーリーの中では、不快なことには明確な説明があり、世界は法に支配されており、ケネディはトランプの身体に入り込み、恐ろしいパンデミックは悪意ある勢力の陰謀であることが明らかになっているのです。

【参考文献】

1　The original name of Marian Keech was Dorothy Martin

2　Festinger, L. (1956): *When Prophecy Fails.* University of Minneapolis Press, Minneapolis, USA, p. 170.

3　Dawson, L. L. (1999): When Prophecy Fails and Faith Persists: A Theoretical Overview. *Nova Religio*, 3(1), 60–82.

4　Palmer, S. J., Finn, N., & Robitaille, E. (n.d.): Coping with Apocalypse in Canada: Experiences of Endtime in la Mission de l'Esprit Saint and the Institute of Applied Metaphysics. *Sociological Analysis*, 53(4), 397–415.

5　Reimann, N. (2021) QAnon Supporters Pack Site of JFK Assassination In Hopes JFK Jr. (And Maybe His Dad) Will Return, *Forbes* 22.11.2021, https://www.forbes.com/sites/nicholasreimann/2021/11/22/qanon-supporters-pack-site-of-jfk-assassination-in-hopes-jfk-jr-and-maybe-his-dad-will-return/ ; Monacelli, S. (2021) Hardcore QAnon Believers, Regular Old JFK Conspiracy Theorists Converge in Dallas, *Rolling Stone* 22.11.2021, https://www.rollingstone.com/culture/culture-features/qanon-jfk-jr-conspiracy-theorist-convention-dallas-dealey-plaza-1261278/; Monacelli, S. (2021) The Fringe QAnon 'Cult' Is Still Waiting for a JFK Jr. Miracle in Dallas. *Rolling Stone* 1.12.2021 https://www.rollingstone.com/culture/culture-features/qanon-dallas-conspiracy-theorist-jfk-still-there-1264953/

6　Gilbert, D. (2022) The Dallas Qanon Cult Believes JFK Was Disguised as Trump at Arizona Rally, *Vice* 17.1.2022, https://www.vice.com/en/article/n7n37k/qanon-cult-trump-jfk-arizona

7　Seddig, O. (2022) Qanon followers want Trump to run again and choose JFK Jr. — who died in 1999 — as his VP pick, 18.1.2022, https://www.businessinsider.com/qanon-followers-want-trump-run-2024-choose-jfk-jr-vp-2022-1

8　Shepperd, J. A., Waters, E. A., Weinstein, N. D., & Klein, W. M. P. (2015): A

Primer on Unrealistic Optimism. *Current Directions in Psychological Science*, 24(3), 232–237. Weinstein, D. (1980): Unrealistic Optimism About Future Life Events. *Journal of Personality and Social Psychology*, 39(5), 806–820; Weinstein, N. D. (1982): Unrealistic Optimism about Susceptibility to Health Problems. *Journal of Behavioral Medicine*, 5(4), 441–460. https://doi.org/10.1007/BF00845372; Weinstein, N. D. (2005): Smokers' Unrealistic Optimism about Their Risk. *Tobacco Control*, 14(1), 55–59; Sharot, T. (2011): The optimism bias. *Current biology*, 21(23), R941-R945.

9   Ayanian, J. Z., & Cleary, P. D. (1999): Perceived risks of heart disease and cancer among cigarette smokers. *Journal of the American Medical Association*, 281(11), 1019-1021.

10 Lopez, S. V., & Leffingwell, T. R. (2020). The role of unrealistic optimism in college student risky sexual behavior. *American Journal of Sexuality Education*, 15(2), 201-217.

11 Rutter, D. R., Quine, L., & Albery, I. P. (1998): Perceptions of risk in motorcyclists: Unrealistic optimism, relative realism and predictions of behaviour. *British Journal of Psychology*, 89(4), 681-696.

12 Nagai, T. (1949): *The Bells of Nagasaki*.

13 Nagai, T. (1949): *The Bells of Nagasaki*, pp. 106–108.

14 Dalbert, C. (2009): Belief in a Just World. In *Handbook of individual differences in social behavior*, Edited by: Leary, M. R. and Hoyle, R. H. 288–297. New York: Guilford Publications.

15 Bucher, R. (1957): Blame and Hostility in Disaster. *American Journal of Sociology*, 62(5), 467–475.

16 van der Wal, R. C., Sutton, R. M., Lange, J., & Braga, J. P. N. (2018): Suspicious binds: Conspiracy thinking and tenuous perceptions of causal connections between co-occurring and spuriously correlated events. *European Journal of Social Psychology*, 48(7), 970–989.

17 Walster, E. (1966): Assignment of Responsibility for an Accident. *Journal of Personality and Social Psychology*, 3(1), 73–79.

18 McCauley, C., & Jacques, S. (1979): The Popularity of Conspiracy Theories of Presidential Assassination: A Bayesian Analysis. *Journal of Personality and Social Psychology*, 37(5), 637–644; See also Leman, P., & Cinnirella, M. (2007): A major

第 4 章　回復する脳

event has a major cause: Evidence for the role of heuristics in reasoning about conspiracy theories. *Social Psychological Review*, 9(2), 18–28; LeBoeuf, R. A., & Norton, M. I. (2012): Consequence-Cause Matching: Looking to the Consequences of Events to Infer Their Causes. *Journal of Consumer Research*, 39(1), 128–141; van Prooijen, J.-W., & van Dijk, E. (2014): When consequence size predicts belief in conspiracy theories: The moderating role of perspective taking. *Journal of Experimental Social Psychology*, 55, 63–73.

19   Pettersson, T. (2021): *Epätodennäköinen murhaaja. Skandiamiehen tarina, Palmen murha ja tärvelty poliisitutkimus.* Otava, pp. 79-84, 95-96, 115

20   Astapova, A., Bergmann, E., Dyrendal, A., Rabo, A., & Rasmussen, K. G. (2021): *Conspiracy Theories and the Nordic Countries.* Routledge, 1–2.

21   Seppälä, O. (2011) Temppeliherrat irtisanoutuu Breivikin ritarifantasioista. Kotimaa 27.7.2011, https://www.kotimaa.fi/artikkeli/temppeliherrat-irtisanoutuu-breivikin-ritarifantasioista/ (Accessed 2.2.2023); MTVUutiset 28.7.2011, https://www.mtvuutiset.fi/artikkeli/tutkija-uskoo-joukkosurmaajan-kuvitelleen-salaseuransa/1943874 (Accessed 2.2.2023); Van Buuren, J. (2013): Spur to Violence?: Anders Behring Breivik and the Eurabia conspiracy. *Nordic Journal of Migration Research*, 3(4), 205–215; Laitinen, E. (2020): Anders Breivikin manifesti kolmen teorian valossa. *Master's Thesis in Social psychology.* University of Eastern Finland, pp. 26–28; https://www.populismstudies.org/Vocabulary/eurabia/ (Accessed 2.2.2023)

22   Astapova, A., Bergmann, E., Dyrendal, A., Rabo, A., & Rasmussen, K. G. (2021): *Conspiracy Theories and the Nordic Countries.* Routledge, pp. 20–21; Galtung, J. (2011): The Bad in the Good and Good in the Bad. *Transcend Media Service*, https://www.transcend.org/tms/2011/11/the-bad-in-the-good-and-the-good-in-the-bad/ (Accessed 2.2.2023); Færseth, J. (2020): Johan Galtung and antisemitism. *Fri Tanke* 12.11.2020, https://fritanke.no/johan-galtung-and-antisemitism/19.11455 (Accessed 2.2.2023); Foster, D. (2012): Can You Prove the Mossad Isn't Behind Breivik? *National Review* 1.5.2012. https://www.nationalreview.com/corner/can-you-prove-mossad-isnt-behind-breivik-daniel-foster/ (Accessed 2.2.2023); Bachner, H. (2013): Notions of Jewish Power, Manipulation and Conspiracies in Contemporary Antisemitism in Sweden. *Proceedings of Antisemitism in Europe Today: The Phenomena, the Conflicts*, 1–7.

23 Van de Winkel, A. (2015): The Disappearance of Flight MH370: Conspiracy, Concealment, Bluff, and Fiction. *Diogenes*, 62(3–4), 139–149.

24 Van de Winkel, A. (2015): The Disappearance of Flight MH370: Conspiracy, Concealment, Bluff, and Fiction. *Diogenes*, 62(3–4), 139–149.

25 Lerner, M. J. (1965): Evaluation of Performance as a Function of Performer's Reward and Attractiveness. *Journal of Personality and Social Psychology*, 1(4), 355–360.

26 Lerner, M. J., & Simmons, C. H. (1966): Observer's Reaction to the "Innocent Victim": Compassion or Rejection? *Journal of Personality and Social Psychology*, 4(2), 203–210.

27 Gold, J. & Gold, I. (2012): The "Truman Show" Delusion: Psychosis in the Global Village, *Cognitive Neuropsychiatry*, 17:6, 455–472.

28 van Harreveld, F., Rutjens, B. T., Schneider, I. K., Nohlen, H. U., & Keskinis, K. (2014): In Doubt and Disorderly: Ambivalence Promotes Compensatory Perceptions of Order. *Journal of Experimental Psychology: General*, 143(3), 1666–1676.

29 Nadesan, M. (2022): Crises Narratives Defining the COVID-19 Pandemic: Expert Uncertainties and Conspiratorial Sensemaking. *American Behavioral Scientist*, In Press; Imhoff, R., & Lamberty, P. (2020): A Bioweapon or a Hoax? The Link Between Distinct Conspiracy Beliefs About the Coronavirus Disease (COVID-19) Outbreak and Pandemic Behavior. *Social Psychological and Personality Science*, 11(8), 1110–1118; Nadesan, M. (2022): Crises Narratives Defining the COVID-19 Pandemic: Expert Uncertainties and Conspiratorial Sensemaking. *American Behavioral Scientist*, In Press.

30 Henslin, J. (1967): Craps and Magic. *American Journal of Sociology*, 73(3), 316–330.

31 Skinner, B. F. (1948): 'Superstition' in the Pigeon. *Journal of Experimental Psychology*, 38(2), 168–172.

32 Ono, K. (1987): Superstitious behavior in humans. *Journal of the Experimental Analysis of Behavior*, 47(3) 261-271.

33 Kirkpatrick, C. (1981) The beard has begun. Sports Illustrated 22.7.1981.

34 Langer, E. J. (1975): The Illusion of Control. *Journal of Personality and Social Psychology*, 32(2), 311–328.

35 Overmier, J. B., & Seligman, M. E. (1967): Effects of Inescapable Shock upon Subsequent Escape and Avoidance Responding. *Journal of Comparative and Physiological Psychology*, 63(1), 28–33; Seligman, M., Maier, S. F. & Solomon, R. R. (1969): Unpredictable and Uncontrollable Aversive Events. In F. R. Brush (Ed.) *Aversive Conditioning and Learning*. Academic Press, New York, USA.

36 Glass, D. C., Singer, J. E., & Friedman, L. N. (1969): Psychic Cost of Adaptation to an Environmental Stressor. *Journal of Personality and Social Psychology*, 12(3), 200–210; Glass, D. C., Reim, B., & Singer, J. E. (1971): Behavioral Consequences of Adaptation to Controllable and Uncontrollable Noise. *Journal of Experimental Social Psychology*, 7(2), 244–257; Reim, B., Glass, D. C., & Singer, J. E. (1971): Behavioral Consequences of Exposure to Uncontrollable and Unpredictable Noise. *Journal of Applied Social Psychology*, 1(1), 44–56.

37 Staub, E., Tursky, B., & Schwartz, G. E. (1971): Self-control and Predictability: Their Effects on Reactions to Aversive Stimulation. *Journal of Personality and Social Psychology*, 18(2), 157–162.

38 Brailovskaia, J., & Margraf, J. (2023): Less Sense of Control, More Anxiety, and Addictive Social Media Use: Cohort Trends in German University Freshmen Between 2019 and 2021. *Current Research in Behavioral Sciences*, 4, 100088; Sorokowski, P., Groyecka, A., Kowal, M., Sorokowska, A., Białek, M., Lebuda, I., Dobrowolska, M., Zdybek, P., & Karwowski, M. (2020): Can Information about Pandemics Increase Negative Attitudes toward Foreign Groups? A Case of COVID-19 Outbreak. *Sustainability*, 12(12), 4912; Salari, N., Hosseinian-Far, A., Jalali, R., Vaisi-Raygani, A., Rasoulpoor, S., Mohammadi, M., Rasoulpoor, S., & Khaledi-Paveh, B. (2020): Prevalence of Stress, Anxiety, Depression Among the General Population During the COVID-19 Pandemic: A Systematic Review and Meta-analysis. *Globalization and Health*, 16(1), 57.

39 Pidd, H. (2020) UK supermarkets ration toilet paper to prevent stockpiling, *The Guardian* 8.3.2020 https://www.theguardian.com/world/2020/mar/08/coronavirus-stockpiling-supermarkets-toilet-paper-hand-gel

40 Leung, H. (2020) Knife-Wielding Robbers in Hong Kong Steal 600 Rolls of Toilet Paper Amid Coronavirus Panic, *Time* 17.2.2020, https://time.com/5785146/hong-kong-toilet-paper-robbery-coronavirus/

41 Brännare, S. & Pantsu, P. (2020) Miksi ihmeessä vessapaperia haalitaan nyt

kärrykaupalla? Tutkija: "Itsesuojeluvaisto on tärkein syy", *Yle* 13.3.2020, https://yle.fi/uutiset/3-11255522

42 Murphy, K. (2020) Stop Using Toilet Paper, *The New York Times* 3.4.2020, https://www.nytimes.com/2020/04/03/opinion/toilet-paper-hoarding-bidets.html

43 Labad, J., González-Rodríguez, A., Cobo, J., Puntí, J., & Farré, J. M. (2021): A Systematic Review and Realist Synthesis on Toilet Paper Hoarding: COVID or not COVID, That is the Question. *PeerJ*, 9, e10771.

44 Rovasalo, A. (2022) Pakko-oireinen häiriö, *Terveyskirjasto* 12.7.2022, https://www.terveyskirjasto.fi/dlk00403

45 Garbe, L., Rau, R., & Toppe, T. (2020): Influence of Perceived Threat of Covid-19 and HEXACO Personality Traits on Toilet Paper Stockpiling. *PLOS ONE*, 15(6), e0234232.

46 Stojanov, A., Halberstadt, J., Bering, J. M., & Kenig, N. (2021): Examining a Domain-specific Link Between Perceived Control and Conspiracy Beliefs: A Brief Report in the Context of COVID-19. *Current Psychology*.

47 Biddlestone, M., Green, R., & Douglas, K. M. (2020): Cultural Orientation, Power, Belief in Conspiracy Theories, and Intentions to Reduce the Spread of COVID−19. *British Journal of Social Psychology*, 59(3), 663–673; Kim, S., & Kim, S. (2020): Searching for General Model of Conspiracy Theories and Its Implication for Public Health Policy: Analysis of the Impacts of Political, Psychological, Structural Factors on Conspiracy Beliefs about the COVID-19 Pandemic. *International Journal of Environmental Research and Public Health*, 18(1), 266; Oleksy, T., Wnuk, A., Maison, D., & Łyś, A. (2021): Content Matters. Different Predictors and Social Consequences of General and Government-Related Conspiracy Theories on COVID-19. *Personality and Individual Differences*, 168, 110289; Šrol, J., Čavojová, V., & Ballová Mikušková, E. (2022): Finding Someone to Blame: The Link Between COVID-19 Conspiracy Beliefs, Prejudice, Support for Violence, and Other Negative Social Outcomes. *Frontiers in Psychology*, 12, 726076; Sallam, M., Dababseh, D., Yaseen, A., Al-Haidar, A., Ababneh, N. A., Bakri, F. G., & Mahafzah, A. (2020): Conspiracy Beliefs Are Associated with Lower Knowledge and Higher Anxiety Levels Regarding COVID-19 among Students at the University of Jordan. *International Journal of Environmental Research and Public Health*, 17(14), 4915.

48 Miller, J. M. (2020): Do COVID-19 Conspiracy Theory Beliefs Form a Monological Belief System? *Canadian Journal of Political Science*, 53(2), 319–326.

49 Whitson, J. A., & Galinsky, A. D. (2008): Lacking Control Increases Illusory Pattern Perception. *Science*, 322(5898), 115–117.

50 Cataldo, A. M., & Cohen, A. L. (2015): The Effect of Emotional State on Visual Detection: A Signal Detection Analysis. *Emotion*, 15(6), 846–853; van Elk, M., & Lodder, P. (2018): Experimental Manipulations of Personal Control Do Not Increase Illusory Pattern Perception. *Collabra: Psychology*, 4(1), 19; Stojanov, A., Bering, J. M., & Halberstadt, J. (2020): Does Perceived Lack of Control Lead to Conspiracy Theory Beliefs? Findings from an Online MTurk Sample. *PLOS ONE*, 15(8), e0237771.

51 Hornsey, M. J., Bierwiaczonek, K., Sassenberg, K., & Douglas, K. M. (2022): Individual, Intergroup and Nation-level Influences on Belief in Conspiracy Theories. *Nature Reviews Psychology*.

52 Dow, B. J., Menon, T., Wang, C. S., & Whitson, J. A. (2022): Sense of Control and Conspiracy Perceptions: Generative Directions on a Well-worn Path. *Current Opinion in Psychology*, 47, 101389; Stojanov, A., Bering, J. M., & Halberstadt, J. (2020): Does Perceived Lack of Control Lead to Conspiracy Theory Beliefs? Findings from an Online MTurk Sample. *PLOS ONE*, 15(8), e0237771.

53 Dow, B. J., Menon, T., Wang, C. S., & Whitson, J. A. (2022): Sense of Control and Conspiracy Perceptions: Generative Directions on a Well-worn Path. *Current Opinion in Psychology*, 47, 101389; Landau, M. J., Kay, A. C., & Whitson, J. A. (2015): Compensatory Control and the Appeal of a Structured World. *Psychological Bulletin*, 141(3), 694–722.

54 Fischhoff, B. (1977): Perceived Informativeness of Facts. *Journal of Experimental Psychology: Human Perception and Performance*, 3(2), 349–358.

55 Fischhoff, B., & Beyth, R. (1975): I Knew It Would Happen. *Organizational Behavior and Human Performance*, 13(1), 1–16.

56 Jones, E. E., Rock, L., Shaver, K. G., Goethals, G. R., & Ward, L. M. (1968): Pattern of Performance and Ability Attribution: An Unexpected Primacy Effect. *Journal of Personality and Social Psychology*, 10(4), 317–340.

57 Gulliksen, G. (2018): *Katso meitä nyt*. Siltala, Helsinki., p. 74.

58 Gulliksen, G. (2018): *Katso meitä nyt.* Siltala, Helsinki., p. 80.

59 Gulliksen, G. (2018): *Katso meitä nyt.* Siltala, Helsinki., pp. 105–106.

60 Berk, B. (1977): Face Saving at the Singles Dance. *Social Problems*, 24(5), 530–544.

61 Levi, K. (1981): Becoming a Hit Man: Neutralization in a Very Deviant Career. *Urban Life*, 10(1), 47–63; Wilson, D., & Rahman, M. (2015): Becoming a Hitman. *The Howard Journal of Criminal Justice*, 54(3), 250–264.

62 Miller, D. T. (1976): Ego Involvement and Attributions for Success and Failure. *Journal of Personality and Social Psychology*, 34(5), 901–905.

63 Lukić, P., Žeželj, I., & Stanković, B. (2019): How (Ir)rational is it to Believe in Contradictory Conspiracy Theories? *Europe's Journal of Psychology*, 15(1), 94–107.

64 Trouche, E., Johansson, P., Hall, L., & Mercier, H. (2016): The Selective Laziness of Reasoning. *Cognitive Science*, 40(8), 2122–2136.

65 Douglas, K. M., & Sutton, R. M. (2008): The Hidden Impact of Conspiracy Theories: Perceived and Actual Influence of Theories Surrounding the Death of Princess Diana. *The Journal of Social Psychology*, 148(2), 210–222.

66 Ross, L., Lepper, M. R., & Hubbard, M. (1975): Perseverance in Self-perception and Social Perception: Biased Attributional Processes in the Debriefing Paradigm. *Journal of Personality and Social Psychology*, 32(5), 880–892.

67 Lord, C. G., Ross, L., & Lepper, M. R. (1979): Biased Assimilation and Attitude Polarization: The Effects of Prior Theories on Subsequently Considered Evidence. *Journal of Personality and Social Psychology*, 37(11), 2098–2109.

68 Kahan, D. M., Peters, E., Dawson, E. C., & Slovic, P. (2017): Motivated Numeracy and Enlightened Self-government. *Behavioural Public Policy*, 1(1), 54-86.

69 Lewandowsky, S., K. Oberauer, and G.E. Gignac (2013): NASA Faked the Moon Landing—Therefore (Climate) Science is a Hoax: An Anatomy of the Motivated Rejection of Science. *Psychological Science*, 24(5): 622–633.

70 Bain, P. G., Hornsey, M. J., Bongiorno, R., & Jeffries, C. (2012): Promoting Pro-environmental Action in Climate Change Deniers. Nature Climate Change, 2(8), 600–603; Campbell, T. H., & Kay, A. C. (2014): Solution Aversion: On the Relation Between Ideology and Motivated Disbelief. *Journal of Personality and Social Psychology*, 107(5), 809–824.

71 Wolsko, C. (2017): Expanding the Range of Environmental Values: Political Orientation, Moral Foundations, and the Common Ingroup. *Journal of Environmental Psychology*, 51, 284–294.

72 Richter, C. P. (1957): On the Phenomenon of Sudden Death in Animals and Man. *Psychosomatic Medicine*, 14(3), 191–198.

73 Kalisch, R., Müller, M., & Tüscher, O. (2015): A Conceptual Framework for the Neurobiological Study of Resilience. *Behavioral and Brain Sciences*, 38, E92. doi:10.1017/S0140525X1400082X

74 van Prooijen, J.-W. (2020): An Existential Threat Model of Conspiracy Theories. *European Psychologist*, 25(1), 16–25; Park, C. L. (2010): Making Sense of the Meaning Literature: An Integrative Review of Meaning Making and its Effects on Adjustment to Stressful Life Events. *Psychological Bulletin*, 136(2), 257–301; Liekefett, L., Christ, O., & Becker, J. C. (2021): Can Conspiracy Beliefs Be Beneficial? Longitudinal Linkages Between Conspiracy Beliefs, Anxiety, Uncertainty Aversion, and Existential Threat. *Personality and Social Psychology Bulletin*, 014616722110609.

75 Simonov, P. V., & Frolov, M. V. (1981): Informational Need of Emotional Stress. *Acta Astronautica*, 8(9–10), 1043–1049.

76 Morewedge, C. K. (2009): Negativity Bias in Attribution of External Agency. *Journal of Experimental Psychology: General*, 138(4), 535–545.

77 Grzesiak-Feldman, M. (2013): The Effect of High-Anxiety Situations on Conspiracy Thinking. *Current Psychology*, 32(1), 100–118.

78 Thompson, S. C. (1985): Finding Positive Meaning in a Stressful Event and Coping. *Basic and Applied Social Psychology*, 6(4), 279–295.

79 Taylor, S. E., Collins, R. L., Skokan, L. A., & Aspinwall, L. G. (1989): Maintaining Positive Illusions in the Face of Negative Information: Getting the Facts Without Letting Them Get to You. *Journal of Social and Clinical Psychology*, 8(2), 114–129; Hazelton, M. G., & Nettle, D. (2006). The Paranoid Optimist: An Integrative Evolutionary Model of Cognitive Biases. *Personality and Social Psychology Review*, 10(1), 47–66. Prooijen, J.-W. van. (2022): Psychological Benefits of Believing Conspiracy Theories. *Current Opinion in Psychology*, 47, 101352.

80 Golin, S., Terrell, F., & Johnson, B. (1977): Depression and the Illusion of Control.

Journal of Abnormal Psychology, 86(4), 440; Cui, Q., Tang, Q., Chen, Y., Sheng, W., Yang, Y., Li, D., Deng, J., Wang, Y., Lu, F., & Chen, H. (2022): Loss of Superiority Illusion in Bipolar Depressive Disorder: A Combined Functional and Structural MRI Study. *Journal of Psychiatric Research*, 151, 391–398.

81 Jolley, D., & Douglas, K. M. (2014): The Effects of Anti-Vaccine Conspiracy Theories on Vaccination Intentions. *PLOS ONE*, 9(2), e89177; Abalakina-Paap, M., & Stephan, W. G. (1999): Beliefs on Conspiracies. *Political Psychology*, 20(3), 637–647.

82 Douglas, K. M., Sutton, R. M., & Cichocka, A. (2017): The psychology of conspiracy theories. *Current Directions in Psychological Science*, 26(6), 538-542; Abalakina-Paap, M., Stephan, W. G., Craig, T., & Gregory, W. L. (1999): Beliefs in conspiracies. *Political Psychology*, 20(3), 637–647.

83 Schöpfer, C., Abatista, A. G. F., Fuhrer, J., & Cova, F. (2023): 'Where there are villains, there will be heroes': Belief in conspiracy theories as an existential tool to fulfill need for meaning. *Personality and Individual Differences*, 200, 111900.

84 van Prooijen, J.-W. (2020): An Existential Threat Model of Conspiracy Theories. *European Psychologist*, 25(1), 16–25.

85 Schöpfer, C., Abatista, A. G. F., Fuhrer, J., & Cova, F. (2023): 'Where there are villains, there will be heroes': Belief in conspiracy theories as an existential tool to fulfill need for meaning. *Personality and Individual Differences*, 200, 111900.

86 van Prooijen, J.-W. (2020): An Existential Threat Model of Conspiracy Theories. *European Psychologist*, 25(1), 16–25.

87 Imhoff, R., & Lamberty, P. K. (2017): Too Special to be Duped: Need for Uniqueness Motivates Conspiracy Beliefs: Need for Uniqueness and Conspiracies. *European Journal of Social Psychology*, 47(6), 724–734; Lantian, A., Muller, D., Nurra, C., & Douglas, K. M. (2017): "I Know Things They Don't Know!": The Role of Need for Uniqueness in Belief in Conspiracy Theories. *Social Psychology*, 48(3), 160–173.

第5章

陰謀脳

二つの大惨事──マリエハムンとスモレンスク

1963年11月、霧の濃い夕方、フィンランドのバルト海に浮かぶオーランド諸島のマリエハムンに近づいた飛行機が、滑走路1キロ手前の密集した松林に墜落しました。翼が折れ、逆さまになった機体は炎上し、パイロットと乗客19名、密航者1名が亡くなりましたが、奇跡的に3名の乗客が生き残りました。

直ちに原因の究明と責任者の捜索が始まりました。ペッカ・ニュカネンは『死のフライト（原題：*Kuolemanlento*）』という著書の中で、事故につながった可能性のある要因を考察し、その後の調査について詳述しています[1]。最初に疑われたのは制御システムで、機能不全に陥ったと考えられました。また、パイロットのミスにより、飛行場に向かう際に低空または高速で飛行場に接近しすぎた可能性も挙げられました。さらに、悪名高く挑戦的なペッカ・マルッティネン機長とペッカ・ユリニエミ副操縦士が、濃霧の中で飛行場に接近する際に連携がとれていなかった可能性も考えられました。飛行機のエンジンやワイパーの故障など技術的な欠陥も精査され、後に高度計に欠陥があることが判明し、内部で緩んだネジが見つかりました。

ニュカネンはまた事故の心理的な原因も探っており、戦時中のエース・パイロットだったアンッティ・ヨエンスーがトゥルク上空でコックピットに侵入したことに言及しています。パイロットの後ろの座席で身元不明の男性の遺体が発見され、生き残った客室乗務員が、背の高い男性がコックピットに入るのを見たと証言したため、この問題が調査されることになりました。その後マリエハムンでは、墜落の瞬間、ヨエンスーが操縦していたのではないかという根拠のない噂が流れました。

ヨエンスーは戦時中に敵機5機を撃墜し、戦争末期には無謀にもメッサーシュミットをラウッタサーリ島の橋下に飛ばしたことで知られる個性的な人物でしたが、アルコール依存症によって民間飛行のキャリアを断たれました。これは当時のパイロットの間では一般的な問題でした。例えば1961年のコイヴサーリ島での墜落事故では、パイロットと副操縦士は飛行前夜に酒を飲み、ひどく酩酊していました。

　マリエハムンの墜落事故にアルコールは関係ありませんでしたが、マッチョで有名な戦闘機のエース、ヨエンスーが、濃霧の中での危険な着陸をパイロットに迫ったのではないかとニュカネンは推測しています。1960年代、フィンエアーではマッチョな文化が支配的で、厳しい気象条件のために着陸を中止したパイロットはしばしば嘲笑の対象となりました。

　フィンランドのパイロットは、他の航空会社がフライトをキャンセルするような条件でも着陸を試みるため、命知らずとして知られていました。ニュカネンの理論はもっともらしいものの、コックピットで実際に何が起こったのか本当のところは分からないため、推測の域を出ませんでした。

　マリエハムン墜落事故の推定原因を考える際に注目すべき点は、この悲劇的で予期せぬ事故が広く報道され、1年後には大規模な裁判が行われたにもかかわらず、陰謀論が一切生まれなかったことです。

　これまで述べてきた脳のメカニズムを考えれば、悲劇的で説明のつかない事故では陰謀脳が活性化し、「悪意ある勢力が災害を引き起こそうと画策した」というストーリーが構築されるのではないかと思われます。ところが、なぜかそうはならなかったのです。

　2010年のスモレンスク航空事故と比較すると、陰謀論が現れなかったことがさらに奇妙に思えます。この事故では、ポーランド空軍のツポレフTu-154が朝の濃霧の中、滑走路の前の森に墜落しました。この墜落事故では、ポーランドのレフ・カチンスキ大統領と妻のマリア・カチンスカヤ、陸海空軍の司令官、ポーランド国立銀行総裁、ポーランド・オリンピック委員会委員長、国会議員、高官などを含む96人が死亡しました。錚々たる乗客たちはカティンの虐殺事件の記念式典に向かう途中でした。

第5章　陰謀脳　　199

墜落事故の分析によると、パイロットは不必要な危険を冒したことが示唆されています。着陸を中止すれば大統領が激怒するため、極めて濃い霧の中で降下を続けたのです。降下中にポーランド空軍の司令官がコックピットに入り、パイロットに着陸を迫っていたようです

　パイロットは着陸しなければ問題になるとわかっていたため、特に難しい立場にありました。2008年には大統領専用機の危険なルート変更を拒否したパイロットが調査を受け、大統領から公に非難されました。

　この悲劇はポーランド人に深い衝撃を与え、墜落直後には何千人もの人々が大統領官邸前に集まりました。陰謀論は事故当日から広がり始めました。事故からわずか数時間後、国会議員のアルトゥール・ゴルスキはこの事故を新たなカティンの虐殺［訳注：第2次世界大戦中、スモレンスク近郊のカティンの森で、ソビエト内務人民委員部によって2万人以上のポーランド軍将校や警官、一般官吏などが虐殺された事件］と呼び、ロシア側に責任があると非難しました[2]。

　ソーシャル・メディアに出回った動画には、ロシア連邦保安庁の諜報員が墜落現場で生存者を射殺する様子が映っているとされています[3]。最も荒唐無稽な陰謀論では、ロシア人が巨大な霧発生装置を使って空港に濃霧を発生させたと主張されています[4]。

　2016年になっても、ヤロスワフ・カチンスキ大統領は欧州議会で「墜落事故はプーチンのせいだ」と宣言しました[5]。1年後、彼はポーランド議会で野党を激しく攻撃し、兄の殺害に加担したと非難しました[6]。ポーランドの映画監督アントニ・クラウゼは、ジャーナリストが事故の背後にある巨大な陰謀を暴く人気映画「スモレンスク」を監督しました。

　もし陰謀脳が自動的に作動し、事故が起こるとその意味を求めるのであれば、すべての航空機事故は陰謀論を生み出すでしょう。しかし、脳は世界を評価する機械ではなく、より複雑な状況を解釈しています。例えば、霧の中で森に降下する飛行機が陰謀論を生み出すのは、特定の状況下のみでしょう。現在のところ陰謀論の発生を予測することは不可能であり、事後に要因を分析することしかできません。

スモレンスクで陰謀論が生まれた背景には、さまざまな要因があったのかもしれません。おそらく、これほど多くの重要人物が亡くなったことは、陰謀脳にとって無視できないことだったのでしょう。陰謀思考に傾きやすい文化や、政治家が関与した他の事故に関する陰謀論を生み出してきたポーランドの陰謀論の伝統が、一役買ったのかもしれません[7]。ロシアに対する複雑な関係と疑念のため、適切なスケープゴートが陰謀論の出現に影響を与えたのかもしれません。陰謀脳は、やや疑わしい国が管理する飛行場で起きた曖昧な出来事を無視できなかったのです。

　陰謀論的な疑念は、陰謀思考や懐疑主義のような個人の特性だけに依存するのではなく、文脈にも依存します。陰謀論は脳にとって魅力的な理論ですが、その活性化には、歴史、文化、世界観の影響を受けた適切な条件が必要です。

　懐疑主義の状況依存性は、私が若い頃、若者を引き付けるカルトのイベントに参加した経験によく表れています。私は基本的に人の善意を信頼する人間ですが、あらゆる状況で信頼するわけではありません。

　1990年代前半の学生時代、私はヘルシンキのアテネウム美術館の近くにある歩行者通りをよく歩いていました。ある春のこと、その通りで何度も若い女性に出会い、彼女らは私に聖書の話をしようとしました。私は、彼女たちに自分が無神論者であることを告げませんでしたが、話をするために立ち止まりました。笑顔のとても魅力的な若い女性たちが楽しそうに話しかけてきたことが、私の立ち止まる決断に影響を与えたのだと思います。

　同じ道をよく歩いていたので、彼女たちを街で見かけるとやがて知り合いとして挨拶するようになりました。彼女らは何度も私をイベントに誘ってくれたので、私の好奇心が刺激されました。彼女らの背後に、どんなコミュニティがあるのか知りたかったのです。また、若さゆえの探究心や自分を試す欲求もありました。自分の無神論に自信があるのなら、奇妙な宗教団体のイベントに参加する勇気はあるだろうか、と。ある時、私は招待を受け入れ、ヘルシンキのエイラ地区での時間と住所を教えてもらいました。

　私の世界観に関する説明は、自分が作り上げたストーリーに過ぎないかも

しれません。実際のところ、私が招待を受け入れた大きな理由は、女性たちが私に示した興味かもしれません。注目されたことは嬉しかったのですが、無神論者に与えられた試練と思うことにしました。

　傲慢な態度とは裏腹に、数日後、1階の商業スペースのドアを開けた時、かなり緊張していました。きちんとした身なりで、にぎやかにおしゃべりする若者たちで部屋はいっぱいでした。笑顔の魅力的な若い女性が私のもとに来て、食べ物をとるためにスナックの置いてあるテーブルに連れて行ってくれました。やがて、聖書についての短いプレゼンテーションが始まり、その後は日常生活に聖書を活用するためのディスカッションが続きました。

　プレゼンテーションとディスカッションが終わると、3人の女性が私に近づいてきて、私の人生で最も興味深い会話の一つが始まりました。笑顔の女性たちは、私の勉強や人生に興味を持ち、私の話を非常に面白いと感じていました。彼女らは私の人生の話を食い入るように聞き、微笑みながら私の目を見つめていました。内気で控えめな若者にとって、これは陶酔的な体験でした。そして、ついに私の話が彼女らをほとんど夢中にさせました。

　社交的な酔いに浸りながら、興味と明るい笑顔で頭がくらくらした状態でイベントを後にしました。近くの聖ヨハネ教会を通り過ぎると私の頭の中はクリアになり始め、分析的な思考がこの出来事を細かく検討し始めました。普段は人を信じやすい私ですが、会話相手の動機に疑問を持ち始めました。熱心な会話は完全に私に焦点を当てていた一方、私は彼女らについて何も知らないことに気付きました。

　10分後、私はローカル線の車内で冷静に状況を理解しました。魅力的な女性だけが私に近づいたのは偶然ではなく、彼らが視覚皮質の受容野をガボール関数［訳注：画像処理などに用いられる数学的関数］でモデル化することや、SF文学の新しいトレンドに非常に興奮していたのも偶然ではありませんでした。私は、カルト教団の入念に計画された勧誘プロセスの一部となっていたのです。そのコミュニティのイベントには二度と参加しませんでしたが、春の街を歩いていた時の陶酔感は今でも覚えています。

　私の若い頃の経験は、懐疑主義の状況的性質と世界観が思考に及ぼす影響

の一例です。分析的思考と懐疑心が目覚めたのは、私の世界観が宗教的でなかったためで、主催者の行動を会員勧誘の観点から解釈しました。そのため、社会的にやりがいがある状況は本物ではなく、会員に引き込むための試みであると疑い始めました。後に新聞で読んだところによると、そのコミュニティは会員の社交範囲や恋愛相手、性生活の詳細まで厳しく管理する支配的なカルトであることが分かりました[8]。

　もし私の育った環境が宗教的で、日常生活における神の影響を強調するものであったなら、私はその陶酔感を聖霊の存在と解釈し、熱心に集会の活動に参加したかもしれません。そして、私の人生はまったく異なる方向に進んでいたことでしょう。

陰謀論は楽しい！

　上述の私の経験は、ポジティブな社交的交流がグループに引き寄せる魅力的な力であったことを物語っています。同じことは陰謀論にも当てはまり、ポジティブな社会的要因から信念が深まることがあります。

　このことは重要です。なぜなら本書は、不安、不確実性、コントロールの欠如といったネガティブな感情に焦点を当てているからです。不快な感情の状態は代替的な説明を求める出発点となり得ますが、陰謀信念を深める道はポジティブな経験を通じても起こり得るのです。

　ポジティブな感情は、陰謀論に興味を持つ最初のきっかけとして機能することがあります。退屈や娯楽への欲求からこれらのストーリーに引き込まれ、さらなる探求のための場を整えるかもしれません[9]。スポーツであれ、テレビ、本、ソーシャル・メディアであれ、誰もが自分の嗜好に応じて選択し、自由な時間を過ごしているうちに陰謀論に興味を持ち、さりげなく引き込まれていくこともあります。陰謀論は、ワクワクするテレビドラマのように多くの娯楽的側面を持っています。どちらも興味深いプロットや危険、謎があり、シリーズをフォローする、あるいは理論を調べるうちに徐々に明らかになっていきます[10]。

陰謀論の娯楽性が研究されたのは、2019年のノートルダム寺院の火災に関する記述を参加者が読むという実験です[11]。一方のグループは火災に関する公式見解を読み、もう一方のグループは影響力のあるグループが火災について事前に知っていて、裏で策略があったということをほのめかす架空の陰謀論バージョンを読みました。陰謀論バージョンの方が娯楽性が高く、より強い感情を引き起こしたのは驚くにあたりません。陰謀論を面白いと評価した人は、その陰謀論を信じる傾向も強かったのです。

　陰謀論について考えることはスリリングな謎を解き明かす寸前にいるようで、楽しく、やりがいがあるものです。人類の危機や、隠された政治的陰謀を理解したような気分には充実感が伴います。これに、自身の知性や独自性、大衆の上に立っているという快感が加わることもあります。

　陰謀論への最初の関心が他者と発見を共有したいという欲求につながると、周囲からの否定的な反応にイライラすることがあります。その結果、陰謀論に興奮する人は、陰謀論を肯定的にとらえるソーシャル・メディアのディスカッション・グループに、より良い仲間を求めるかもしれません。そこでは、逸脱した考えが受け入れられるコミュニティを見つけられます。社会的な受容は心地良く感じられ、グループへのコミットを強めます。ソーシャル・メディアで「いいね」を獲得することは非常にやりがいがあるため、人々は強い反応を引き起こすことが分かっていても内容を十分に考慮することなく、感情的に影響を与える陰謀論を共有することが観察されています[12]。

　Reddit［訳注：アメリカの掲示板型ソーシャル・サイト］のユーザーを対象とした包括的な研究では、陰謀論のディスカッション・グループに参加するまでの数カ月間、ユーザーのメッセージにはネガティブな感情表現が多く含まれており、グループに参加した後はそれが減少したことがわかりました[13]。これは、自身の理論を肯定するグループへの欲求は、それまでに受け取ったネガティブなフィードバックから生じるという考えを裏付けています。

　人は肯定的なフィードバックを受けるとそのグループにコミットし、陰謀信念はその人のアイデンティティの一部となります。孤独な調査の代わり

に、陰謀論のディスカッション・グループは世界の隠された側面を一緒に理解しようとするコミュニティを提供します。これは、陰謀脳の好奇心に端を発した陰謀論が、個人的な信念となる主要なメカニズムかもしれません。同時に、その人は陰謀論をグループのアイデンティティの一部として採用し、陰謀論を擁護することはグループ全体を擁護することだと考えるようになります。

イデオロギーと陰謀論

グループの世界観、宗教的スタンス、政治的アイデンティティは、世界を処理する脳のメカニズムに大きな影響を与えます。例えば、ドナルド・トランプは大統領就任式の後、航空写真で他の大統領の就任式と比べ、出席者がかなり少なかったことに不快感を示しました。トランプと支持者たちは、その写真が誤解を招くように撮影されたもの、あるいは加工されたものだと主張しました。この些細な問題は、奇妙な主張を伴う長い論争へとエスカレートし、トランプの補佐官ケリーアン・コンウェイはそれを「もう一つの事実（Alternative facts）」と呼びました。明確な証拠があるにもかかわらず、議論は終わりなく続きました[14]。

ワシントン・ポスト紙はトランプとオバマの就任式の航空写真を比較するために、千人以上を対象としたアンケート調査を実施しました[15]。写真は、明らかにオバマの方がより多くの群衆を集めたことを示していました。この調査では写真の出どころは明らかにされず、回答者には推測の余地が残されました。

回答者は群衆の大きさの違いに注目し、トランプ支持者の40％が間違った写真を選びました。彼らは、大群衆が写っているオバマの就任式の写真がトランプのものだと思い込み、先入観に基づいて選んだのです。

トランプ支持者の大多数である60％は正しい就任式の写真を選びましたが、驚くべきことに、このグループの15％は明確な証拠に反して、もっと多くの群衆が写っていると主張しました。これらの人々は、自身の支持する

大統領の群衆が少ないことを示唆する画像にストレスや怒りを覚え、認知的不協和を引き起こしたのです。本当に多くの人が見えたかどうかは疑問であり、メディアの誠実さに対する疑念を反映している可能性があります。群衆が少なかったのは、トランプに対するリベラル・メディアの陰謀が根底にあった例とみられています。

　政治的見解が写真の解釈に影響を与えた別の例は、参加者に誤解を招くような、あるいは改変されたイベントの写真を見せ、そのイベントを覚えているかどうかを尋ねた実験で示されました[16]。

　ある改変された写真では、ジョージ・W・ブッシュ大統領が野球界のスターであるロジャー・クレメンスと一緒に写っており、ブッシュはハリケーン・カトリーナの最中に休暇を取っていたというキャプションが添えられていました。これは実際には起こっていない出来事でしたが、回答者の30％がこのことを覚えていたと報告されています。特に民主党支持者が覚えていることが多く、ブッシュを怠惰な大統領とみなす彼らの先入観に合致しています。

　別の写真では、オバマがイランの大統領に似せて編集された男性と握手する姿が映されていました。キャプションには、国連のイベントでの予定外の握手について言及されています。存在しないこの出来事を覚えていたのは47％で、特に共和党支持者がよく覚えており、オバマのイスラム教への隠れた共感という彼らの先入観に合致しています。

　現実の認識における同様の差異は、ある調査で明らかにされました。そこでは、オバマの在任中に失業率が減少したと考えていた民主党支持者が71％であったのに対し、共和党支持者はわずか25％しか同意しませんでした[17]。オバマの時代に国の借金が増加したと推測した民主党支持者は半数未満でしたが、共和党支持者の85％は増加したと考えていました[18]。これらの数字は統計上簡単に確認できるため、本来ならば大きな議論の対象になるべきではないのですが、強い先入観のために誰も確認することを怠っていました。

　フィンランドで類似のケースを求めるならば、国の借金に対する認識が挙

げられるでしょう。これは、しばしば政治的な忠誠心によって色付けられます。自分の支持政党が債務を増やした場合、それは現実を賢明に認めることとみなされますが、対立政党が債務を増やすと、それは無謀で国の衰退につながると批判されます。脳は私たちの政治的アイデンティティや世界観を積極的に支持し、情報を選択的にフィルタリングし、現実を解釈して自分たちの視点を強化します[19]。

　イデオロギーもまた陰謀論に影響を与えます。アメリカでは陰謀論の対象は、大きく政党の支持基盤に沿っています。共和党支持者は、オバマはアメリカ国内で生まれていないと信じたり、オバマが主導した民主党の医療改革は高齢者の殺害につながると考えたり、気候危機は捏造だと考える傾向があります。一方、民主党支持者は、ハリケーン・カトリーナの際にニューオーリンズの水門が故意に開けられたと信じたり、共和党が2004年の選挙を不正操作したと考えたり、政府が911の事前情報を持っていたと信じる傾向があります[20]。

　また、政治に熱心で知識が豊富な人ほど、陰謀論を採用しやすいことも観察されています[21]。このような人物は、陰謀信念に結び付くような明確なイデオロギーを持っています。彼らは賢く、自身の政治的見解を支持する情報を選び出す能力が高く、自分の視点を裏付ける情報を積極的に探します。特定の政治的見解への強いこだわりは、それを守りたいという激しい欲求を引き起こし、陰謀信念の肥沃な土壌を作り出します。

　世界観を守るためには、望ましくない出来事の責任をなすり付けるにふさわしい敵を見つける必要があります。この意味において、陰謀信念は強い政治的スタンスと大差ありません。敵対する側の行動には否定的な特徴がつきまとうため、しばしば疑惑の目でみられます。

　アメリカの調査では、共和党支持者は民主党支持者を、狭量で、不道徳で、怠惰だと評しており、民主党支持者は共和党支持者を、狭量で、不誠実で、不道徳だと評しています[22]。この敵対的な性質はソーシャル・メディアでも顕著で、相手が怒ったり動揺することを喜ぶだけの投稿がよくみられます。

　敵を探すことは、政党が自分のグループとして認識され、外部の脅威から

第5章　陰謀脳

守るべきものとする概念と結びついています。意味付けする脳は、状況を脅威のシナリオとして捉え、他のグループの策略を慎重に精査することが賢明と認識します。そのため、ソーシャル・メディアの論争の性質は、古代のグループ間の対立と同様に理解されます[23]。敵対的な設定によって他のグループの意図が詳細に調べられ、悪意ある動機が心の中で構築されるため、陰謀信念を形成する素因となります。

政治的に動機付けられた陰謀信念は、陰謀論を受動的に受けとるのではなく、その理論の構築に意欲的であることを示しています[24]。自らの世界観とアイデンティティを激しく擁護し、政治的敵対者についての否定的な情報を信じることに熱心となります。

陰謀信念が出現する要因の一つは、政治家や政党のアプローチにあります。政治家が政治的な関与や支持者の団結のためのツールとして使用する場合、陰謀論は特に盛んになります。ドナルド・トランプはその典型的な例で、自身の支持層の動員やそれを巧みにほのめかすために陰謀論を利用しました[25]。最も顕著な例は、2020年の選挙結果が不正であるという彼の主張であり、彼が広めた多くの陰謀論の中でも特に重要です。例えば、ジョー・バイデンが強力かつ隠れた人物に操られているという彼の主張は、確実に多くの陰謀論者を興奮させています。

近年はトランプが目立っていますが、陰謀論を利用したアメリカの政治家は彼が最初ではありません。1950年代に共産主義の陰謀論を唱えたジョセフ・マッカーシー上院議員は顕著な例であり、現代の「ディープ・ステート」陰謀論の明らかな先駆者です。

　「現在の状況を説明するには、権力の座にある者たちが協力して、私たちを破滅に導こうとしていると理解するしかない。それは、人類の歴史における他の陰謀が比較にならないほど巨大であり、それに比べればとるに足らない、あるいは微々たるものにしか見えない。それほど恥ずべき陰謀が明るみに出れば、その主要人物は誠実な市民から永遠の非難を受けるに値する。この連綿と続く敗北への決断と行動に対して、何ができるのだろうか？　これらは、単に無能のせいでは済まされないの

だ。」[26]

　陰謀論を利用する政治的計算は、特定の政党支持者の社会的信頼の低さに
関係しているかもしれません。研究によれば、社会が公正な原則に基づいて
運営されていると信じていない人や、官僚、警察、メディアのような機関を
信頼していない人は、陰謀論に走りやすいとされています[27]。そのような人
物はしばしば、大きな機械の中の名もない歯車のように感じ、自分の未来を
変えることができないと考え、政治エリートが市民のニーズに応えるつもり
もなく、舞台裏で決定を下していると信じています。

　例えばポーランドの実験では、投票を通じて社会に影響を与えることがで
きないと思っている人ほど、ユダヤ人関連の陰謀論を信じる傾向が強いこと
がわかりました[28]。

　実験では、コントロール感の欠如は次のような文章で評価されました。
　　「政府のやることに対して、国民は何の力も持っていない。」
　　「政治家は私たちの運命を決めるが、私たちの意志には関心がない。」
　　「社会的、経済的な決定をする時、政治家は一般市民に尋ねない。」
　　「私たちは政治というシステムの中の、とるに足らない存在である。」
　社会の中で無力感を感じている人物にとって、陰謀信念は意味のある解釈
となり得ます。失業、貧困、出世の機会の欠如を説明する、一見明確で単純
な理論は、短期的な状況に役立つかもしれません。しかし、長期的に見れば
有益な考え方とはいえません。陰謀信念が強まることで、最終的には投票が
変化をもたらすという信念を失った場合、選挙に消極的になってしまう可能
性があるからです。さらに、陰謀論にまつわる犯人探しは特定のグループに
対する不当な憎悪につながりかねません。

　権利の剥奪や信頼の欠如といった感情が重要な役割を果たしていること
は、陰謀論が政治的に極端な側でまん延しているという事実からも浮き彫り
になります[29]。イデオロギーの極端さはしばしば二元論的な思考を伴い、問
題に対する単純化された解決策を提示しますが、これは陰謀脳が明確な原因
を求めることを連想させます。

　また、政治的に少数派の人々が、大多数の人々、行政、メディアが自分の

第 5 章　陰謀脳　　209

意見を受け入れず、弾圧さえするかもしれないと感じることも重要な要因です。社会やメディアに対する信頼がすでに低い場合、無視や軽蔑といった情報の方が信用できるという心理が形成されることがあります。

不信感と陰謀論

　社会に対する疑念には、根拠があることもあります。その一例が1972年に明らかになった、アラバマ州でのタスキーギ梅毒研究です[30]。この研究は1932年、「黒人男性の未治療梅毒に関するタスキーギ研究（Tuskegee Study of Untreated Syphilis in the Negro Male）」として、米国公衆衛生局とタスキーギ研究所が開始しました。その内容は、399人のアフリカ系アメリカ人男性における未治療梅毒の影響を観察するというものでした。

　この非倫理的な研究では、参加者に彼らが梅毒に感染していることを知らせず、代わりに「悪い血」という用語を使いました。悪い血は、アフリカ系アメリカ人のコミュニティで、原因不明のさまざまな病気を指す場合に使われていました。コミュニティにおける性感染症に関する知識の欠如と、梅毒の軽微な症状のため、多くの場合、性感染症として認識されませんでした。研究者たちは参加者の貧困と無知を利用して、無料の診察、食事、そして皮肉にも葬儀費用を補償として提供したのです。

　参加者の一部はヒ素や水銀といった当時の方法で治療を試みましたが、ほとんどは治療を受けず、症状の経過が観察されました。1947年にペニシリンが普及して効果的な治療法となった後も、参加者に提供されることはなく、25年間健康診断で病状が観察され続けました。

　この研究の恐ろしさを知ったのは、1966年に公衆衛生局で働き始めたばかりのソーシャル・ワーカー、ピーター・ブクストンでした。彼は、同僚たちが休憩室で話しているのを偶然耳にしました。それは、アフリカ系アメリカ人の男性が梅毒と診断され、ペニシリンで治療されたケースについてでした。驚くべきことにその男性を治療した医師は、その後アトランタの疾病予防管理センター（CDC）に呼び出され、叱責を受けました。困惑した医師は、

男性の梅毒を抗生物質で治療したことで、センターの複雑な研究設定に支障をきたしたと知らされました。

ブクストンはその話に驚愕し、なぜアラバマ州のアフリカ系アメリカ人男性の梅毒が治療されていないのか調査を始めました。やがて彼もアトランタに呼び出され、CDCの高官からこの件について騒ぐのはやめるよう忠告されました[31]。

ブクストンは何年もの間、研究を打ち切らせようとしましたがうまくいかず、最終的には法律を学ぶために機関を去りました。スキャンダルが発覚したのは、彼がこの研究に関連する文書をジャーナリストに提供し、それがAP通信のジーン・ヘラーに渡った時でした。1972年7月25日付のワシントン・スター紙に記事が掲載され、翌日には各紙の一面を飾りました。その年の暮れ、米国保健当局がようやく研究を終了させた時には、128人の男性が未治療の後期梅毒で死亡し、40人の配偶者が感染し、19人の子どもが先天性梅毒に感染していました[32]。

タスキーギ梅毒研究は、当局や医療行為によるアフリカ系アメリカ人コミュニティに対する唯一の脅威ではありません。例えば1960年代、政府が運営する家族計画クリニックはアフリカ系アメリカ人を欺いたり、不妊手術を強要しました[33]。

奴隷制の時代には、アフリカ系アメリカ人は医学実験に頻繁に参加させられました。1800年には数百人の奴隷に天然痘のワクチンが接種され、その安全性が試されました。この中には、アメリカ大統領トーマス・ジェファーソンが所有する奴隷も含まれていました。

女性の奴隷は帝王切開の練習台にされ、沸騰寸前の熱湯を奴隷の背中にかけることで肺炎を治療する試みも行われました。ある実験ではフェッドという名前の奴隷が、耐熱性を試すために蓋付きの穴の中で気絶するまで繰り返し加熱されました[34]。

過去の経験から、アフリカ系アメリカ人には社会や保健当局の意図を疑う正当な理由があります。このことは、彼らを医学研究に参加させることの難しさや、当局に対する陰謀論がコミュニティ内で蔓延していることからも明

らかです[35]。2022年に実施された調査では、アフリカ系アメリカ人は他の
アメリカ人に比べて、エイズやHIVに関連する陰謀論を信じる傾向が有意
に高いことがわかりました[36]。例えば、アフリカ系アメリカ人の間では表5-
1のような主張が信じられていました。

表5-1　アフリカ系アメリカ人の間で信じられていた主張の例

エイズに関する重要な情報が隠されている。	65%
エイズには治療法があるが、貧しい人々には公開されていない。	55%
HIVは人工ウイルスである。	57%
エイズはアフリカ系アメリカ人を標的にしたジェノサイドの一形態である。	32%
政府はアフリカ系アメリカ人をコントロールするためにエイズを作った。	23%
新しいHIV治療薬を服用する人物は政府のモルモットである。	40%

　このような状況において、アフリカ系アメリカ人が他の人々よりも陰謀論
に陥りやすいと主張するのは意味がありません[37]。というのも、彼らが陰謀
思考や妄想を示すからではなく、正当な理由に基づく当局への疑念が世代を
超えて伝えられているからです。この疑念は過去の経験に基づき、当局を常
に欺く可能性のある集団としてみることで、陰謀に敏感な脳のメカニズムを
活性化します。またこの疑念は、社会的な成功機会の欠如や医療において差
別を受けた経験などによって、さらに強まります[38]。

　世代を超えた不信感とそれに関連する陰謀論は、深刻な結果を招いていま
す。例えば2015年には、アフリカ系アメリカ人は人口の12％であったにも
かかわらず、新たなHIV感染者の45％を占めていました[39]。

ニューエイジ・スピリチュアリティと陰謀論

　2020年秋、フィンランドのヨガ界でQAnon陰謀論が急速に広まりました。

ヨガ講師のミア・ヨキニヴァはノーラ・マッティラの著書『目覚め（原題：*Heränneet*）』の中で、2020年夏に自身のFacebookフィード［訳注：友人やフォローしているページの投稿など、Facebookの画面に表示される記事］がCOVID-19ウイルスの陰謀論やQAnon陰謀論に関連するメッセージで埋め尽くされたと述べています[40]。ヨキニヴァはまた、陰謀論を支持しなかったため、誰かが彼女に金を支払っているという非難にも遭いました。2020年10月、ヨキニヴァは陰謀論の拡散反対を訴える嘆願書「Qアノンに反対するヨガ実践者たち（Joogit QAnonia vastaan）」を発表しました[41]。

　「私たちヨガ講師は、COVID-19に伴う制限の必要性を否定し、ウェルネス・コミュニティに浸透している動きから離脱する。私たちは、すべてのフィンランド人、特にCOVID-19のリスク・グループに属する人々の健康を懸念している。私たちは、教育活動やその他の業務において、ウイルスの拡散を抑制するための対策を講じ、必要に応じてさまざまな制限を導入し、すべてのお客様が安心して私たちのクラスに通い続けられるようにすることを約束する。

　この署名をもって、私たちはまた、ヨガやウェルネスの分野に現れている陰謀論への支持、カルト的な心理的影響、故意の誤情報の拡散を、ヨガとは完全に対立する活動であるとみなしていることを明らかにしたい。」[42]

ウェルネス・コミュニティの人々が陰謀論に魅了されるようになったのは、COVID-19パンデミックの中の不確実性などさまざまな理由から生じた可能性がありますが、ヨガ界隈でよくみられるニューエイジ・スピリチュアリティが一因となったかもしれません。陰謀信念とニューエイジ・スピリチュアリティの興味深いつながりは、クリスタル党のウェブサイトに示されています。クリスタル党はフィンランドの政界では新参者で、2021年に政党として登録されました。スピリチュアル、反ワクチン、陰謀論の支持などが特徴です。同党のユホ・リューティカイネンは社会状況を次のように述べています。

　「夏は平穏だったが、秋から冬にかけては異常な時期になることは間

違いない。世界的なCOVID-19ウイルスのデマを目の当たりにし、わが党は当初から、それを指摘してきた。現在、次の計画の開始が明らかになっている。

ウクライナ危機を隠れ蓑にして、フィンランドだけでなく、ほぼ全世界で人工的なエネルギー危機が引き起こされており、それは世界的な経済危機と並行して進行している。エネルギー価格が高騰すれば、必要経費を引いた後に流通する金は大幅に減少する。また、人々の収入が必要な支払いにも足りなくなる可能性が高く、その結果、財産が合法的に取り上げられることになるかもしれない。

住宅ローンの支払いが不可能になり、ローンの金利が上昇すると、銀行は不動産を押収し、それを世界的な投資会社に底値で売却することができる。これはすべて、1990年代のフィンランドの不況の間に起こったことである。その時、政治家たちが裏切りに加担し、大統領が銀行による私有財産の略奪を容認したのである。

私たちは今、人類の歴史において類をみない大変動に向かっている。人間の本質を研究してきた心理学者たちは、約70%という大多数の人々が大衆意識と呼ばれるものを持っていることを指摘している。これは、自分自身の意見を形成する代わりに、外界、つまりメディア、権威、専門家などに意見を求めるというものである。メディアや権威が腐敗していない理想的な世界であればすべてがうまくいくのだろうが、私たちは今、そのような世界に生きているわけではない[43]。

世界経済フォーラムを含む組織化されたエリート・マフィアが、意図的にパンデミックを引き起こした。その狙いは多くの人々が認識しているように、世界中の国々を膨大かつ絶え間なく増大する債務負担の下に追いやることである。そして、このピラミッド・スキームは終焉に近づいている。

世界経済フォーラムのリーダーであるクラウス・シュワブも、『グレート・リセット（原題：*COVID-19: The Great Reset*)』という著書の中で、COVID-19ウイルスが新しい経済社会システムへの移行を可能にすると

述べており、多くの国際的な政治家たちから賞賛されている。

　このシステムは非常に厳格な管理社会であり、市民の自由が奪われてしまう。社会的信用格付けを含むデジタルIDが導入され、それによって個人の社会的地位が決定される。エリートは最高の生活環境を享受し、立場の弱い人々は、例えば健康に有害であることが判明しているワクチンの接種を拒否することで、独裁政権の命令に逆らう者となるだろう。」[44]

これらのブログ記事では、腐敗した全能のエリートが自分たちの邪悪な計画を進めるためだけに、COVID-19パンデミック、ウクライナ戦争、エネルギー危機を起こす世界を描いています。リューティカイネンはYouTubeで、ビル・ゲイツがいかにして密かにすべてをコントロールし、COVID-19ワクチンを使ってチップを埋め込むかを明らかにしています[45]。

グレート・リセットは、社会と経済システムの発展を考えるために世界経済フォーラムが主催する会議です。この言葉が不吉な解釈への扉を開いていることは否定できず、この会議で発表された計画は確かに多くの点で批判される可能性があります。しかし、このブログでは現象の背後にある陰謀の実態を強調しており、COVID-19パンデミックは、グレート・リセットの最初のステップとして意図的に開始されたとしています。グレート・リセットは陰謀論の中でも特に人気のある話題で、例えばフィンランドのウェブサイト「マグネッティメディア（Magneettimedia）」は、世界経済フォーラムのクラウス・シュワブがユダヤ人であることや、「ユダヤ人マフィア」による人類の世界的破滅を目指す陰謀を主張しています[46]。

クリスタル党の綱領にも、陰謀論がさりげなく登場しています。例えば、911の同時多発テロに関する公式説明に疑問を投げかけています[47]。さらに綱領は、政治家に対し「秘密結社」とのつながりを明らかにするよう、はっきりと要求しています。この要求は、フリーメイソン、イルミナティ、またはその他の神秘主義的な教団との、秘密裏の提携に対する懸念を示唆しているようです[48]。

クリスタル党は陰謀がはびこる世界をほのめかす一方で、支持者の多くは

第5章　陰謀脳　　215

さまざまな形の新しいスピリチュアリティを受け入れています。同党のウェブサイトには、魔術、ホメオパシー、ホリスティック・ヒーリングなどの記事が掲載されています[49]。新しいスピリチュアリティと陰謀論の間には、何らかの関連があるようです。

社会学者のシャーロット・ワードとデイビッド・ボアスは、ニューエイジ・スピリチュアリティと陰謀論の融合を表現するために、「陰謀（conspiracy）」と「スピリチュアリティ（spirituality）」を組み合わせた「コンスピリチュアリティ（conspirituality）」という造語を作りました[50]。ワードとボアスによれば、陰謀思考と新しいスピリチュアリティの融合は、世界を支配する秘密のグループ、出来事の背後に隠された意味、そして人類を新しい時代へと導く変革といった信念によって特徴付けられます[51]。

新しいスピリチュアリティの分野は広範で、それを定義することはやや難しいですが、多くの教えの起源は古い教義や信仰に遡ることができます。超自然的なものに興味を持つ人たちは長い間、神智学者、バラ十字団、人智学者などの秘教的なグループに集まってきました。これらのグループは、主流の宗教の外で精神探求のグループとして機能しています。これらの教えの中心には隠された存在や知恵があり、それらが異なる光で世界を解き明かします[52]。隠された現実は何もかも見た目通りではないため、注意が必要であることを示唆しています。

隠された存在に加え、人類を形作る変化が近づいているという概念も重要な考え方です。例えばクリスタル党のマニフェストでは、「古代の予言が語る」という表現や、人類の意識に大きなシフトが起きているといった記述の中に現れています[53]。

秘教的な教義と宗教、信仰に基づく医療、超常現象の信仰との融合は「カルト環境（cultic milieu）」や「オカルチャー（occulture）」と呼ばれています[54]。この現象を適切に表すフィンランド語は「itseuskonto」で、「DIY［訳注：Do It Yourselfの略］宗教」と訳されます。これは、現代のスピリチュアリティの自己実現的な性質を表しています。自己宗教の主な特徴は、秘教的な教え、宗教、超自然的な信仰が混ざり合い、そこから個々が独自の世界観

を構築できる新しいスピリチュアリティのビュッフェとなっています。

スピリチュアリティのビュッフェからアイデアを選ぶ人は、雑食性の即興演者であり、異なる信仰や伝統の教えを検索して組み合わせ、自分用に合成します。したがって、人をキリスト教徒、神智学者、バラ十字団などと厳密に区別する必要はなく、例えばキリスト教をベースに他の信仰をスパイスとして加え、自分に合ったスピリチュアルなビジョンを創り出すことができます[55]。

コンスピリチュアリティの奇妙な歴史

陰謀論と秘教的教えの融合は、新しい現象ではありません。例えば、ナチス・ドイツでは反ユダヤ陰謀論が秘教思想と絡み合い、特に神智学の創始者であるヘレナ・ブラヴァツキーの影響を受けました。彼女は著書『秘密教義（原題：*The Secret Doctrine*）』の中で、チベットの修道院で読んだ古代の書物について述べ、その秘密の知恵を人類に伝えると主張しています。彼女の教義によれば、世界は七つの時代を経ており、それぞれが七つの根源的な種族に関連しています。各時代において根源的種族の一つが支配的となり、現在の第4時代では人類のエリートはアーリア人が代表しており、その時代で最も霊的に進んだ人種と考えられていました。

ブラヴァツキーは、アーリア人の前にはアトランティス人がいて、アトランティスの崩壊によってほとんどが滅びたと示唆しています。しかし、彼らは滅亡前に科学技術の知識を伝え、それがアーリア人の繁栄を可能にしました。時を経て、アーリア人はセム人種と分化し、その中でユダヤ人は利己的で憎むべき劣等な人種とみなされました[56]。

アトランティスのアーリア人に関するブラヴァツキーの理論は、アリオゾフィーとして知られる教義の発展に影響を与えました。この教義はアーリア人とユダヤ人の違いを誇張し、アーリア人から分岐した種族を猿のような劣った存在として描きました。これにより、ユダヤ人やその他の劣等人種とみなされる種族の絶滅は、世界の発展の自然な一部として正当化されまし

た。アーリア人が次のレベルに上るためには、彼らの道から劣等な人種を排除することが必要とされました[57]。

　アリオゾフィーは、党の最高思想家であるアルフレッド・ローゼンベルクやヒトラーの腹心ハインリヒ・ヒムラー総統など、ナチスの主要人物の関心を集めました。1935年、ヒムラーはドイツ先史時代の精神史研究を目的として、ドイツ・アーネンエルベ研究所［訳注：Ahnenerbe,「祖先の遺産」を意味］を設立しました。この研究所はまた、ユダヤ科学に対抗する役割も果たしていました。特に非難されたのは、アルベルト・アインシュタインの怪しげな相対性理論でした。アーリア物理学はそのようなナンセンスを否定し、厳密な実験的研究に焦点を当て、数学的な空想に屈することはありませんでした[58]。

　ヒムラーは自身の研究所の活動に非常に熱心で、アーリア人の先祖であるアトランティス人は宇宙から地球に降り立ち、アーリア人は地球外生命体の子孫であると信じていました。この古代宇宙飛行士の概念は想像力を刺激するものであったため、私たちの文化に根強く残り、特に1970年代にエーリッヒ・フォン・デニケンの古代宇宙飛行士に関する本によって広く知られるようになりました。

　アトランティスが200万年前に滅んだ時、アトランティス人の超人的な能力と膨大な知識は失われました。失われたアトランティスの超人種は超自然的な力と超兵器を持っており、その中には東部戦線で非常に役立ったであろうトールのミョルニルのハンマーも含まれていました。1944年の終わり、ドイツの敗北が明らかになると、ヒムラーはこの奇跡的なハンマーの現代版を作るプロジェクトを部下に課しました。ヒムラーが魔法のハンマーに集中し、核兵器開発に関する会議を退屈だとしてスキップしたことは、後世にとって幸運だったでしょう[59]。

　宇宙オカルティズムが人種差別的なイデオロギーやユダヤ人に関する陰謀論と混ざり合った結果、他民族、特にユダヤ人の支配と絶滅を正当化するイデオロギーが生まれました。これはまた、秘教主義と陰謀思考の危険な交わりを端的に示す例でもあります。

ナチス・ドイツのオカルト的背景を過度に神秘化すべきではありません。なぜなら、その政権のオカルティストたちが秘密の知識を持っていたわけではなく、他の誰もが読んでいるのと同じ本を読んでいただけだからです。また、政権には統一されたオカルト的目標もなく、多くのナチスの指導者たちは彼らが軽薄だと考える秘教主義に反対していました。したがって、ナチス・ドイツは黒魔術や奇妙な儀式が一般的に行われるようなオカルト国家ではなく、むしろ政権の一部のメンバーはオカルティズムを自分たちの行動を正当化するために利用していました。

一部のネオナチ界では、オカルティズムは依然として魅力的です。例えば、アメリカのネオナチであるジェームズ・マドールは、1960年代から1970年代にかけてニューヨークの路上で活動し、ファシスト革命の必然性について説いていました。1974年、彼は『ニュー・アトランティス（原題：The New Atlantis: A Blueprint for an Aryan Garden of Eden in North America）』を出版し、ファシスト革命後にアメリカに設立される、新しいアトランティスのビジョンを描き出しました。彼の構想した社会は、インドのカースト制度に似た人種隔離制度に基づいており、究極的には新たなアダム、白い神の出現といった彼のファシスト・オカルティスト・イデオロギーの頂点を象徴するものでした[60]。

これらの理論は、後にロシアで意外な受け入れ先を見つけました。ロシアの哲学者であるアレクサンドル・ドゥーギンは、その超国家主義的哲学がウクライナ侵攻のインスピレーションの一つとなった人物です。

ドゥーギンは、2014年の時点で早くもウクライナへの攻撃を呼びかけており、公式のつながりはないにもかかわらず、彼の思想がウラジーミル・プーチンの考え方に大きな影響を与えたといわれています。ドゥーギンの影響はプーチンの演説で明らかであり、リベラルな西側諸国と「第3のローマ」すなわちロシアとの闘争を伝統的価値の防衛として描いています。プーチンは、明らかにドゥーギンに由来する思想で、ウクライナへの侵攻を繰り返し正当化しています[61]。

ドゥーギンのイデオロギーのルーツはファシズムに深く根ざしており、ア

第5章　陰謀脳　219

ドルフ・ヒトラーを英雄として賞賛し、有名なファシスト理論家であるジュリウス・エヴォラから多大な影響を受けています[62]。ドゥーギンは、ファシズムへの関心を超えて、しばしば世界の終わりが迫っているのはユダヤ人とフリーメイソンの陰謀によるものだと主張しました。彼が、最初に終末を予言したのは1997年のことで、ロシアで赤い雌牛が生まれたことと関連付け、これを黙示録の書に予言された兆候だと主張しました。この予言が外れたにもかかわらず、ドゥーギンは落胆しませんでした。彼は、アトランティスとハイペルボリア［訳注：北極地方にあったとされる大陸］の間の古代の形而上学的な戦争を信じており、予言のわずかな遅れは、永遠のスパンにおいては無視できると考えていました。

　ドゥーギンによれば、終末の時代は1666年のモスクワ教会会議で始まり、ユダヤ人によるキリスト教徒の儀式的大量殺人で頂点に達するということです。彼の見解では、ロシアはこの形而上学的オカルト戦争における唯一の避難所であり、そのため悪魔はロシア恐怖症にとりつかれています[63]。このオカルト戦争の背景には、アドルフ・ヒトラーがベルリンから脱出し、北極のウルティマ・トゥーレに逃れたという第2次世界大戦末期の劇的な出来事があり、そこで創造神に対する秘密戦争を指導しているとされています[64]。

　ドゥーギンの究極の目標は、この戦争に参加することで、古代ロシアの超大国の地位を確立し、自由主義的な西側諸国を打ち負かすことです[65]。何十万人もの死傷者を出したウクライナ侵攻が、オカルト的な偽史や陰謀論によって引き起こされた可能性を思うと、考えさせられるものがあります。

コンスピリチュアリティと拒絶された知識の魅力

　秘教と陰謀論の絡み合いは、その社会的地位に関係しています。秘教の教義は常に権力者、教会、科学からの批判に直面し、新しいスピリチュアリティのコミュニティでは拒絶感が生じていました[66]。主流から外れる自身の世界観に関する知識は、烙印を押された知識、拒絶された知識と呼ばれています[67]。

主流から外れる知識のタイプはさまざまですが、例えば1950年代から1960年代にかけてヘルシンキ大学で研究された超心理学は、1970年代には学問の領域から外れていました。1967年、有名な司祭ヴォイト・ヴィロが、スウェーデンの霊媒リリー・オーケルブロムの本の序文で超心理現象について肯定的に述べ、研究者たちの偏見に満ちた態度を批判しました。ヴィロはさらに、触覚を通して物体の歴史を感じとるオーケルブロムの能力を教会考古学に利用する可能性さえ言及しました[68]。

　研究者の観点から見ると、1970年代に超心理学が疎外されたのは成果が乏しかったためであることは明らかです。テレパシーのように超常現象の証拠を見つけることができなかったため、研究者たちは超心理学を実りのないものとみなすようになりました。画期的な発見を目指すことは称賛に値しますが、何十年もの間他の研究者が一貫して失敗してきたテーマで、自分のキャリアを危険にさらすことは得策ではありません。

　超心理学に魅了された人々にとって、学術界の関心の低さは愚かな偏見や悪意ある隠蔽のように思えるかもしれません。信じる者にとっては興味深い現象が否定され、沈黙させられているように感じられるものです。

　拒絶は嘲笑や沈黙の形をとることもあります。例えば、幽霊やUFOに関する話題は1980年代前半にはよく見かけましたが、近年では大幅に減少しています。

　主流派が重要なアイデアを否定し、嘲り、無視する時、そのような拒絶の背後にある理由について必然的に疑問が生じます。それが無知に起因することもありますが、もっと意識的な力が作用して、主流派の態度を否定的に操作しているのかもしれません。これが陰謀思考を引き起こし、誰がこの情報を隠したがっているのかという憶測につながります。

　主流から外れた知識に頼ることは、自己強化のサイクルに陥りかねません。権威や主流メディアが自分にとって説得力のある理論を否定すれば、情報源としての主流メディアの信頼性は低下します。メディアが自分の信念を軽んじるような態度をとれば、自分もそれを否定し、その主張を信じようとしなくなります。ひとたび主流の外側に身を置けば、新たな代替的真実を受

第5章　陰謀脳　　221

け入れやすくなります。このサイクルでは、情報を排除したり差別したりすることが、かえってその情報の信憑性を高めてしまうように働きます。そのような人々にとって陰謀論は、主流から受け入れられていないという事実だけで、より信じられるものに見えるかもしれません[69]。

陰謀脳と意味に溢れる世界

　本書では、陰謀論を信じやすくする脳のメカニズムを紹介しました。推測する脳は紆余曲折を正し、意味付けする脳は舞台裏にいる者を想像し、回復する脳は運用能力を維持します。これらのメカニズムが協力し合うことで、まるで陰謀論を愛しているかのように、陰謀に対して非常に敏感な「陰謀脳」が形成されます。

　しかし陰謀論の多様性と状況依存性は、陰謀に対する感受性が単純な問題ではないことを示しています。人間は現実を計測する単なる装置ではなく、意味が溢れる現実をさまよう存在であり、独自の視点から世界を解釈しています。性格や考え方、知性が行動に及ぼす影響は、常にその状況や生活史を考慮して評価されるべきです。

　例えば、私は内向的な性格のため、学会で社交的な交流が連日続くと疲れてしまい、時々ホテルの部屋に戻って一人で休むことがあります。一方で、社交的な集まりや朝のテレビの科学パネルで話す時には、意識的に外向的に振る舞うことができます。状況に応じて、私の脳の基本的な性質はさまざまな形をとり、私の人生を制限していた若い頃とは異なる50代の知恵で対応しています。そのため内向的といわれる私の脳の性質は、すべての状況で私の行動を予測し得るものではありません。

　陰謀信念も同じで、特定の性格や認知の傾向、生い立ちなどの組み合わせが、常に陰謀論を信じる人を生み出すわけではありません。陰謀信念の形成には学歴や認知傾向だけでなく、社会経験の必要性を指摘した研究においても個人の特性と状況との相互作用が示されています[70]。

　したがって陰謀信念とは、陰謀に対する脳の感受性と現実との相互作用と

いえます。信念は、感情、動機、生い立ち、アイデンティティ、文化などの複雑なネットワークが絡み合っており、陰謀脳を理解するためには陰謀論を信じる人が生きている世界を考慮する必要があります。

　これはまた、陰謀信念の多様性を理解することを意味します。陰謀論は人を妄想の深みに突き落とす、精神的なウイルスではありません。むしろ驚くほど多くの人が、人生のある時点で何らかの陰謀論を信じていることが研究で示されています。陰謀信念は連続体であり、ある人は多かれ少なかれ信じているかもしれませんし、信念の対象は奇抜な理論であったり、そうでなかったりします。その信念も、正当化されるかもしれませんし、されないかもしれません。重要なのは、陰謀論を信じる人が、特定の性質に基づいて定義できるような個人ではないということです。

　陰謀思考という概念を用いる場合にも注意が必要です。陰謀を信じる傾向が強まることは、人を「正常者」と「異常者」の二つのグループに区別するものではありません。陰謀思考の両極端には、遭遇するすべての理論を受け入れる人もいれば、陰謀論にまったく魅力を感じない人もいますが、ほとんどの人はその中間にいます。状況によっては何らかの陰謀論を信じるかもしれませんが、常にすべての陰謀論を信じるわけではありません[71]。

　しかし単純化しようとする人間の傾向は、陰謀論を信じる人々を極端な方に分類したくなります。例えば、「アリストテレスは、ユダヤ人の陰謀と戦う宇宙人だった[72]」や「ビートルズは、ジョン・レノンが『イマジン』という曲で大胆に暴露した通り、イギリスのタヴィストック研究所が計画した秘密の洗脳キャンペーンだった[73]」などの陰謀論を熱心に受け入れるような変わり者に対して、その傾向は顕著になります。

　このような傾向は、私たちを取り巻く世界に遍在している、もっと日常的な陰謀論を信じる多くの人々に対して公平ではありません。例として、2023年2月にフィンランド議会で起きたサーミ議会法改正案の否決が挙げられます。この政治的な出来事は大きな騒ぎを引き起こし、すぐに陰謀論が浮上しました。この法案の否決には多くの人が憤り、ソーシャル・メディアでは、憲法委員会の議長である社会民主党のヨハンナ・オヤラ・ニエメラと中央党

第5章　陰謀脳　223

の国会議員マルクス・ロヒが秘密裏に計画した陰謀ではないかという議論が活発に行われました[74]。

　元国会議員や現職国会議員を含む著名な論客たちは裏工作の可能性を指摘しましたが、なぜか彼らは陰謀論者と呼ばれることはありませんでした。この文脈では、社会的エリートの中に陰謀論者が存在しないという印象を受けますが、実際には個人が合理的で正当な疑念を提示しているにすぎません。

　陰謀信念の多様性は、ブラッドリー・フランクスの研究によく示されています[75]。この研究では、オンラインのグループで陰謀について議論している人々へのインタビューが行われました。参加者は、陰謀論に興味を持つ他者との議論を求めた人から選ばれました。インタビューの分析から、フランクスは参加者を五つの異なるタイプに分類しました。

　グループ1は、社会の機能には修正すべき点が多いと考える人でした。彼らは現状に不満を持ち、社会を変えたいと望んでいました。自分たちをオープンマインドだとみなしており、陰謀や悪意のある政治家が社会の裏側に影響を及ぼしているとは信じていませんでした。

　グループ2は、目に見える現実の背後にはもう一つの現実があり、そこでは物事の本当の姿が隠されていると信じていました。彼らは、主流の説明が説得力に欠けるため、陰謀論が存在する可能性があると考えていました。しかし、陰謀だけが世界の出来事を説明する唯一の方法ではなく他の説明も可能であり、デイビッド・アイクの爬虫類人説のような奇妙な陰謀論は彼らにとって真剣な批判や正当な疑念を損なうものでした。

　グループ3は、メディアを通じて伝えられる主流の真実を信じていませんでした。例えば、飛行機雲は人体に何らかの影響を及ぼす化学物質を撒き散らすためのものであるといった、特定の陰謀論に固執していましたが、包括的で大規模な陰謀論は信じていませんでした。

　グループ4は、すべての主流の情報は、経済や気候をコントロールする背後の全能者を隠す幻想だと考えていました。彼らの間には、権威やメディアに対する広範かつ包括的な不信がありました。彼らの陰謀論は、911同時多発テロ、ジョン・F・ケネディ暗殺、シャルリー・エブド襲撃事件のような

出来事が大規模な陰謀の一部であり、背後には相互に関連する真実が隠されているという、より大きな理論に結びついていました。自分たちを他の人よりも洞察力に優れているとみなし、幻想や欺瞞を見抜き、主流の現実の外にいると感じていました。しばしば陰謀の包括的な性質を理解することを宗教的な目覚め、悟りの瞬間と表現し、他者を決められた仕事や家庭生活に無意識に従事し、ジャンクフードや娯楽で感覚を麻痺させ、何より自分たちに吹き込まれた嘘を信じている羊とみなしていました。

　グループ5は、多くの点でグループ4と似ていましたが、彼らは現実を完全に幻想と捉えていました。例えば、人間に化けたトカゲが超自然的な力と優れた技術で世界を支配するといった、より高尚な陰謀論を主張しました。彼らにとって陰謀はすべてを網羅するものであり、すべての現実や出来事は構築された幻想にすぎないのです。

　この研究の参加者は、誰も「陰謀論者」という言葉を受け入れませんでした。代わりに、彼らは自分たちをオープンマインドな真実の探求者として説明し、主流の政治やメディアに批判的であり、世界を理解する別の方法を考えていると述べました。

　インタビューで示された信念の多様性は、公式の事実を単に疑問視するだけで陰謀論を信じない、あるいは陰謀論を信じてもヒトラーが北極で戦いを指揮しているとは信じない、ということが可能であることを示しています。極端な陰謀信念は、連続体における特殊なケースであり、これに基づいてすべての参加者を一般化すべきではありません。グループ間を移動することは可能であり、ある人は陰謀論に深く没頭するかもしれませんが、陰謀論に興味を持つすべての人がそうなるわけではありません。

陰謀論の過小評価

　陰謀論を信念の多様性という観点から検討すると、多くの科学論文や書籍、新聞記事の奇妙かつ脅威的な主人公である「陰謀論者」を特定するのは難しくなります。ストーリーに登場する陰謀論者が、実際に存在するのかど

うかさえ疑問です。人間の心は私たちが想像する以上に複雑であり、異常な陰謀論者のグループではなく、時に特異な信念を持つ人々に過ぎません。

　陰謀信念はしばしば単純化されてみられがちで、陰謀論や陰謀論者が一様なグループを形成しており、広範な一般化が可能であるかのように扱われます。こうした過度な一般化は、陰謀論者を過小評価や過大評価する可能性があります。

　過小評価とは、陰謀論者の合理性や精神衛生をとるに足らないものとして扱うことを意味します。これは、最も奇妙な陰謀論や最も風変りな陰謀論者を強調することによって起こります。陰謀信念の根源も、妄想、愚かさ、騙されやすさ、不確実性に耐えられないこと、直感への過度の依存を組み合わせることで見つかるのではないかという誘惑に駆られます。

　しかし、単純化は危険です。なぜなら、陰謀信念を他者の属性として安易に押し付けてしまうからです。これは、自分が平均より賢いと想像している私たちにとって自然なことです。高学歴の人は低学歴の人より賢いと信じ、低学歴の人は学者は象牙の塔の住人で現実世界から乖離していると思うかもしれません。

　こうした私たちの優越感の錯覚は、自身を陰謀論者だとは思わず、陰謀論者は常に何らかの欠陥があり、不完全な他者であるという妄想につながります。他者に否定的な特性を転嫁することは非常に人間的ですが、同時に危険でもあります。他者を愚かで陰謀論に傾きやすいと考えることに安心し、自身の感受性を認識しない場合、この盲点が陰謀を信じやすくし、陰謀論の蔓延を助長することになります。

　過小評価は社会的な問題を見過ごすことにもつながります。陰謀思考は、社会から疎外され権利を奪われたグループが、社会を認識するための正当な方法でもあります。そうした状況が精神障害や教育不足として片付けられてしまうと、心理学的解釈は社会的不公正に対処するのではなく、差別を助長することにつながります。

　過小評価はまた、政治家や企業の行動に関する有効な社会的議論を、妄想的な陰謀論者の戯言として一蹴することで、それらの議論を脇に追いやる結

果にもなり得ます。

　陰謀論者を過小評価せず、ソーシャル・メディアでビル・ゲイツの爬虫類同盟についてわめき散らしている人だけでないことを理解すべきです。誰もが陰謀論者になる可能性があるのです。それは孫の世話をするおばあちゃんかもしれませんし、グリルを囲んでビールを楽しむ同僚かもしれません。また、大統領やノーベル賞を受賞したトップ研究者かもしれません。陰謀論を信じることは特定の型にはまった人々だけの特性ではなく、社会のあらゆる層にみられる現象なのです。

　陰謀論を真に理解するには、その多様性を受け入れる必要があります。陰謀信念は、脳の傾向、個人の生活状況、社会的文脈との複雑な相互作用の結果です。異なる人々が、異なる状況で、陰謀論に影響を受けやすいのです。適切な状況下では、すべての人が陰謀信念に影響される可能性があります。自身の感受性を認識することは自分の信念をより批判的に理解することにつながり、逆に、他者を陰謀論者と決め付けるのに批判的になることにつながります。

陰謀論の過大評価

　陰謀論の無害さを強調することは、陰謀論の危険性を真剣に考えていないように思われるかもしれません。しかし、陰謀論の危険性は認識されるべきであり、その危険性を真剣に考えていないというのは私の意図するところではありません。特にワクチン拒否のような健康関連の陰謀論は、真剣に受け止める必要があります。同様に、社会の分断を促し民主的プロセスを損なう陰謀論は、2021年1月6日に起きたトランプ支持者による連邦議会議事堂襲撃事件で示されたように、重大な結果を招くことがあります。陰謀論による社会的な分極効果は多くの研究で観察されています[76]。

　結果の深刻さを考えると、政治家によって流布される陰謀論を真剣に受け止める必要があります。特に、陰謀論が直接的に言及されていないにもかかわらず、関連する概念を使って暗示する政治家のほのめかしは、批判的に検

討されるべきであり、その根底にある理論が明らかにされるべきです。ここでは特に、メディアの責任が重要視されます。

　陰謀論が暴力行為を引き起こした例は数多くあります。例えば1995年、ティモシー・マクベイは、オクラホマの連邦政府ビルの前で大量の爆発物を積んだトラックを爆発させました。マクベイは、秘密の勢力が権力を握り、彼と彼の友人を武装解除しようと計画しているという陰謀論を行動の正当化に用いました。マクベイは無実の人々の殺害を、映画「スター・ウォーズ」のシーンに例えて合理化しました。そのシーンでは、善良な反乱軍がデス・スターを爆破し、その過程で多くの帝国軍の将校が死亡します。マクベイによれば、爆破で亡くなった人々は陰謀者との闘いにおける必要悪であったということです[77]。

　陰謀論に触発された別の暴力は、2020年のクリスマスに起こりました。アンソニー・ワーナーは、911が米国政府と人間に化けたトカゲによって画策されたと信じていたため、ナッシュビルのダウンタウンで車内の爆弾を爆発させました[78]。

　同様に恐ろしいのは、「グレート・リプレースメント」という陰謀論に触発された銃撃事件です。2019年8月3日のエルパソ銃撃事件では、パトリック・クルーシアスがダラスからエルパソまで運転し、地元のモールに入って半自動ライフルで発砲しました。クルーシアスは移民が国を乗っ取っていると信じ、20人を殺害しました[79]。この理論は、ウトヤ島の大量殺人犯アンデルス・ブレイビクや、クライストチャーチ銃撃事件の犯人ブレントン・タラントにも共有されていました[80]。

　もっと珍しいケースとして2015年10月、ギリシャ警察がエプシロン・グループのメンバー5人を逮捕した事件があります。彼らは、カラマタにある最後のビザンチン皇帝コンスタンティヌス11世の像とギリシャの銀行を爆破する計画を立てていました。彼らの陰謀論では、ギリシャを守るエイリアンが、フリーメイソンとシオナチ［訳注：シオニズムとナチズムの同盟］による悪の連合との永遠の戦いを繰り広げているという、隠された戦いが仮定されていました[81]。

テロ攻撃に注目すると、陰謀論は非常に危険で、奇妙な信念に陥れば最後、深刻な結果を招くかのように見えます。しかし、最悪の事態を強調することで陰謀論の重要性を過大に評価することもあり得ます。確かに多くのテロリストが陰謀論を信じ、テロ組織がそれを宣伝や勧誘に利用していますが、陰謀論を信じるすべての人が潜在的なテロリストであるわけではありません。陰謀論がテロに直接つながるかどうかは不明であり、またテロに関連する怒りや疑念が陰謀論を助長する傾向があるのかもわかっていません[82]。

陰謀論は恐れるのではなく、数ある信念の一つとして捉えるべきです。例えば、宗教性と比較すると驚くほど多くの共通点があります[83]。キリスト教の観点から例えると、善と悪の力が影響を及ぼす根本的な現実があり、その真の目的は信者には部分的にしか知らされていないとされています。

隠された力の真の目的はしばしば不明であるため、起こることにはすべて理由がありますが、私たちには隠されたままかもしれません。特に悪いことが起こる時は不可解ですが、神と天使は目に見えない影響力を持つ存在であり、私たちは直接問うことができないので、なぜ悪いことが起こったのか尋ねる機会はありません。しかし神の意志は、その理由が真に善いものであるという保証を与えてくれます。

宗教がもたらす結果を考えれば、宗教が多くの暴力行為の原因となったことは明らかです。また、一部の宗派は信者を集団自殺に追い込んだり、愛する人との縁を断ち切らせたりしました。それでは、宗教は危険だと一般化できるでしょうか？　1998年、パーヴォ・リッポネン元首相が福音ルーテル教会に入信した時、誰も彼が福音ルーテルの「奇妙な穴」に落ちたとは主張しませんでした［訳注：リッポネンは無神論が一般的である社会民主党の人物だったため、フィンランドでは重要な出来事となった］。しかし、もし彼が終末論的なUFOカルトに入信していたら「穴に落ちた」という比喩が、適切と考えられたかもしれません。リッポネンの場合、彼の決断は中立的に受け止められました。彼が入信したのにはそれなりの理由があったのでしょうし、彼の決断は尊重されました。宗教や信仰にはさまざまな形があり、それを一般化すべきでないことは誰もが理解しています。

第5章　陰謀脳　　229

同じように、陰謀論を信じる人に対しても、その多様性を理解した上で接するべきです。陰謀論を信じる人がテロを起こす可能性は低いですが、クリスマスの食卓でワインを3杯飲んだ後は少し煩わしいかもしれません。陰謀論は他の信念と同じように扱うべきであり、短期間であったり長期間であったり、激しかったり穏やかだったりする世界についての理論の一つなのです。陰謀論に対する信念をすべて一般化して評価することはできません。それぞれのケースに応じて評価されるべきです。

個人的な関係も、公の議論や公的な活動と並んで重要です。陰謀論がもたらす悪影響の多くは日常的な対立として現れます。多くの人に陰謀論を信じる親戚や友人がいて、それが議論を引き起こしたり、連絡がとれなくなったりする原因となっています。心理学者である私は、陰謀論を信じている人にどのように話しかけたらいいのか、どのようにして彼らを陰謀論の奇妙な穴から引き出すかについて、よく尋ねられます。

陰謀論を信じる人との会話は必ずしも複雑ではなく、他の会話と大きな違いはありません。長年にわたり、私は主流の世界観を持たない多くの人々と話をしてきました。一度だけ、マインド・アンド・スピリット・フェア［訳注：フィンランドで有名な、主流でない信仰の見本市］で、イエスが銀河巡洋艦の偉大な艦長だったという男性と議論しました。

このフェアでは、シェイクスピアのテキストに隠されたメッセージについて、熱く語ってくれた人もいました。彼はとても熱心で、話しながら私のパーソナル・スペースに侵入してきました。私は壁際までゆっくりと後ずさりしながら、しばらくの間、彼の理論に耳を傾けていました。

以前テレビの討論番組で、サウナの床下に住むノームから人生の指導を受けているという女性と話をしました。彼女がノームにどれほど助けられたか話した後、司会者が期待に満ちた顔で「どう思いますか、ユッカ・ハッキネンさん、ノームは存在しますか？」と私に尋ねたのです。私は、スケプティック・ソサエティ［訳注：フィンランドの懐疑論者の協会］の情熱的な会長としての役割を果たす代わりに、共感的に次のように述べました。「科学がノームの存在を証明したわけではありませんが、ノームが彼女の人生を前進させ

るのに役立つのであれば、それは素晴らしいことです。」

懐疑主義は、私にとって信念の多様性とその粘り強さについて学ぶ、絶好の機会でした。若い頃の私は熱心な懐疑論者で、人々を非合理主義から改心させる必要性を感じていました。しかし、これはあまり効果的ではありませんでした。例えば、銀河艦隊からのメッセージを受け取っているという人に私がその存在の証拠をしつこく求めても、その人は優しく微笑むだけでした。

年月を経て、私は誰かを改宗させる必要はないこと、そして人がさまざまな信念を持って生きていることを理解しました。しかし、さらに重要な気付きは、人を強固な理論から遠ざけることは難しい、ということでした。

陰謀信念についても同じことがいえます。自身の見方を変えたくないと思っている人の陰謀信念を説得で変えることは、ほとんど不可能です。陰謀信念は特別なケースではなく、信念の強固さはさまざまな場面でみられます。例えば、ずっと右翼政党に投票してきた高齢の親戚を考えてみましょう。日曜日のランチで次の選挙で左翼政党に投票するよう説得するのは、実り多いものではないでしょう。その結果は、終わりのない議論と否定的な雰囲気になる可能性が高いといえます。

これは、有害な理論を受け入れるべきだとか、迷惑な友人の暴言に耐えるべきだという意味ではありません。自分の境界を保持し、意見の相違や繰り返しになる話題については議論しないように合意することが不可欠です。高齢の親戚に対しては「悪い移民や愚かな左翼については聞きたくない」といえばいいし、陰謀論を信じる友人には「陰謀論は、議論したくない話題だ」と伝えることができます。

親戚や友人との議論がイライラすることもありますし、自分の境界を保つのが疲れることもありますが、状況に対して辛抱強くアプローチし、相手に即座の変化を期待せず、自分の意見をはっきりと表現することに価値があります。もし愛する人が陰謀論を信じているなら、私のアドバイスは、妄想的な陰謀論者としてではなく、人間らしく話すことです。

第5章　陰謀脳　231

【参考文献】

1 Nykänen, P. (2017): *Kuoleman lento* [The flight of death]. Otava, Helsinki.

2 Babich, D. (2010): Bonding in common tragedy. Russia Beyond 29.4.2010, https://www.rbth.com/articles/2010/04/29/bonding_in_common_tragedy.html (Accessed 19.1.2023)

3 Murawski, M. (2011): Inappropriate Object: Warsaw and the Stalin-era Palace of Culture after the Smolensk Disaster. *Anthropology Today*, 27(4), 5–10.

4 Bilefsky, D. (2013): Rift Over Air Crash Roils Poland's Artists. *The New York Times* 28.5. 2013, https://www.nytimes.com/2013/05/29/movies/polands-divide-over-smolensk-film-on-2010-air-crash.html (Accessed 20.1.2023)

5 Smith, A.D. (2016): Will Poland ever uncover the truth about the plane crash that killed its president? *The Guardian* 7.2.2016, https://www.theguardian.com/world/2016/feb/07/smolensk-plane-crash-lech-kaczynski-poland-russia (Accessed 20.1.2023)

6 Bilewicz, M., Witkowska, M., Pantazi, M., Gkinopoulos, T., & Klein, O. (2019): Traumatic Rift: How Conspiracy Beliefs Undermine Cohesion After Societal Trauma? *Europe's Journal of Psychology*, 15(1), 82–93.

7 Caytas, J. D. (2013): Karl Popper and Conspiracy Theories in Polish Political Thought. *Anthropology of East Europe Review*, 31(1), 55–74.

8 Melleri, V. (1994): Kristuksen seurakunta pitää nuorille jäsenilleen kovan kurin Seurakunnasta lähtenyt kertoo syntien kirjaamisista, käyttäytymisen ohjailusta ja raamatunlauseilla pelottelusta. [The Church of Christ maintains strict discipline for its young members. A former member recounts the recording of sins, behavior manipulation, and intimidation with Bible verses.] *Helsingin Sanomat* 13.6.1994.

9 Brotherton, R., & Eser, S. (2015): Bored to fears: Boredom proneness, paranoia, and conspiracy theories. *Personality and Individual Differences*, 80, 1–5.

10 Prooijen, J.-W. van. (2022): Psychological benefits of believing conspiracy theories. *Current Opinion in Psychology*, 47, 101352.

11 Prooijen, J., Ligthart, J., Rosema, S., & Xu, Y. (2022): The entertainment value of conspiracy theories. *British Journal of Psychology*, 113(1), 25–48.

12 Ren, Z. (Bella), Dimant, E., & Schweitzer, M. E. (2021): Social Motives for Sharing Conspiracy Theories. *SSRN Electronic Journal*.

13 Phadke, S., Samory, M., & Mitra, T. (2021): What Makes People Join Conspiracy

Communities?: Role of Social Factors in Conspiracy Engagement. *Proceedings of the ACM on Human-Computer Interaction*, 4(CSCW3), 1–30.

14　Robertson, L. & Farley, R. (2017): The Facts on Crowd Size. FactCheck.org 23.1.2017, https://www.factcheck.org/2017/01/the-facts-on-crowd-size/ (Viitattu 21.2.2023)

15　Schaffner, B. F. & Luks, S. (2017): This is what Trump voters said when asked to compare his inauguration crowd with Obama's. *The Washington Post* 25.1.2017, https://www.washingtonpost.com/news/monkey-cage/wp/2017/01/25/we-asked-people-which-inauguration-crowd-was-bigger-heres-what-they-said/ (Accessed 20.1.2023)

16　Frenda, S. J., Knowles, E. D., Saletan, W., & Loftus, E. F. (2013): False Memories of Fabricated Political Events. *Journal of Experimental Social Psychology*, 49(2), 280–286.

17　Dunning, D. (2016): Psychology shows that Democrats and Republicans can't even agree on objective reality. *Quartz* 31.10.2016, https://qz.com/823183/republicans-and-democrats-cant-agree-on-the-facts (Accessed 15.1.2023)

18　Dunning, D. (2016): Psychology shows that Democrats and Republicans can't even agree on objective reality. *Quartz* 31.10.2016, https://qz.com/823183/republicans-and-democrats-cant-agree-on-the-facts (Accessed 15.1.2023)

19　Sutton, R. M., & Douglas, K. M. (2020): Conspiracy theories and the conspiracy mindset: Implications for political ideology. *Current Opinion in Behavioral Sciences*, 34, 118–122; Van Bavel, J. J., & Pereira, A. (2018). The Partisan Brain: An Identity-Based Model of Political Belief. *Trends in Cognitive Sciences*, 22(3), 213–224.

20　Miller, J. M., Saunders, K. L., & Farhart, C. E. (2016): Conspiracy Endorsement as Motivated Reasoning: The moderating roles of political knowledge and trust. *American Journal of Political Science*, 60(4), 824–844.

21　Miller, J. M., Saunders, K. L., & Farhart, C. E. (2016): Conspiracy endorsement as motivated reasoning: The Moderating Roles of Political Knowledge and Trust. *American Journal of Political Science*, 60(4), 824–844.

22　Dunning, D. (2016): Psychology shows that Democrats and Republicans can't even agree on objective reality. *Quartz* 31.10.2016, https://qz.com/823183/republicans-and-democrats-cant-agree-on-the-facts (Accessed 15.1.2023)

23 Van Bavel, J. J., & Pereira, A. (2018): The Partisan Brain: An Identity-Based Model of Political Belief. *Trends in Cognitive Sciences*, 22(3), 213–224.

24 Miller, J. M., Saunders, K. L., & Farhart, C. E. (2016): Conspiracy Endorsement as Motivated Reasoning: The Moderating Roles of Political Knowledge and Trust. *American Journal of Political Science*, 60(4), 824–844.

25 Dale, D. (2020): Fact check: A guide to 9 conspiracy theories Trump is currently pushing. *CNN* 2.9.2020, https://edition.cnn.com/2020/09/02/politics/fact-check-trump-conspiracy-theories-biden-covid-thugs-plane/index.html (Accessed 20.1.2023)

26 Hofstadter, R. (1964): The Paranoid Style in American Politics. *Harper's Magazine*, 77–86.

27 Ardèvol‑Abreu, A., Gil de Zúñiga, H., & Gámez, E. (2020): The influence of conspiracy beliefs on conventional and unconventional forms of political participation: The mediating role of political efficacy. *British Journal of Social Psychology*, 59(2), 549–569.

28 Kofta, M., Soral, W., & Bilewicz, M. (2020): What Breeds Conspiracy Antisemitism? The Role of Political Uncontrollability and Uncertainty in the Belief in Jewish Conspiracy. *Journal of Personality and Social Psychology*, 118(5), 900–918.

29 van Prooijen, J.-W., Krouwel, A. P. M., & Pollet, T. V. (2015): Political Extremism Predicts Belief in Conspiracy Theories. *Social Psychological and Personality Science*, 6(5), 570–578.

30 Jones, J. H. (1993): Bad Blood. *The Tuskagee Syphilis Experiments*. Free Press, United States.

31 Hornblum, A.M. (2021): The Jewish VD Detective Who Exposed the Infamous Tuskegee Experiment. *Tablet* 1.2.2021, https://www.tabletmag.com/sections/history/articles/peter-buxtun-tuskegee-experiment (Accessed 20.4.2023)

32 McVean, A. (2019): 40 Years of Human Experimentation in America: The Tuskegee Study. Office for Science and Society, McGill University, 25.1.2019, https://www.mcgill.ca/oss/article/history/40-years-human-experimentation-america-tuskegee-study (Accessed 20.4.2023)

33 Dula, A. (1993): African American Suspicion of the Healthcare System Is Justified: What Do We Do about It? *Cambridge Quarterly of Healthcare Ethics*, 3, 347–357.

34 Dula, A. (1993): African American Suspicion of the Healthcare System Is Justified: What Do We Do about It? *Cambridge Quarterly of Healthcare Ethics*, 3, 347–357; Harris, Y., Gorelick, P. B., Samuels, P., & Bempong, I. (1996): Why African Americans May Not Be Participating in Clinical Trials. *Journal of the National Medical Association*, 88(10), 630–634.

35 Ball, K., Lawson, W., & Alim, T. (2013): Medical Mistrust, Conspiracy Beliefs & HIV-Related Behavior Among African Americans. *Journal of Psychology and Behavioral Science*, 1(1); Jones, J. H. (1992): The Tuskegee Legacy AIDS and the Black Community. *The Hastings Center Report*, 22(6), 38; Carthron, D. L., & Ritchwood, T. (2014): When Race Isn't Enough. *Journal of Best Practises in Health Professions Diversity*, 7(1), 995–1000.

36 Dowhower, D. P., Harvey, S. M., & Oakley, L. P. (2022): Experiences of discrimination and endorsement of HIV/AIDS conspiracy beliefs: Exploring difference among a sample of Latino, Black, and White young adults. *Ethnicity & Health*, 27(7), 1537–1554.

37 Sauermilch, D. (2020): HIV Conspiracy Theory Belief or Institutional Mistrust? A Call for Disentangling Key Concepts. *AIDS Research and Human Retroviruses*, 36(3), 171–172.

38 Dula, A. (1993): African American Suspicion of the Healthcare System Is Justified: What Do We Do about It? *Cambridge Quarterly of Healthcare Ethics*, 3, 347–357.

39 Sauermilch, D. (2020): HIV Conspiracy Theory Belief or Institutional Mistrust? A Call for Disentangling Key Concepts. *AIDS Research and Human Retroviruses*, 36(3), 171–172.

40 Mattila, N. (2022): *Heränneet. Maailma salaliittoteoretikon silmin.* [The awakened: The World Through the Eyes of a Conspiracy Theorist] Otava, pp. 117–118.

41 Valtee, J. (2020): Q ja Suomi [Q and Finland], Helsingin Sanomat 2.11.2022; Pastila, K. (2021): Joogayrittäjä Mia Jokiniva joutui somemyrskyyn vaatiessaan, että joogit tekevät pesäeron Qanon-salaliittoteoriaan: "Ei hyvinvointivaltio säily, ellemme puhu sen puolesta" [Yoga entrepreneur Mia Jokiniva found herself in the midst of a social media storm when she demanded that yogis distance themselves from the QAnon conspiracy theory: "The welfare state won't survive unless we speak up for it."], *Anna magazine*, https://anna.fi/ihmiset-ja-suhteet/julkkikset/

joogayrittaja-mia-jokiniva-joutui-somemyrskyyn-vaatiessaan-etta-joogit-tekevat-pesaeron-qanon-salaliittoteoriaan-ei-hyvinvointivaltio-saily-ellemme-puhu-sen-puolesta; (Accesed 30.10.2022)

42 Jokiniva, M. (2020) Joogit Qanonia vastaan [Yogis Against QAnon], https://www. miajokiniva.com/dakiniscripts/2020/10/13/joogit-qanonia-vastaan. (Accessed 30.10.2022)

43 Lyytikäinen, J. (2022): Puheenjohtajan kuulumiset [Chairperson's Update]. Crystal Party, https://www.kristallipuolue.fi/blogi/2022/08/31/puheenjohtajan-kuulumiset-juho-lyytikainen/ (Accessed 5.11.2022)

44 Lyytikäinen, J. (2022) Kristallipuolueen näkemys rekkarallista [The Crystal Party's View on the Truck Rally]. Crystal Party, https://www.kristallipuolue.fi/ blogi/2022/02/01/kristallipuolueen-nakemys-rekkarallista/ (Acccessed 10.11.2022)

45 Icariusnatarius comments Juho Lyytikäinen in YouTube in a videoa titled "Kristallipuolueen Juho Lyytikäinen kertoo salaliitoista :D" [Juho Lyytikäinen of the Crystal Party Talks About Conspiracies :D], https://www.youtube.com/ watch?v=x1VRZcTQ_bg

46 Juutinen, M. (2021): Juutalaisen Klaus Schwabin maailmanlaajuinen dystopia [The Global Dystopia of Jewish Klaus Schwab]. Magneettimedia, https://www. magneettimedia.com/juutalaisen-klaus-schwabin-maailmanlaajuinen-dystopia/ (Accessed 30.11.2022)

47 Crystal Party: "Maahanmuuttoa on tarkasteltava kokonaisvaltaisesti ja päätöksenteko siitä tulee säilyttää Suomessa" [Immigration must be considered holistically, and decision-making on it should remain in Finland.]. Crystal Party, https://www.kristallipuolue.fi/teesit/teesi-9/ (Accessed 30.11.2022)

48 Crystal Party's General Program, https://www.kristallipuolue.fi/yleisohjelma/ (Accessed 30.11.2022)

49 Crystal Party (2022): Suomen juuret ja identiteetti [Finland's Roots and Identity], https://www.kristallipuolue.fi/blogi/2022/04/07/suomen-juuret-ja-identiteetti/ (Accessed 30.11.2022); Ingberg, C. (2022): Homeopatia elämäni pelastavana enkelinä [Homeopathy: The Guardian Angel That Saved My Life] https://www. kristallipuolue.fi/blogi/2021/12/17/homeopatia-elamani-pelastavana-enkelina/ (Viitattu 30.11.2022); Prem, N. (2021): Paranemista holistisilla hoitomuodoilla [Healing Through Holistic Therapies], https://www.kristallipuolue.fi/

blogi/2021/12/15/paranemista-holistisilla-hoitomuodoilla/ (Accessed 30.11.2022); Terveydenhuollon monipuolistaminen [Diversifying Healthcare]. Crystal Party, https://www.kristallipuolue.fi/teesit/teesi-2/ (Accessed 29.11.2022)

50 Ward, C., & Voas, D. (2011): The Emergence of Conspirituality. *Journal of Contemporary Religion*, 26(1), 103–121

51 Ward, C., & Voas, D. (2011): The Emergence of Conspirituality. *Journal of Contemporary Religion*, 26(1), 103–121; Esprem, E. & Dyrendal, A. (2015): Conspirituality Reconsidered: How Surprising and How New is the Confluence of Spirituality and Conspiracy Theory? *Journal of Contemporary Religion*, 30(3), 367–382.

52 French, A. (2018): The Mandela Effect and New Memory. Correspondences, 6(2), 201–233; Barkun, M. (2013): *A Culture of Conspiracy: Apocalyptic Visions in Contemporary America* (Second Edition). University of California Press, 24–25.

53 Crystal Party: Elämällä on myös henkinen ulottuvuus [Life also has a spiritual dimension]. Crystal Party. https://www.kristallipuolue.fi/teesit/teesi-1/ (Accessed 28.11.2022)

54 Opas, T. & Mahlamäki, T. (2022): Johdanto [Introduction]. In book Mahlamäki, T. & Opas, M. (Eds.) *Uushenkisyys* [New Age Spirituality]. Suomalaisen Kirjallisuuden Seura, Helsinki.

55 Barkun, M. (2013): A culture of conspiracy: Apocalyptic visions in contemporary America (Second Edition). University of California Press, 12–13, 24–25. Asprem, E., & Dyrendal, A. (2015): Conspirituality Reconsidered: How Surprising and How New is the Confluence of Spirituality and Conspiracy Theory? *Journal of Contemporary Religion*, 30(3), 367–382.

56 Goodrick-Clarke, N. (2002): *Black Sun: Aryan Cults, Esoteric Nazism, and the Politics of Identity*. New York University Press, 79-87; Edelstein, D. (2006): Hyperborean Atlantis: Jean-Sylvain Bailly, Madame Blavatsky, and the Nazi Myth. *Studies in Eighteenth Century Culture*, 35(1), 267–291.

57 Edelstein, D. (2006): Hyperborean Atlantis: Jean-Sylvain Bailly, Madame Blavatsky, and the Nazi Myth. *Studies in Eighteenth Century Culture*, 35(1), 267–291.

58 Ball, P. (2015): How 2 Pro-Nazi Nobelists Attacked Einstein's "Jewish Science" [Excerpt]. *Scientific American* 13.2.2015, https://www.scientificamerican.com/

article/how-2-pro-nazi-nobelists-attacked-einstein-s-jewish-science-excerpt1/ (Accessed 10.1.2023)

59   Goodrick-Clarke, N. (2002): *Black Sun: Aryan Cults, Esoteric Nazism, and the Politics of Identity*. New York University Press, s. 123; Kurlander, E. (2017): One Foot in Atlantis, One in Tibet. *Leidschrift*, 32(1); Pringle, H. (2006): *Himmlerin suuri suunnitelma. Arjalaisen herrakansan etsintä* [Himmler's Grand Plan: The Quest for the Aryan Master Race]. Bazar, pages 102, 187-188, 340-344.

60   Goodrick-Clarke, N. (2002): *Black Sun: Aryan Cults, Esoteric Nazism, and the Politics of Identity*. New York University Press, 72–74.

61   Newman, D. (2014): Russian nationalist thinker Dugin sees war with Ukraine. BBC News 10.7.2014 https://www.bbc.com/news/world-europe-28229785 (Accessed 1.2.2023); Burton, T.I. (2022): The far-right mystical writer who helped shape Putin's view of Russia. *The Washington Post* 12.5.2022, https://www. washingtonpost.com/outlook/2022/05/12/dugin-russia-ukraine-putin/ (Accessed 3.1.2023)

62   Shnirelman, V. (2018): Alexander Dugin: Between eschatology, esotericism, and conspiracy theory. In book Dyrendal, A., G. Robertson, D., & Asprem, E. (Eds.): *Handbook of Conspiracy Theory and Contemporary Religion*, 443–460. BRILL

63   Shnirelman, V. (2018): Alexander Dugin: Between Eschatology, Esotericism, and Conspiracy Theory. Teoksessa Dyrendal, A., G. Robertson, D., & Asprem, E. (Eds.): *Handbook of Conspiracy Theory and Contemporary Religion*, 443-460. Brill; Backman, J. (2022): Mitä Alexandr Dugin tarkoittaa? [What Alexandr Dugin Means] Niin & näin magzine 1/22 https://netn.fi/fi/artikkeli/mita-aleksandr-dugin-tarkoittaa (Accessed 7.2.2023); Mosbey, J. C. (2020): Alexander Dugin: Geopolitics at the confluence of theology, tradition and Eurasia. University Dublin, Trinity College; Arnold, J. (2019): Mysteries of Eurasia: The Esoteric Sources of Alexander Dugin and the Yuzhinsky Circle. University of Amsterdam.

64   Arnold, J. (2019): Mysteries of Eurasia: The Esoteric Sources of Alexander Dugin and the Yuzhinsky Circle. University of Amsterdam, 46-47.

65   Burton, T.I. (2022): The far-right mystical writer who helped shape Putin's view of Russia. *The Washington Post* 12.5.2022, https://www.washingtonpost.com/ outlook/2022/05/12/dugin-russia-ukraine-putin/ (Accessed 3.1.2023)

66   Esprem, E. & Dyrendal, A. (2015): Conspirituality Reconsidered: How Surprising

and How New is the Confluence of Spirituality and Conspiracy Theory? *Journal of Contemporary Religion*, 30(3), 367–382.

67 Barkun, M. (2013): *A Culture of Conspiracy: Apocalyptic Visions in Contemporary America*. University of California Press, Berkeley, United States.

68 Åkerblom, L. (1967): *Ihmistiedon tuolla puolen* [Beyond Human Knowledge]. Weilin+Göös, Helsinki, pp. 5–9.

69 Asprem, E., & Dyrendal, A. (2015): Conspirituality Reconsidered: How Surprising and How New is the Confluence of Spirituality and Conspiracy Theory? *Journal of Contemporary Religion*, 30(3), 367–382; Barkun, M. (2013). *A Culture of Conspiracy: Apocalyptic Visions in Contemporary America* (Second Edition). University of California Press, pp. 12–35.

70 Prooijen, J.-W. (2017): Why Education Predicts Decreased Belief in Conspiracy Theories: Education and Conspiracy Beliefs. *Applied Cognitive Psychology*, 31(1), 50–58.

71 Imhoff, R., Bertlich, T., & Frenken, M. (2022): Tearing apart the "evil" twins: A general conspiracy mentality is not the same as specific conspiracy beliefs. *Current Opinion in Psychology*, 46, 101349.

72 Makeef, T. T. (2018): Was Aristotle an Anti-Semitic Alien? Conspiracy Theory, Ufology, and the Colonisation of the Past in Contemporary Greece. In book Dyrendal, A., G. Robertson, D., & Asprem, E. (Eds.): *Handbook of Conspiracy Theory and Contemporary Religion*, 361–388. BRILL.

73 Ryutaro, T. (2018): The Role of Conspiracy in the Aum Shinrikyo Incident. Teoksessa Dyrendal, A., G. Robertson, D., & Asprem, E. (Eds): *Handbook of Conspiracy Theory and Contemporary Religion*, 389–406. BRILL.

74 Hassi, S. (2023): Twitter 25.2.2023; Forsgrén, B. (2023): Twitter 25.2.2023; Jungner, M. (2023): Twitter 25.2.2023.

75 Franks, B., Bangerter, A., Bauer, M. W., Hall, M., & Noort, M. C. (2017): Beyond "Monologicality"? Exploring Conspiracist Worldviews. *Frontiers in Psychology*, 8, 861.

76 Bilewicz, M., Witkowska, M., Pantazi, M., Gkinopoulos, T., & Klein, O. (2019): Traumatic Rift: How Conspiracy Beliefs Undermine Cohesion After Societal Trauma? *Europe's Journal of Psychology*, 15(1), 82–93.

77 Ronson, J. (2001): Conspirators. *The Guardian*, 5.5.2001, https://www. theguardian.com/world/2001/may/05/mcveigh.usa (Accessed 15.2.2023)

78 Cavendish, S. (2021): Behind the Nashville Bombing, a Conspiracy Theorist Stewing About the Government. *The New York Times* 24.2.2021, https://www. nytimes.com/2021/02/24/us/anthony-warner-nashville-bombing.html (Accessed 15.2.2023)

79 Macklin, G. (2019): The El Paso Terrorist Attack: The Chain Reaction of Global Right Wing Terror. *CTC Centinel*, 12(11), 1–9.

80 Goggin, B. (2019): A white nationalist conspiracy theory was at the heart of the New Zealand shooting. This isn't the first time it's been associated with terror attacks, *Insider* 15.3.2019, https://www.insider.com/white-genocide-racist-conspiracy-theory-fueled-new-zealand-shooting-2019-3 (Accessed 20.2.2023); Crothers, C., & O'Brien, T. (2020): The Contexts of the Christchurch Terror Attacks: Social Science Perspectives. *Kōtuitui: New Zealand Journal of Social Sciences Online*, 15(2), 247–259.

81 Makeef, T. T. (2018): Was Aristotle an Anti-Semitic Alien? Conspiracy Theory, Ufology, and the Colonisation of the Past in Contemporary Greece. In book Dyrendal, A., G. Robertson, D., & Asprem, E. (Eds.): H*andbook of Conspiracy Theory and Contemporary Religion*, 361–388. BRILL.

82 Rottweiler, B., & Gill, P. (2022): Conspiracy Beliefs and Violent Extremist Intentions: The Contingent Effects of Self-efficacy, Self-control and Law-related Morality. *Terrorism and Political Violence*, 34(7), 1485–1504; Kruglanski, A. W., Molinario, E., Ellenberg, M., & Di Cicco, G. (2022): Terrorism and conspiracy theories: A view from the 3N model of radicalization. *Current Opinion in Psychology*, 47, 101396; Rousis, G. J., Richard, F. D., & Wang, D.-Y. D. (2022): The Truth Is Out There: The Prevalence of Conspiracy Theory Use by Radical Violent Extremist Organizations. *Terrorism and Political Violence*, 34(8), 1739–1757.

83 Keeley, B. L. (2018): Is Belief in Providence the Same as Belief in Conspiracy? Teoksessa Dyrendal, A., G. Robertson, D., & Asprem, E. (Eds.) (2018): *Handbook of Conspiracy Theory and Contemporary Religion*, 70–86. BRILL; Franks, B., Bangerter, A., Bauer, M. W., Hall, M., & Noort, M. C. (2017): Beyond "Monologicality"? Exploring Conspiracist Worldviews. *Frontiers in Psychology*, 8,

861; Franks, B., Bangerter, A., & Bauer, M. W. (2013): Conspiracy theories as quasi-religious mentality: An integrated account from cognitive science, social representations theory, and frame theory. *Frontiers in Psychology*, 4.

訳者あとがき

　私の20年来の友人であり、共同研究者であるユッカ・ハッキネン博士の本を、しかも、こんなに面白くて役立つ本を、日本に紹介する機会を得ることができ、嬉しい気持ちで一杯です。

　ユッカと私は、立体視映像（3D）やバーチャルリアリティ（VR）など先進映像と人間のインタラクションに関する研究に従事しています。私自身も2008年度と2016年度に特別研究期間（サバティカル）を取得してヘルシンキ大学に赴任し、現地で一緒に実験をしたり論文を書いたりしていました。

　研究活動と並行してユッカは、テレビのサイエンス番組にレギュラー出演するなど、メディアを通じて科学の普及にも取り組んでいます。その一環として、これまでに3冊の一般向け科学書を出版しています。1冊目が『奇妙な体験の心理学（原題 *Outojen kokemusten psykologia*）』、2冊目が『心の奇妙な風景：幻覚の心理学（原題 *Mielen oudot maisemat : hallusinaatioiden psykologia*）』、3冊目が本書『*Salaliitot ympärilläni : Miksi totuus ei kiinnosta aivojamme?*（原題。直訳：私の周りの陰謀——脳はなぜ真実に背を向けるのか？）』です。さらに近々4冊目が刊行されると聞いています。

　いずれの書籍も身の回りの奇妙な体験や感覚について、心理学の観点からメカニズムを解説するという一種のシリーズとなっています。最初の2冊も興味深いのですが、3冊目となる本書は陰謀論をテーマにしており、特定の陰謀論に焦点を当てるのではなく、陰謀論を信じてしまう私たちの脳の成り立ちや機能について考察しています。執筆当時、ユッカから本書のプロットを聞いた瞬間に、これはぜひ日本でも紹介したいなと思ったのがきっかけです。その実現にあたっては、多くの方々からご助力をいただきました。

　まずは本書の和訳を快諾し、多大なサポートをしてくれた、ユッカ・ハッキネン博士に感謝の意を表します。また、コロナ禍で、なかなかフィンラン

ドを訪問する機会がなかった私に代わり、現地から原著を届けてくれた妻の朝香にも感謝します。

　さらに、日本での刊行を強く望む私の気持ちに対し、あたたかく相談にのってくださった本学理工学術院総合研究所・招聘研究員の久保田裕氏、永島秀文氏にお礼申し上げます。

　そして、本書の企画を評価いただき、細部まで親身に対応してくださった早稲田大学出版部の武田文彦氏に心より感謝いたします。みなさま、本当にありがとうございました。

　　　2024年8月

　　　　　　　　　　　　　　　　　　　　　　　　河合　隆史

著者紹介

ユッカ・ハッキネン（Jukka Häkkinen）

ヘルシンキ大学心理学部に所属する心理学者。実験心理学の博士号を持ち、アールト大学のコンピュータサイエンス学部で兼任教授を務める。人間の知覚、思考、意思決定、そして人間とテクノロジーの相互作用に焦点を当てた研究に従事。これまでに3冊の一般向け科学書を出版、定期的にメディアに登場し科学の普及に努めている。

訳者紹介

河合 隆史（かわい・たかし）

早稲田大学基幹理工学部表現工学科教授。博士（人間科学）。人間工学を専門とし、人間と先進テクノロジーの相互作用に関する研究に従事している。主な著書・訳書『バーチャルリアリティ映画制作──ハリウッドの実践テクニックとベストプラクティス』（カットシステム、2018年）、『3D立体映像表現の基礎』（オーム社、2010年）など。

陰謀脳
私たちが真実から目をそむける理由

2024年11月29日　初版第1刷発行

著　者……………ユッカ・ハッキネン
訳　者……………河合 隆史
発行者……………須賀 晃一
発行所……………株式会社 早稲田大学出版部
　　　　　　　　〒169-0051　東京都新宿区西早稲田1-9-12
　　　　　　　　TEL03-3203-1551　https://www.waseda-up.co.jp
本文ＤＴＰ………株式会社ステラ
装　幀……………坂野 公一（welle design）
印刷・製本………中央精版印刷株式会社

©Takashi Kawai 2024 Printed in Japan　ISBN 978-4-657-24007-1
無断転載を禁じます。落丁・乱丁本はお取替えいたします。